亚洲文明研究丛书

静水流深

比较文化视域下的东亚水意象

赵银姬 著

ZHEJIANG UNIVERSITY PRESS
浙江大学出版社
·杭州·

图书在版编目（CIP）数据

　　静水流深：比较文化视域下的东亚水意象 / 赵银姬
著. —杭州：浙江大学出版社，2022.8
　　ISBN 978-7-308-21113-0

　　Ⅰ.①静… Ⅱ.①赵… Ⅲ.①水—文化研究—东亚
Ⅳ.①K918.4

　　中国版本图书馆 CIP 数据核字(2021)第 036861 号

静水流深：比较文化视域下的东亚水意象
**JINGSHUI LIUSHEN：BIJIAO WENHUA SHIYU XIA DE
DONGYA SHUIYIXIANG**

赵银姬　著

策划编辑	宋旭华
责任编辑	徐凯凯
责任校对	李瑞雪
封面设计	项梦怡
出版发行	浙江大学出版社

（杭州市天目山路 148 号　邮政编码 310007）

（网址：http://www.zjupress.com）

排　　版	杭州青翊图文设计有限公司
印　　刷	浙江省邮电印刷股份有限公司
开　　本	710mm×1000mm　1/16
印　　张	12.25
字　　数	268 千
版 印 次	2022 年 8 月第 1 版　2022 年 8 月第 1 次印刷
书　　号	ISBN 978-7-308-21113-0
定　　价	68.00 元

《亚洲文明研究丛书》序言

当今世界正经历百年未有之大变局,这增加了全球的不稳定性和不确定性,更突显了文明交流互鉴对于人类增进互信、迈向未来的意义与价值。亚洲是人类文明的重要发祥地。从农耕文明、草原游牧文明的产生,到陆上丝绸之路和海上丝绸之路的开辟,在数千年的历史进程中,亚洲人民创造了辉煌的成果,为世界文明发展史书写了浓墨重彩的篇章:中华文明、印度文明、波斯文明、两河文明等名闻遐迩的远古文明均起源于亚洲;印度教、佛教、犹太教、基督教、伊斯兰教等世界上有重大影响的宗教几乎都发源于亚洲。各种文明在亚洲这片土地上孕育生长、交相辉映,既是人类文明多样性交流互鉴的生动写照,也是构建亚洲命运共同体、人类命运共同体的重要人文基础。

2019 年 5 月 15 日,国家主席习近平在首届"亚洲文明对话大会"开幕式上做了《深化文明交流互鉴 共建亚洲命运共同体》的主旨演讲。习主席强调:"国际形势的不稳定性不确定性更加突出,人类面临的全球性挑战更加严峻,需要世界各国齐心协力、共同应对。"他提出四点主张:坚持相互尊重、平等相待,坚持美人之美、美美与共,坚持开放包容、互学互鉴,坚持与时俱进、创新发展。这些重要论述为推动亚洲文明的交流互鉴指明了发展方向。

高水平大学是文明研究和人文交流的重要力量。近年来,浙江大学积极对接国家战略需要,面向亚洲未来社会发展的重大挑战,聚焦国际学术前沿,建设性地提出以亚洲文明研究为基点,推动"亚洲文明学科会聚研究计划"。自 2020 年 6 月计划启动以来,学校积极整合多学科力量,围绕"亚洲文明的特质以及人类文明多样性"等方面的课题,深入探讨亚洲文明的重大理论构建和现实挑战问题;并于 2021 年 1 月正式成立亚洲文明研究院,进一步支撑上述计划的具体落实。

《亚洲文明研究丛书》是亚洲文明研究院推出的系列学术成果之一。该丛书秉承"亚洲文明学科会聚研究计划"宗旨,力图从亚洲文明研究的多元化视角出发,在思想观念、历史文化、语言文字、社会发展、民族宗教等问题上开拓新领域、提出新理论,为构建"新亚洲文明观"作一些新的探索。以下两个方面是我们重点考虑的。

一是转变观念与视角。从"欧洲文明"到"西方文明",从"东方文明"到"亚洲文明",历史的发展与演变推动着文明概念的形成与变化。19世纪以来,作为现代世界体系和西方启蒙思想的产物,文明观念承载了传播西方中心主义的功能。在西方主流学者的论述中,可以清晰地看到他们基于自己的价值标准,对不同文明进行价值判断甚至批评,以此衬托自身文明的优越性和先进性。进入20世纪以后,中国等古老文明的核心区在现代化进程中取得了巨大成就,引起了西方世界的焦虑,"文明冲突论""历史终结论"风靡一时。为探寻亚洲文明和谐发展、和平共处的密码,需要跳脱以西方外来眼光审视亚洲、审视中国的"旁观者"视角,建构基于亚洲自身发展与现实的"当事人"视角。

二是转变思路与方法。亚洲地域广袤,民族众多,国家林立,境域变迁频繁,仅以地缘政治视角书写文明交流史,难以展现各种文明的生成机理、交流轨迹、发展脉络。因此,这一研究需要突破国别的界限,突出比较文明基础上的大视野考察,从宏观层面长时段剖析亚洲文明,探讨亚洲文明从异质多样性到命运共同体的历史轨迹。同时,突破片面强调文明单向传播的观念,重视各种文明发展过程中的相互影响,从思想根源方面肯定文明多元的价值和交流互鉴的意义,进而定义文明所具有的动态、包容、融合、持续、开放的特征,突出各个文明都有其自身特质的主张。

丛书在编写过程中得到了校内外多位专家的关心和指导,并得到学校发展规划处、社会科学院、出版社等单位的支持和帮助,在此我们表示诚挚的谢意!

丛书编委会

2022年2月

前　言

　　日渐发达的物质文明和不断升级的生态危机是一个物体的两面,它带来了人们对西方文化、西方分析思维的反思,更带来了对东方"天人合一"自然观的研究热情。西方危机带来的人与自然的思考,是人与生存环境、人与文化传统的思考,它应该是直接的、具象的、多元的。而"天人合一"的自然观作为一种源于中国的哲学思想,同时作为一种自然智慧,也是处于同一汉字文化圈的人们在各自的自然环境、人文环境下的生存体验史。"水"是众多自然意象中极其重要的生命意象,它作为东亚儒家文化圈中极为重要的原型意象,是中、日、韩三国传统文化中具有普遍意义的文化符号,具有重要的文化理论价值和文化认知意义。正是基于这一点,本书通过"水"这一与人们的生存、生活、审美实践密切相关的自然元素,从比较文化视角对东亚中国、日本、韩国的"水意象"进行探讨,以求深层挖掘东亚"天人合一"自然观的传统生命意识。

　　就东亚内部的文化比较而言,差异性重于共性。然而由于东西比较范式的影响,"东亚"文化很容易被简单划入以中国为代表的文化范畴,从而忽略了其各自文化的内在特质和差异性,而差异性的根源正是某种文化的内在生命力所在。由此本书提出以差异性为基础,来探讨东亚自然观的文化传统,并试图构建新的东亚水原型意象比较模式:首先,从中国、日本、韩国三国自然环境、文化背景、思维方式、原始宗教信仰出发,考察中国、日本、韩国的"天人合一"自然观,进而挖掘出不同文化的内在特质:中国强调主客体统一的"天人合一"自然观,注重向天的自然媒介作用;日本从万物源于"心"的宇宙观出发,强调神人"和"与本性;韩国的"天人交与"自然观则注重人的主体实践对自然(天)产生的积极作用。其次,追溯中国、日本、韩国文化中的水思想源头,着重阐述中、日、韩水思想与文化背景的内在联系,在此基础上构筑中、日、韩水意象比较的内在理论体系。

　　本书对东亚水原型意象比较上,使用了神话、民俗文化、文学等三种诠释方式,考察水在中国、日本、韩国各自的文化环境、生活环境、审美实践中的文化意象。从共性来看,东亚水原型意象都具有生命意义、女性意义、时空意义,而差异性在于各自文化中水生命意义的不同内涵,以及由此产生的三个文化意象之间的内在关联。中国文化中水原型意象追求来自生命源头的永恒性;日本文化中水原型意象体现生命更新意识,通过灵魂的净化获取无限的能量;韩国水原型意象之生命意义体现两性结合原理,强调生命形态的完整,这是用人的生命形态观照自然的结果。这些差异性是东亚文化圈的人们对自身生命活动进行根本性思考的结果,并且在漫长的历史中逐渐内化为一定文化群体的水精神。

本书梳理了水意象在中、日、韩三国传统文化中的意义与内涵,并进而比较其异同,试图从水意象这一角度切入三国传统文化的的深处。在研究材料的处理上,笔者在条件允许的情况下尽量使用第一手资料,以求最大限度地保证研究资料的真实性。希望本书能对比较文化学,特别是东亚内部文化比较感兴趣的读者,提供一个新的研究思路。

本书是在我的博士论文的基础上撰写而成,从博士论文到最终出版成书,得到了浙江省哲学社会科学后期资助课题(2019)的出版资助,以及浙江大学亚洲研究项目的大力支持。此外,本书同时为韩国教育部和韩国学中央研究院"浙江地区海外韩国学种子型课题支持项目"(AKS‐2020‐INC‐2230008)的研究成果,在此向以上单位与机构再次深表谢意。最后,要特别感谢我的导师金健人教授,感激他在学术上的细心指导及生活和工作方面的大力支持。我还要感谢无论何时都在身后关心我、鼓励我的父母以及默默陪伴、同甘共苦的爱人。

目　录

第一章　绪　论

对东亚水意象的研究,主要回答三个问题,何为意象? 为何水意象? 缘何东亚水意象? 东西方对意象(image)概念的认识和发展历程各有不同。在东方,中国的意象理论最早,可溯之《周易·系辞》,其中就包含"观象取物"和"立象以尽意"之说。虽然在不同的学科视域下,其意义指向也呈现出多元化、多样化的倾向,但就意象思维来讲,一方面,它是东方文化对把握宇宙、自然、人之间关系的独特的思维方式;其强调整体性,是理性和感性、客体与主体、物与我的统一。另一方面,从文化视域来看,意象又是不同文化群体的文化符号,并在漫长的历史发展过程中逐渐形成了相对固定的、独特的文化涵义,是不同民族历史文化和智慧的结晶,"它包容着人们的情感、观念、价值、意志、期望、信仰。从而也就反映着文化的历史、现实和理想,并凝聚着人们的文化活动和文化追求的心理图象"①。中、日、韩三国虽处于同一个东亚文化圈,但由于不同的自然环境和人文环境,其文化意象也必定具有各自的特点和内涵。

水是生命之源,是极其重要的生命意象。随着科技的发展,文明的进步,现代社会的人们对水的体验越来越趋同化。供洗漱用的水管中的水,塑料瓶里的矿泉水,都是生活在现代的人们对水的日常体验。尽管如此,中华民族依然钟爱滚滚长江;日本民族对一跃而起的波浪的瞬间情有独钟;而韩国民族却情系清澈的井水,这是因为古代人对水的原始经验在漫长的人类生活文化历史中,已经内化为各民族独特的水思维和水精神,从而形成了相似又相异的东亚水意象。因此,本书从比较文化的视角对东亚中、日、韩三国水意象进行比较,旨在阐释东亚水意象丰富的生命内涵。

第一节　问题的提出

目前东方自然观研究备受关注,其前提为全球生态危机以及西方文化、西方"分析思维"在自然观、生命观乃至经济、政治、教育领域中的局

---

① 王世达、陶亚舒:《中国当代文化理论的多维建构》,北京:华龄出版社,2007年,第167页。

限性日趋明显。由此，在全球各领域保有话语权的西方文明试图从东方文明中找寻解决问题的智慧，其结果是东方"天人合一"思想的水涨船高。从西方视野来看，"天人合一"自然观的魅力在于人与大自然的和谐共生。在东方文化中，人与自然不是主客观的对立，亦不是征服与被征服的关系。人是自然生命的一部分，自然是人敬畏、学习的对象，自然可以是"道"之体现、"理"之来源，同时也是"神"之本体。但"天人合一"的自然智慧并非简单的对立统一之哲学逻辑，它具有更加丰富的思想内涵和生命意味。处于东亚汉文化圈中的中、日、韩三国，由于自然地理环境、思维方式、文化背景、审美情趣等差异，在追求和谐共生的"天人合一"自然观的同时，其又体现出不同的内涵和特性。中国强调思想伦理的道德自然观，日本强调"心""灵"合一的宗教自然观，韩国强调灵肉双全的咒术自然观。这些特性"你中有我，我中有你"，极大地丰富了东方"天人合一"自然观的思想内涵和文化意蕴，同时也增大了"天人合一"自然观的诠释空间。西方危机所带来的人与自然的思考，是人与生存环境的思考，人与文化传统的思考，它应该是直接的、具象的、多元化的。因此本书通过水这一自然元素，从东亚中、日、韩三国的具体自然环境、人文环境出发，对东亚中、日、韩之水意象进行比较，以求能够深层挖掘东亚"天人合一"自然观的传统生命意识。

　　水是生命之源，是自然元素中最具代表性的生命意象之一，它贯穿于人的生存、生活、审美等生命实践活动的全部阶段。虽然现代人对水的日常体验越来越相似，但是对水的原始经验依然保存于东亚中、日、韩三国各自的文化历史中，并且依旧保持其旺盛的生命力，形成了相辅相成的东亚水意象。比较文化视域下的东亚中、日、韩三国水意象研究，其核心就是要探索水在社会群体实践不同阶段的意义及其共通的内在生命意识。基于此，本书从神话中的水意象、文化中的水意象、文学中的水意象三个方面对中、日、韩三国水意象进行比较，探讨人与自然之间的关系，并对自然中的人的存在和价值进行追问。与人的存在有直接或者间接联系的有三种"自然"：一为先于人存在的自然界。人在意识上与自然并未分割，自然是人的生存环境。二为人通过实践活动创造出来的对象世界——第二自然。自然是人的认识对象、实践对象以及生活环境。三为想象中的自然，属于纯精神的世界。自然是人的审美对象，源于生活，又高于生活。这三者是人的生命实践活动的历史轨迹，一脉相承，并且"在这种情况下外部自然界的优先地位仍然保存着"①。英国文化人类学家泰勒在《原始文化》中说:"文化或文明是一个复杂的整体,它包括知识、信仰、艺术、道德、法律、风俗以及作为社会成员的人所具有的其他一切能力和习惯。"②在比较文化视域下,神话、文化、文学就被打上了群体性符号,成为人对自然再理解的行为和象征。

东亚中、日、韩三国水原型意象的比较,差异和共性同样重要,共性和差异互为参照,但由于其各自悠久的历史渊源和文化传统,就东亚内部文化而言,差异性远远大于共性。然而基于目前流行的东西比较研究范式,"东亚"很容易笼统地被划入以中国为代表的文化范畴内,从而忽略中、日、韩各自文化之间的差异。文明古国中国对日、韩乃至整个东亚所带来的影响是不容置疑的,尤其是哲学思想方面。水是中国古代哲学思想中最有力量的隐喻(metaphor)③,先秦诸子通过"观水"喻道、喻德、喻性、喻美。但在日本和韩国,水的象征主要出现于宗教、民俗信仰中。再如风水思想和阴阳五行思想同样是从中国传播到东亚各国,但在日、韩不同的文化土壤中又展现出新的思想特色,并且大大扩展了原有思想的外延以及影响力。"文化的生命是共有性,自生和模仿引起人类文明的诞生、发展和丰富"④,二者互补互助,缺一不可。因此,在比较文化视域下,对东亚中、日、韩三国水意象进行比较,不仅可以挖掘出各自文化中水生命的内在动力,还可以极大丰富东亚地区的水生命内涵。

第二节　文化原型之水意象

对文化原型的比较必须要回溯各自思想的源头,以此保持文化原型比较研究的相对纯正性,⑤莎拉·艾兰(Sarah Allan)认为一个抽象性的概念根植于具体的范型中,当中国古代哲学家探讨水时,其理论原则源于水的自然行为,并且归结应用于人的思想当中。⑥ 这段内容表明只有充分认识

---

① 《马克思恩格斯文集》第 1 卷,北京:人民出版社,2009 年,第 529 页。

② ［英］泰勒著,蔡江浓编译:《原始文化》,杭州:浙江人民出版社,1988 年,第 1 页。

③ Sarah Allan, *The Way of Water and Sprouts of Virtue*, State University of New York Press, 1997, p. 95.

④ ［韩］정수일:《고대문명교류사》,서울:사계절출판사,2001 年,第 22 页。

⑤ 刘悦笛:《"文化原型"比较视野中的"比较哲学"——以"窍喻"与"洞喻"的比较为例》,《社会科学战线》,2008 年第 12 期,第 43 页。

⑥ Sarah Allan, *The Way of Water and Sprouts of Virtue*, State University of New York Press, 1997, p. 65.

到水哲学背后的文化背景和语境，即文化的感性因素，才能正确解读水思维。

　　水作为中国思想中突出的隐喻象征，这与中国传统的"意象思维"有关，更与自然地理环境、农耕文化中水的重要意义有关。长期以来，西方学术界对中国水意象的浓厚兴趣在于具体到抽象、客体到主体的"理性思维"范式。然而在中国传统哲学思想中，理性和感性从未被分割，它不是凭空发生的，它具有实实在在的物质基础和文化背景，这也就是为什么中国水意象研究课题几乎囊括中国文化的全部领域，并且可以毫无障碍地成为多种学科之研究主题。日本和韩国文化中关于水的思想内涵同样具有自然环境因素和宗教、民俗、文化、思维等精神因素。日、韩文化中的水意象主要体现于宗教信仰、民俗信仰中；信仰是思想的灵魂，水信仰是处于某种文化集团的人们在长时间的实践活动中所积累的对水的集体无意识。日本文化中水思想的源头可追溯至神道的"禊"思想，而韩国文化中水思想的源头为地理学意义上的国土山川思想，这些水思想皆是人基于当时的生存、生活环境而对水作出的思考。

　　思想的花果一旦形成，原初的种子总是容易被人遗忘。水的思想性固然重要，但水作为与人的生命活动紧密相连的自然元素，必须将其还原到更为具体的、生动的、感性的文化情境中，才能从根源上挖掘出客观、真实的水原型意象，因此本书在诠释方式上，将综合神话、文化、文学等三种角度进行分析。

　　神话作为人类最原初的文化形态，保留着最原始、最深层的文化信息。Mircea Eliade(1958)认为宇宙创生神话是一切神话的基础和范本，因为它是所有创造的"原型模式"（archetypal model），同时为所有重要的仪式和人类活动提供了相关范例。[①] 换言之，神话不仅是人认识自然的最初形态，还为以后的人类实践活动提供了范本。水是神话中频繁出现的元素，关于水与生命存在的重要联系，叶舒宪曾在《水：生命的象征》中如此表述："它的根源深深地埋藏在史前人类的有限经验之中。原始人从观察中得知，鱼儿离开水就丧生，动物和人也必须时常饮水才能生存，就连草木离开了必要的水分也会干枯而死，于是，根据原始思维的推论，水就成了一切生命存在的条件：生命有赖于水，甚至是得之于水的。"[②]Mircea Eliade 认为无形的"生命之水"具有化生万物以及一切有形事物的潜在力量，水象征着所有具有形式的原

---

① Mircea Eliade, *Paterns in Comparative Religion*, New York: Sheed and Ward, 1958, p. 410.

② 叶舒宪：《水：生命的象征》，《批评家》，1998 年第 5 期，第 66 页。

始物质(primal substance)。水生人神话作为文化的最初形态,是人对水的原初经验之升华,而作为创生的"原型模式",又可以为民俗、语言、审美等实践活动提供可依据的范例。

随着人的生存环境的改变,人从自然中剥离出来,自然成为人认识、实践的外部对象,人对水的认识升华为一种观念结构,逐渐形成特定文化集团成员的活动方式、审美方式的深层心理结构,其体现于语言文化、民俗祭祀、风俗习惯以及文学艺术等方面。东亚中、日、韩三国文化中的水意象始终伴随着中、日、韩三国民众对水的独特体验,并且这种水象征符号又会随着历史的推进、人体验的改变而不断积累。

基于以上的研究思路,本书大致分为三大部分。

第一部分,构筑东亚内部水意象比较的理论基础。就东亚内部的文化比较而言,差异性重于共性,要保持水意象文化比较的相对纯正性和客观性,必须对中、日、韩三国自然意识的异质性和同质性有清晰的认识。基于这一点,本书首先从三国自然环境、文化背景出发,论述了中、日、韩三国"天人合一"自然观的不同特点。其次,追溯中、日、韩文化中的水思想源头,通过解读其思想背后的自然背景、人文背景,挖掘中、日、韩各国水自然观之异质性,以此构筑中、日、韩三国水意象比较的理论基础。

第二部分,从神话、文化、文学三个方面,探讨具象的东亚水原型意象。

首先,从比较神话学的角度考察东亚神话中水与生命起源之间的关系。水与生命起源的联系,按内容可分为水与宇宙生命起源、水与人类生命起源、水与文化起源;按照神话类型可分为创世神话、水生人神话、洪水神话、建国神话等。本书基于上述分类方法,一方面对中、日、韩三国各自神话中的水意象进行纵向考察,并且在论述日、韩神话水意象时会兼论与中国的比较,以便更加客观地呈现出日、韩神话水意象的特质。而另一方面,在横向研究上,本书以神话中水意象的意象形态和象征意义为基准进行比较,论述中、日、韩三国神话水原型意象的差异性和共性。

其次,东亚民俗文化中的水意象,主要论述水在中、日、韩三国不同生活环境中的文化意义。这一部分主要分为语言中的水意象、风水文化中的水意象、阴阳五行文化中的水意象三个方面。顾名思义,东亚汉文化圈是以中国思想为源头,具有共通性的语言文化特征。根据视角的不同,日、韩两国对中国语言文化中的"继承和发展",同样也可以被理解为"接受和创新"。因此,本书选取语言、风水文化、阴阳五行文化三个方面,考察它们在三国民俗文化语境中的水原型。对东亚语言方面的比较分为水的词源和水的语言使用情况;风水文化和阴阳五行文化中的水意象研究在注重中国对日、韩影响关系的前提下，着重挖掘日本和韩国民俗文化中水意象的内在特质。

再次，考察东亚文学中的水意象，即水在审美实践中的文化意义。文学中的水意象以古代诗词为例，就研究对象和范围而言，中国的古诗包括《诗经》、唐诗宋词；日本的和歌具体有《古今和歌集》《拾遗和歌集》《后撰和歌集》；韩国的古时调主要出自《韩国时调大事典》。关于诗词中的水意象比较，本书根据水意象的具体内涵，将其分为水与生命、水与道德、水与时空、水与爱情、水与忧愁等几个部分，力图探求中、日、韩三国文学中的水意象特质。

第三部分，在上述分类（神话、文化、文学）比较研究的基础上，对东亚水原型意象的生命内涵进行整体的梳理。

本书综合运用比较文化学、比较神话学、民俗学、文艺学、语言学、美学、文化人类学等学科的相关理论，采用平行比较研究法、影响比较研究法、文献调查法等研究方法。

（1）文献法和逻辑分析法：本书的研究对象为东亚中、日、韩三国水原型意象，其内容繁杂、涵盖面广，由于文献资料的庞大和时间的相对有限，想要全面发掘文献资料并对其全读、细读，是极不现实的。因此，笔者首先对所收集的文献资料进行分类，并概括出其最本质的内容和特点。在此基础上再发掘和收集有关文献资料，进行分析、归纳、概括和深化。

（2）本书在比较方法上采用以平行比较研究法为主、影响比较研究法为辅的综合方法。

在东亚中、日、韩三国神话水意象比较和文学水意象比较中，本书主要采用平行比较法，在风水文化和阴阳五行文化的水意象比较中主要采用影响比较法。平行研究和影响研究原为比较文学的研究方法，其重点在于文学的文本属性，进一步说就是为了保证研究的"有据可依"。茅盾曾说："就文学立足点而言，神话实在即是原始人民的文学。"①神话是先民对自然现象的解释，具有文本的特性；在风水文化和阴阳五行文化的讨论中，对中国风水、阴阳五行思想传播到日、韩的历史渊源进行事实性梳理，故二者都适用平行比较研究法和影响比较研究法。

平行比较研究法的优点在于不太受研究对象具体背景的局限，克服了影响比较研究法的狭隘和保守，在本书中主要适用于神话水意象和文学水意象的比较研究。该方法注重比较本身，在比较视角的把握上可控性强，因此有利于提取中、日、韩三国神话、文学中水原型的个性特征。而其缺点在

---

① 茅盾：《〈楚辞〉与中国神话》，《茅盾全集》第 28 卷，北京：人民文学出版社，1993 年，第 86 页。

于研究所涉及的范围较宽泛、内容庞杂。单纯资料性考据的可操作性较强，但容易出现为比较而比较的现象，最终沦为简单的"知识"描述或"事实"证明，而遗忘了"思想"或"意义"的阐释。

影响比较研究法注重具体的实证，重视资料的挖掘以及历史关系的梳理，因此非常有利于东亚三国风水思想和阴阳五行思想历史渊源的梳理。但由于注重资料的事实性，影响比较研究很容易被淹没在资料的海洋中，最终导致研究停留在描述事实的过程，而忘记异同背后意义的追寻。

基于上述两种比较研究法的优缺点，为了保证本论文较强的系统性和综合性，笔者在结合平行比较研究和影响比较研究的基础上，通过适当的逻辑论证，以求找出中、日、韩三国各自水原型意象的特点以及其背后根源性的内在意义。

（3）演绎法和归纳法：本书从寻求人与自然和谐共生的"天人合一"自然观之共性出发，根据中、日、韩三国的自然环境和人文环境，归纳出中、日、韩三国水自然观的差异性，为文化视域下的水原型比较研究提供较为纯正、客观的理论依据。从宏观把握的共性中找出微观的个性，并在此基础上从神话、文化、文学等方面进行水意象比较，通过归纳微观的比较最终构筑东亚水意象的总体轮廓。

第三节 丰富多彩的水意象研究

艾兰在《水之道与德之端》中以"水"为本喻，考证了"道"的哲学内涵，认为形而下的"水"的自然现象为形而上的抽象概念提供了思维模型。她否定西方文化中心主义，主张中国思想要用中国的语言以及文化背景去解读，因为"西方人对中国早期哲学的理解，尤其当他们从自己的语言和文化中介走进它们的时候，乃是不全面与不准确的。……他们倾向于用欧洲哲学的抽象的专门性术语来重铸（recast）中国哲学。即使是中国哲学文献的欧洲语言翻译，也模糊了中西哲学思想间的许多差异"①。同时"仅仅通过翻译与重译文献，我们不可能摆脱我们自己的文化范畴来解读中国文化。……惟有认识到中国思想的本喻，我们才能够在解读中国思想时摆脱我们概念体系的固有范畴"②。因此，她试图用水的"本喻"解释中国早期哲学思想。她注重水之"本喻"的形而下的特征，认为"本喻"并非先验概念或对已有概念的

---

① ［美］艾兰著，张海晏译：《水之道与德之端》，北京：商务印书馆，2010年，第28页。
② ［美］艾兰著，张海晏译：《水之道与德之端》，北京：商务印书馆，2010年，第28页。

说明,而是存在于抽象概念的形成过程中。她说"我关切的不是比喻性语言的通常意义,或者用具体意象再造抽象观念的方法,而是观念最初抽象化时的具体根基。换言之,'本喻'是最具体的模型,它内在于'抽象'概念的概念化过程中。抽象概念来源于类比推理的过程中,而不是用类比来说明已经形成的概念"①。艾兰的研究虽非比较研究,但她对语言与思想之间关系的探讨为研究"他者"提供了一个视角:语言不仅是思想的体现,更是抽象概念体系本身,在了解"他者"思想时不进入对方的语言世界和历史文化背景就会模糊思想的真正差异,如同本应以自然世界为建基的"水之道"在西方文化中心的视域下同化为西方之"道"。叶舒宪在《原型与跨文化阐释》一书中主张跨文化的文学阐释,即通过发掘文学艺术中的人类学价值,为本土传统文化提供再阐释的广阔空间。虽然他讲述的是关于文学阐释的问题,但其重点在于与"他者"的跨文化交流中,阐释"自我"文化。他提出了文化的相对主义的两个层面,一是以共同性为起点的、认知人类学意义上普遍主义主张的一切文化的相对性;二是以差异性为起点的文化相对主义。他认为普遍主义的文化相对性是以共同性为起点,用"自我"的已知部分命名他者的"异己"部分,这种文化间的理解形式最后会演变为文化的自我理解,而非真正的对异己文化的理解,最终会在"自我扩张中越过其有效范围而变成了对'他者'的侵犯,走上了文化帝国主义的道路"②。而以差异性为基础的文化的相对主义能够实现文化间的对话和理解,获取丰富的文化资源,同时又能限制双方的自我扩张,即用"他者的角度限定自我理解的有效范围"③。二者呈互补关系,普遍主义要求文化内的自我理解和开放;以差异性为基础的文化的相对性限制文化自满的扩张。东亚水意象比较最终是在他者的共同性中开放自我,以此进行文化的交流,同时又以差异性为基础认识自我文化特性,以更加公平、民主的姿态实现文化对话与理解,而要做到真正意义上的了解"他者"和丰富自我,就必须从"他者"的语言、思维方式、文化背景出发,才能够以更加客观、开放的姿态实现文化的自我肯定和丰富。

1. 东亚自然观比较研究

东亚水意象比较是以中、日、韩三国的自然观为基础的。中国学术界对自然观进行比较的研究大部分集中于中、西比较的视角。林伟在《理想与欲

① [美]艾兰著,张海晏译:《水之道与德之端》,北京:商务印书馆,2010年,第28页。
② 叶舒宪:《原型与跨文化阐释》,广州:暨南大学出版社,2002年,第15页。
③ 叶舒宪:《原型与跨文化阐释》,广州:暨南大学出版社,2002年,第16页。

望的整合——中西哲学自然观的一个比较思考》中由文化研究视角出发,比较了中、西自然观的优缺点,其认为自然观的实质是"人类在面对自然时的不同价值取向:理想与欲望",提出"新的自然观念必须是在此基础上的整合与发展",才能促进中国社会文化发展。① 夏基松从人与自然两个哲学范畴出发,指出中、西哲学的差异性,提出中、西哲学的相互融通对于全球化时代人类社会和谐发展的现实意义。② 基于中、西自然观的差异性,主要体现在对中国文化、艺术传统特征的研究上。王贵祥在《中西文化中自然观比较》中从中、西传统文化对待自然的态度之差异性出发,论述了中国自然观对传统中国城市建设、建筑、园林设计的影响,并且从西方文明冲突、全球化时代社会发展方向等现实问题出发,探讨了中、西自然观的优缺点,以求通过融合和超越解决所面临的社会问题。③

日本学术界对自然观的比较研究在于将其纳入东西比较视野中。寺田寅彦在《日本人の自然観》中指出人与自然为有机体的自然观是导致自然科学发展滞后的原因。④ 渡边正雄认为日本并不存在与 NATURE 相对的明确的自然概念及自然观,因此有必要通过与西方自然观的比较加以明确。⑤ 他从科学与自然的关系出发,比较了西方和日本的自然观,渡边正雄认为西方文化与日本文化的本质差异在于科学的认知方式,而自然观的差异是导致不同科学认知方式的重要原因。首先,西方文化中人工与自然的区别分明,而在日本则暧昧不清。其次,从宗教自然观来看,基督教中人位于自然之上,神位于人之上,只有这种泾渭分明的自然观才能将自然对象化、客体化。正木晴彦在《日本人の自然観と環境倫理》一文中从自然环境之生态危机出发,从环境伦理的研究视角论述了日本人的自然观以及生态危机的原因。⑥ 正木晴彦通过对日常文化生活的讨论,考察了日本自然观的优缺点,并认为探索日本自然观的源流,其文化背景应包括《记纪》神话、地理条件及灾害应对、日本民族性等。正木晴彦认为日本虽将自然作为信仰对象,但日

---

① 林伟:《理想与欲望的整合——中西哲学自然观的一个比较思考》,《南京社会科学》,1999 年第 12 期。

② 夏基松:《谈中西哲学的差异性与融通性》,《社会科学战线》,2008 年第 4 期。

③ 王贵祥:《中西文化中自然观比较(上)》,《重庆建筑》,2002 年 1 期;《中西文化中自然观比较(下)》,《重庆建筑》,2002 年 2 期。

④ [日]寺田寅彦:《日本人の自然観》,小宫丰隆编:《寺田寅彦随筆集》(第五卷),东京:岩波书店,1963 年。

⑤ [日]渡辺正雄:《近代における日本人の自然観:西洋との比較において》,伊藤俊太郎编:《日本人の自然観 縄文から現代科学まで》,东京:河出书房新社,1995 年,第 329—370 页。

⑥ [日]正木晴彦:《日本人の自然観と環境倫理》,《長崎大学教养部纪要》(人文科学篇)第 37 卷第 2 号,1996 年。

本所遭受的环境破坏甚至比很多西方国家更为严重，这其中最重要的原因恰恰是对自然的敬畏心理所导致的排斥人为因素的结果，因此必须在对原来的自然观进行批判性检讨的基础上，融合西方机械性自然观，以建立新的自然观。

韩国学术界对自然观的比较研究则将焦点集中于东亚文化圈，试图在中国"天人合一"自然观的关联和扬弃中论述传统自然观的独特内涵。其中最具代表性的是 Lee Giyong(이기용)的《东亚自然观和韩国的自然理解》，文中认为现代社会面临自然环境的破坏和道德沦丧，其原因是用西方自然思维丈量自然实践而忽视了东亚传统思维中的自然观和道德观。因此当务之急是要找出传统思想中能够融合东西方自然观的共通分母，以解决现代社会面临的一系列问题。① 他认为中国思想中的天人关系为东亚自然观提供了思维体系的理论范型，但从实用主义的角度而言，韩国以人的实践主体性为主的"天人交与"自然观对于目前面临的现代社会问题更具有现实意义。

2. 东亚水意象比较研究

有关东亚水意象的研究主要有《東アジアにおける水の呪力と水の女——洗濯する女の文学史》(东亚水的咒力和水之女——洗濯之女的文学史)、《亚洲的洪水神话——日本、中国、朝鲜、印度的相互比较》、《东北亚洪水神话中神与人的关系》等。

《東アジアにおける水の呪力と水の女——洗濯する女の文学史》(东亚水的咒力和水之女——洗濯之女的文学史)作为一篇博士论文，其综合运用了比较神话学、民俗学、文化人类学的研究视角，对中、日、韩文学史中水的咒力和水之女的谱系进行了比较研究，构筑了全新的东亚"洗濯之女(浣纱女)"文学史。作者认为虽然中、日两国都有"禊"的概念，但由于其功能与文化意义不同，导致水之咒力的文化传承上出现偏差，如日本文化中水的咒力具有再生意象，而中国文化中水的灵力具有生殖意象。② 该博士论文以中、日两国为中心，试图追溯东亚洗濯之女文学史的文化源流，论证水信仰的传承性，因此并未过多涉及导致中、日、韩三国差异性的文化背景以及其与水信仰的内在关联性；而且上文对朝鲜半岛的洗濯之女也只停留于简单

---

① ［韩］리기용：《동아시아의 자연관과 한국인의 자연이해》，《동양고전연구》9 집，1997 年。

② ［日］金鳳齡：《東アジアにおける水の呪力と水の女：「洗濯する女」の文学史》，大東文化大學博士論文，2013 年。

的文学史梳理,缺乏对其背后意义的探求。

《亚洲的洪水神话——日本、中国、朝鲜、印度的相互比较》一文通过比较日本、中国、朝鲜、印度洪水神话的内容,论述了亚洲洪水神话的诞生和分布情况。[①]作者从洪水神话的叙事模式和内容出发来研究亚洲各国洪水神话间的相互影响,认为日本洪水神话的诞生与中国南方洪水神话有关;朝鲜半岛的洪水神话是中国南方洪水神话的变形。《동북아 홍수신앙에서 신과 인간의 문제》一文试图通过比较近东和东北亚地区洪水神话中神与人关系的变化,探求东北亚地区人对神的观念演变。[②]比起近东地区支配/服从的神话观,东北亚以及中国南方少数民族地区的神话观非常薄弱,且内容多样。作者认为其原因是东北亚地区并不存在可以统制整个地域的宗教/理念体系,不同集团之间也并不是无交流的闭塞关系,以此反对将洪水神话传承集团间的差异性简单归结为交流的匮乏。两篇论文均注重由洪水神话的文化视角来解读,将洪水神话及其传承形式皆纳入研究范围,而非简单将洪水神话的研究归入源头/变形的理论模式内。

3. 中、日、韩三国水意象研究

刘雨婷在《水原型的生成及其文化阐释》一文中将神话水意象看成集体无意识的表达,并从文化的视角解读了神话中的水创生原型;[③]黄勇在《对水的原型之考察》中将水原型的表达文本扩展到神话、早期文学、古史、古典哲学等方面。[④]晏杰雄、刘又华认为水原型是女性、生命、道的象征意义相互交织的隐喻世界,[⑤]并在《水的原型意义勾联》中进一步通过历时的分析论述了三种原型意象之间的联系,认为从历时角度来看,女性意义居原型,生命和道的意义是其变形。[⑥]向柏松在《水神感生神话的原型与生成背景》中指出中国水神感生神话的原型为女子感水生子神话,其生成背景是源于原始农

---

① [日]诹访春雄:《亚洲的洪水神话——日本、中国、朝鲜、印度的相互比较》,白庚胜、叶舒宪主编:《神话中原:2006 中国神话学国际学术研讨会论文集》,郑州:大象出版社,2008 年,第 374—375 页。

② [韩]김재용:《동북아 홍수신앙에서 신과 인간의 문제》,《한국문학이론과 비평학회》第 6 辑,1999 年,第 178—201 页。

③ 刘雨婷:《水原型的生成及其文化阐释》,《求索》,1997 年第 2 期。

④ 黄勇:《对水的原型之考察》,《益阳师专学报》,2000 年第 3 期。

⑤ 晏杰雄、刘又华:《水的原型意义分析》,《南华大学学报》(社会科学版),2005 年第 2 期。

⑥ 杨昌国、晏杰雄:《水的原型意义勾联》,《中南民族大学学报》(人文社会科学版),2006 年第 1 期。

业时代的水生命信仰。① 他通过著作《中国水崇拜》②以及一系列论文③强调中国五千年的农耕经济中对水的过分倚重是形成水崇拜生命内涵的重要文化背景，因此研究水崇拜是解读中国水民俗和传统精神文化现象的重要方式，这扩大了水崇拜的内涵和外延。萧兵、叶舒宪在《老子的文化解读——性与神话学之研究》中采用文化人类学视角，指出老子以母喻道，其深层结构与"玄牝、谷神"信仰以及"生殖崇拜"有关，并认为老子之道的原型意象与农耕民族的群体意识相关。作者将《老子》中"谷神不死，是谓玄牝"解释为"当溪谷注满了生命之水，进入了一种永恒境界之时，它就跟万物的生殖器官玄牝（原指女阴）合二为一，成了天地的根源，绵然长存，不干不竭"④。可见水原型的女性意义与道意义都与中国农耕文化有千丝万缕的联系。

由先秦诸子思想来探讨水思维原型的研究尚有应霁民、金戈、李云峰、刘玉平、陈忠信等。应霁民在《水与先秦诸子》中将水的思想特征概括为"自然观念的物化""自然本体的实际应用"等；⑤金戈在《海河水利》中先后发表了《孟子与水》《孔子与水》《墨子与水》《老子与水》《庄子与水》《中国古代哲学与水（上、下）》等一系列论文，概论性地探讨了水与先秦诸子思想之间的关系；⑥李云峰在《水的哲学思想——中国古代自然哲学之精华》中强调水在中国古代思想中的特殊地位，并指出水思想的起源要早于气思想；⑦刘玉平在《论〈周易〉思维形式的特色》中指出水的思维方式是"观物—取象—比类—体道"，其是《周易》哲学之思想的重要象征。⑧ 另外，刘毓庆在《中国文学之水神话意象的考察》中扩宽了水原型思维的视野，将水的主题与人的诞生、创生、死亡联系起来；⑨陈忠信则在博士论文《先秦两汉水思维研究——

---

① 向柏松：《水神感生神话的原型与生成背景》，《中南民族大学学报》（人文社会科学版），2007年第2期。

② 向柏松：《中国水崇拜》，上海：上海三联书店，1999年。

③ 向柏松：《中国水崇拜文化初探》，《中南民族大学学报》（人文社会科学版），1993年6期；《中国水崇拜祈雨求丰年意义的演变》，《中南民族大学学报》（人文社会科学版），1995年3期；《中国水崇拜与古代政治》，《中南民族大学学报》（人文社会科学版），1996年4期；《道教与水崇拜》，《中南民族大学学报》（人文社会科学版），1999年1期。

④ 萧兵、叶舒宪：《老子的文化解读——性与神话学之研究》，武汉：湖北人民出版社，1994年，第553页。

⑤ 应霁民：《水与先秦诸子》，《文史杂志》，1996年第1期。

⑥ 金戈：《孔子与水》，《海河水利》，2001年第1期；《孟子与水》，2001年第2期；《老子与水》，2001年第4期；《庄子与水》，2001年第5期；《墨子与水》，2001年第6期；《中国古代哲学与水》（上），2003年第1期；《中国古代哲学与水》（下），2003年第2期。

⑦ 李云峰：《水的哲学思想——中国古代自然哲学之精华》，《江汉论坛》，2001年第3期。

⑧ 刘玉平：《论〈周易〉思维形式的特色》，《山东大学学报》（哲学社会科学版），2002年第4期。

⑨ 刘毓庆：《中国文学中水之神话意象的考察》，《文艺研究》，1996年第1期。

神话、思想与宗教三种视野之综合研究》中综合神话、思想、宗教仪礼三种视野，以"水与宇宙生成"（水之道）、"水思维在人世间的开展"（水之德）、"水与死亡水域"（水之死）、"水与生命永恒"为主要脉络，探讨了水思维在先秦、两汉时期的发展。①

　　日本方面的水原型意象研究主要运用文化学、人类学特别是民俗学的视角进行讨论。樋口清之在《日本人はなぜ水に流したがるのか》《日本人と水の発想》中从日本人凡事喜欢"水に流す"②的民族心理、行动模式出发，通过论述日本独特的风土条件、稻作文化追溯其文化源流。③ 樋口清之认为日本独特的风土条件是生成日本人"清净志向"和"禊"思想的重要背景，而湿润气候下的稻作文化是形成以水为中心的共同体的关键条件。春日井真英在《水のコスモロジー》中从风土地理和民俗文化、神话等方面论述水边作为异界接点的意象。④ 他通过考察天龙川水系民俗空间，指出"水边"这一空间在民俗空间中的异界接点原是划分共同体（村）的内部和外部空间，而这种空间划分又与可知/不可知的心理模式结合，在神话中就体现为人界（可知、民俗）与神界（不可知、神圣）的接点。広部重紀在一系列考察灵水信仰的论文中，通过回溯水的民俗文化历史，探究"禊"信仰、井泉水信仰、酒信仰、温泉信仰的宗教性根源。⑤

　　从水传说、水神话探讨水信仰源流的代表性论文有折口信夫的《水の女》，作者通过考察水之女类型⑥的日本神话传说，指出"水边"具有迎神的空间意象，女性的出现象征迎神的仪礼。⑦ 大林太良在《神話の系譜——日本神話の源流をさぐる》中论及了水与王权的关系。⑧ 嶋田義仁在博士论文《稲作文化の世界観：「古事記」神代神話の構造分析より》中将结构主义方

　　① 陈忠信：《先秦两汉水思维研究——神话、思想与宗教三种视野之综合研究》，彰化师范大学博士论文，2006 年，第 1—8 页。

　　② 意为"冰释前嫌"，指代排斥纠结于过去的心理以及行动模式。

　　③ ［日］樋口清之：《日本人はなぜ水に流したがるのか》，PHP 文库，2015 年；《日本人と水の発想——梅干し博士の日本再発見講座〈2〉》，ごま書房，1997 年。

　　④ ［日］春日井真英：《水のコスモロジー》，近代文芸社，1995 年。

　　⑤ ［日］広部重紀：《日本の霊水信仰に対する一考察Ⅰ——禊の信仰》，《福井工业大学研究纪要》第 20 号，1990 年；《日本の霊水信仰に対する一考察Ⅱ——井泉水の信仰》，《福井工业大学研究纪要》第 21 号，1991 年；《日本の霊水信仰に対する一考察Ⅲ——酒の信仰》，《福井工业大学研究纪要》第 22 号，1992 年；《日本の霊水信仰に対する一考察Ⅳ——温泉の信仰》，《福井工业大学研究纪要》第 23 号，1993 年。

　　⑥ 水之女类型指水边有女性出现的、以叙事内容为主的神话传说。

　　⑦ ［日］折口信夫：《水の女》，《古代研究（民俗学篇 1）》，大冈山书店，1929 年，第 101—125 页。

　　⑧ ［日］大林太良：《神話の系譜——日本神話の源流をさぐる》，講談社，1991 年。

法引入神话研究中,将高天原神话、海幸山幸神话的共通点归结为"水"与"地"的兄弟斗争神话结构,是水神话研究方法的突破。①

　　韩国水原型意象的研究主要体现在民俗信仰和神话叙事上。《口碑文學概説》中将神话分为神的故事、解释自然现象,社会现象起源和秩序的故事、神圣化的故事三种。② 邊泰又认为韩国神话属于神圣化的叙事,并在《創世·始祖神話考:물의 이미지를 중심으로》中指出神话的神圣性只能通过祭仪维持。③他将水的本质概括为生产力、丰饶性、净化力,认为韩国神话中水的生产力占主导地位,并论述象征母胎回归的溺水意象、象征身份升华的"通过"意象皆源于水的生产力。Na Gyeongsu(나경수)在《남매혼설화의 신화론적 검토》中将洪水主题传说的神话性归结为神话祭仪的象征,④Cheon Hyesuk(천혜숙)在《홍수설화의 신화학적 조명》中将洪水神话分为起源论和终末论两大范畴,为日后韩国洪水神话研究提供了新的理论框架。⑤ 朴正世在《한국홍수설화의 유형과 특성》中将洪水神话具体分为关于被水淹没的山的故事、洪水幸存者的故事、以水为判的故事三种类型。⑥ 朴桂玉在博士论文《한국 홍수설화의 신화적 성격과 홍수 모티프의 서사적 계승 연구》中,将韩国洪水神话分别置于神话学和叙事文学的范畴中进行讨论,并将洪水传说的神话属性分为宇宙再创、从俗到圣、"通过"仪礼等三种属性。⑦ 从 20世纪 90 年代末开始,特别是进入 2000 年,韩国的洪水神话研究主要集中于东亚地区的比较研究,⑧主要讨论人与神的关系、近亲通婚等问题上。上述研究表明,由于韩国神话的口说形式特点,如何界定韩国神话传说的神话特性是学术界主要关心的问题,而神话研究中注重水的祭仪的特性,与这种研究趋势不无关系。然而水的仪礼性作为一种原型思考与具体文化背景、生

---

　　① ［日］嶋田義仁:《稲作文化の世界観:「古事記」神代神話の構造分析より》,京都大学博士论文,2000 年,第 89—108 页。

　　② ［韓］장덕순、조동일、서대석、조희웅공저:《口碑文學概説:口碑傳承의韓國文學的考察》,서울:一潮閣,1989 년。

　　③ ［韓］邊泰又:《創世·始祖神話考:물의 이미지를 중심으로》,《白鹿語文》(创刊号),1986年 1 月,第 115—131 页。

　　④ ［韓］나경수:《남매혼설화의 신화론적 검토》,《한국언어문학》第 26 辑,1988 年。

　　⑤ ［韓］천혜숙:《홍수설화의 신화학적 조명》,《민속학연구》第 1 辑,1989 年。

　　⑥ ［韓］朴正世:《한국홍수설화의 유형과 특성》,《신학논단》23,1995 年。

　　⑦ ［韓］박계옥:《한국 홍수설화의 신화적 성격과 홍수 모티프의 서사적 계승 연구》,조선대학교博士论文,2005 年。

　　⑧ ［韓］김재용:《동북아홍수신앙에서 신과 인간의 문제》,《한국문학이론과 비평학회》第6 辑,1999 年,第 178—201 页;조현설:《동아시아인신혼형홍수신화의구조적탐색 — 머서족홍수신화를중심으로》,《口碑文学研究》제 12 권,韩国口碑文学会,2001 年。

命内涵以及水的生产力到底具有怎样的关联,上述研究并未提及。

Yoon Cheongeun(윤천근)在《水之思想、水之文化》中从存在领域和生活领域考察了水的思想和水的文化。① 作者认为韩国的水文化是江的文化,其中泉水文化和井水文化尤其发达。井是从地中喷涌而出的最初的水,是最清净的存在,因此在传统文化中井水是具有灵力的神圣之物。井泉水信仰、祁子信仰等皆源自井水的灵力。Kim Taehun(김태훈)认为韩国传统水信仰可分为山川信仰和龙神信仰;风水信仰和药水(有药效、保健功能的山间泉水)信仰;净化和再生的信仰。② 其中因水的物理性质而产生的信仰是风水和药水信仰,即韩国山水相随及山中泉水资源丰富等环境特点是生成风水信仰和药水信仰的重要客观条件。他指出,虽然山川信仰和风水信仰中水皆是生命力的象征,但前者为女性意象,而后者为男性意象,根据阴阳和合原理,风水信仰中的水起着主导作用,故具有男性(阳)意象。尹弘基在《風水地理說의 本質과 起源 및 그自然觀》中指出要破解韩民族对自然观(特别是相地)的传统精神结构(Geomentality),必须通过风水,他认为风水的基本概念是相地术,并论述韩国风水的基本原理始于中国黄土高坡地带的居住环境。③ 与此相反,崔昌祚将风水思想与韩国传统地理学以及环境哲学相关联,论述了韩国风水的自生性。④ 作者以道诜的"裨补风水"为例子,指出人与土地是有机生命体,强调人对土地环境的积极作用;在他的叙述中,"得水"与"破水"被形容为饮食与排泄的过程。杨普景在《조선시대의 자연 인식 체계》中通过考察朝鲜时代的地理文本,探究了韩国原型思想中的自然认识体系。⑤ 他指出仅凭风水思想理解韩国传统山川体系是片面的,要全面解析原型思考中的自然认识必须追溯至传统地理学的山川意识。

综合以上研究成果笔者提出本课题研究的必要性。

(1)水与人的生存、生活体验有直接、密切的关系,因此从文化的角度对东亚水意象进行研究是提炼、综合东亚文化生命内涵的重要方式。

(2)中、日、韩三国各自的自然观比较研究多从现代社会面临的具体问

---

① [韩]윤천근:《水之思想、水之文化》,《동서철학연구》第59号,2011年,第387—416页。

② [韩]김태훈:《한국 종교문화속 물의 상징성에 대한 고찰:불교적 시각을 중심으로》,《원불교사상과 종교문화》第58卷58号,2013年,第207—236页。

③ [韩]尹弘基:《風水地理說의 本質과 起源 및 그自然觀》,《韓國史市民講座》14,1994年,第187—204页。

④ [韩]최창조:《한국의 자생풍수 1:한국의 명당을 찾아서》,민음사,1997年。

⑤ [韩]杨普景:《조선시대의 자연 인식 체계》,《韓國史市民講座》14,1994年,第70—97页。

题出发,认为大多数症结来源于西方自然思维,并试图通过重新审视本国自然观寻求解决问题的方法,但是这些比较研究对于东亚内各国却没有开放对话窗口。其原因,一为"天人合一"自然观作为一种形而上的哲学思想体系,其源于中国;二为东亚以汉字文化的相似性为基础。但是正如艾兰在《水之道与德之端》中所说,一种抽象概念体系一旦成为范型,就容易遗忘其自然基础,"天人合一"自然观作为一种东方智慧,只有回到原初思想的具体语境中才能真正领会其思想精髓。因此非常有必要对东亚自然观,特别是其中的差异性进行重新解读,这将进一步丰富和深化"天人合一"自然观的内涵。

(3)由于研究重点、研究历史长短的不同,中、日、韩各国的水意象研究内容繁杂,水平参差不齐,但毫无疑问三者都注意到以文化人类学视角研究水意象的重要性。中国学术界主要侧重于从先秦哲学和神话方面探讨水原型,倾向于意象思维的哲学解读;日本学术界侧重于日本人论基础的水原型研究,但在神话方面缺少对日本水原型的针对性;韩国学术界则从人、神、自然角度出发对东亚洪水神话进行比较研究,此颇值得借鉴,"但针对韩国水原型意象的研究几乎空白,且不够全面"[①],缺乏深度。因此有必要将中、日、韩三国之水意象置于同一平台上进行研究。

日本和韩国已经有一些文学和神话方面的东亚水意象研究,但均是以共通性为基础的影响研究,且缺乏文化视角的全面、系统的探讨。故本书试图以差异性为基础,即用更加对等、客观的研究视角对东亚中、日、韩水原型意象进行比较,以求为东亚"天人合一"自然观研究提供一个新的视角。

---

① [韩]고춘심:《한국신화에 나타난 물의 상징적 의미》,全南大学硕士论文,2004 年。

第二章　东亚的文化背景

第一节　东亚的地理环境特点

中、日、韩三国地理位置上相邻,各自有不同的地形特征,也有不同的气候特点。东亚三国民众的生活、文化都强调自然环境的重要性,这源于农耕国家自然与人和谐共生的思想。

1.中国的地理环境和气候特征

中国是位于亚洲东部、太平洋西岸的大陆国家,领土面积占世界陆地总面积的 1/15。首先,中国地势西高东低,呈阶梯状分布,因此太平洋的湿润空气能够进入内地,特别是中国东部非常有利于农作物的生长。其次,根据地形,大部分河流为自西东流,河流长,水产丰富,有利于灌溉和航运。而且由于地形种类较多而物种丰富。

中国的气候的主要特点为复杂多样,不同地区气候差异大;季候风特点显著,有三种类型的季候风(热带季风气候、亚热带季风气候、温带气候)。简言之,在中国,大陆性气候占主流,气候季节性变化大,并且气温和降水年差较大。中东部地区深受季风的影响,特别是夏季高温多雨,非常有利于水稻的生长。总的来说,复杂多变的气候条件不利于农业生产和人们的生活。西北地区气候干燥少雨,东部常遭水灾、旱灾以及寒潮的侵袭,因此素有"三岁一饥、六岁一衰、十二岁一荒"的说法。在过去的 2200 年间共发生水灾 1600 多次,大旱灾 1300 多次。[①] 长江是中国水量最丰富的河流,干流长 6300 公里,流域面积 180 多万平方公里;被称作中华文明母亲河的黄河干流长 5464 公里,流域面积 75 万多平方公里。[②] 长江、黄河中下游流域地势平坦、气候温暖、水源充沛、丛林茂密,具有得天独厚的地理环境与气候条件,

---

① 孟浪编著:《环境保护事典》,长沙:湖南大学出版社,1999 年,第 742 页。
② 中华民族凝聚力的形成与发展课题组:《中华民族凝聚力的形成与发展》,南京:江苏人民出版社,2013 年,第 5 页。

因此，二者所经地域自然而然地成为中国农耕文明的最早发源地。[①] 但同时因为水灾泛滥严重，治水是中华民族长期面临的课题之一。大河流域最显著的特征为水患不定期泛滥，由于长江、黄河河流长、流域面积大的特征，受灾的程度和面积也特别大。先民在享受江河赐予肥沃土地的同时，还要频繁受到洪水的侵害。

2. 日本的地理环境和气候特征

日本位于亚洲大陆东侧，是一个呈弧状、狭长的岛国。日本的国土面积为 37.8 万平方公里，相当于中国的 1/25，由本州、北海道、九州、四国等四大岛屿和 7000 多个小岛组成，统称为日本列岛。日本山地较多，山地面积约占全国面积的 3/4。日本列岛位于环太平洋火山带上，大部分山地的形成都源于火山活动。日本位于太平洋西岸火山地震带，多火山，地震频繁，境内有 200 多座火山，其中约有 60 座活火山。[②] 从整个地形排列来看，日本地形起伏较大，平原较少，平原占整个国土面积的 24%，零星分布于大河的下游和沿海地区。

日本河流的特点为水流短小，水量充沛，落差大，流域小，水势湍急，水力资源丰富，但不利于航行，最长的信浓川长 367 公里，流域面积最大的利根川面积为 16840 平方公里。[③] 另外，日本湖泊较多，多为小而深的火山口湖，且分布于高山上。日本的自然风景丰富多样，有山岳、江河、湖泊、海边、丘陵、平野等。由于地形的局限，人的居住地只能限于山与大海之间的平野、山间盆地以及河流沿岸的平地，所以人口密度较高。

日本气候四季分明，大部分地区属温带海洋性气候。日本列岛南北方向延伸很长，横跨亚热带和亚寒带，这种地理条件导致南北气候差异极大。除了北海道和本州北部以及内陆高地属亚寒带多雨性气候外，日本整体上属于温带多雨性气候，气候湿润，每年年降雨量高达 1600—1700 毫米，其中源于台风的集中暴雨占整体降雨量一半以上，这成为自然灾害的原因。此外，复杂的地形和海流也加大了日本气候的地域性差异。复杂多变的自然环境形成了日本人善于捕捉细微变化的观察力以及面对变化的敏捷迅速的应对能力。同时，多变且无法捉摸的自然环境教会了人们顺从自然和敬畏

---

① 　中华民族凝聚力的形成与发展课题组：《中华民族凝聚力的形成与发展》，南京：江苏人民出版社，2013 年，第 5 页。

② 　张立新、孔繁志主编：《日本概况》，北京：北京大学出版社，2009 年，第 3 页。

③ 　张立新、孔繁志主编：《日本概况》，北京：北京大学出版社，2009 年，第 3 页。

自然的人生智慧。

3.韩国的地理环境和气候特征

韩国是位于亚洲大陆东边的半岛国家,东临日本海,西临黄海,东南隔海与日本相望。国土面积占半岛总面积的45％,三面环海,海岸线长而曲折。韩国的地形有三个特点①,一为山地较多,山地占国土面积的3/4,多数集中在北部及东部。二为老年期地形有利于形成很多盆地。因为长期的风雨侵蚀,山峰多属于浑圆状态,山地之间有很多河流,其流域形成了很多盆地。盆地多为侵蚀盆地,而且面积较小,大都在河流的中上游。② 三为韩国地形东高西低。西部地区的江河大都发源于太白山脉和小白山脉,向西注入黄海,水量大,河流长,流域广,支流多;南部地区的河流多发源于小白山脉和庆尚山脉,注入东海;东部地区的河流发源于太白山脉和庆尚山脉,注入东海,水流量较小。③

韩国纬度较低,受大陆冷空气的影响较小,气候温和,介于大陆与海洋性气候之间。韩国受季节风影响较大,旱季和雨季很明显。雨季降雨量大,形成了三十条主要的河流,是世界上水系较发达的地区之一,水利资源极为丰富。大部分河流随地形变化分别注入黄海、南海和日本海,并且受季风影响,河流季节变化显著,洪枯水差大,④这点非常不利于农业生产。另外,山地较多的地形特点还形成了韩国特有的村落景观,如以山麓为中心的集体村落、山间地带的山村等。温带地区丰饶的自然环境以及受老年期地形影响形成的韩国山脉和峡谷培养了韩国人和平朴素的自然主义和追求整体统一的审美意识。⑤

第二节　东亚的"天人合一"自然观

"天人合一"是一种宇宙观,也是东方文化区别于西方文化的最大不同点。它强调人与自然的和谐关系,其内容有:宇宙观和价值观上人与自然的统一以及认识论上主客体的统一。"天人合一"作为一种哲学思想源于中国,但作为一种人对自然的思考,"天人合一"又是植根于不同文化的整体宇

---

① 顾永才:《怎样与韩国人做生意》,北京:北京工业大学出版社,1995年,第2—3页。
② 金文、古实:《大韩民国——中国的新视野》,北京:中国物资出版社,1993年,第51页。
③ 顾永才:《怎样与韩国人做生意》,北京:北京工业大学出版社,1995年,第2—3页。
④ 金文、古实:《大韩民国——中国的新视野》,北京:中国物资出版社,1993年,第51页。
⑤ 秦桂芳主编:《韩国文化概论》,济南:山东大学出版社,2010年,第108页。

宙论基础上的价值观和思维体系，因此在中、日、韩三国不同文化中其必定会具有各自的特点。中国强调主客体统一的"天人合一"自然观，因为它强调向天的自然媒介作用；日本从万物源于"心"的宇宙观出发，认为自然物即神，强调神人"和"与本性；韩国的"天人交与"自然观则强调人的主体实践对自然（天）产生的积极作用，它建立在以自我修养达到合一的向人心的内向哲学思维基础之上。"天理不离人事"，即人间是实践天地意志之所，人的（主动行为）实践本身就是达到"天人合一"的途径。

1. 中国的"天人合一"自然观

（1）尚象文化

在中国人的精神世界中，自然是上天对农耕生活的恩惠，同时又威胁人类的生命。从中国的自然环境来看，这种恩惠与威胁是巨大的、具有规律性的，这促使中国人在观察自然时善于总结自然现象中具有规律性、不变性的特征。在中国古代文化传统中，人们所生活的整体世界中的自然，通常也被赋予"天下"一说，存在着无限多的物质实体，从花草林木、飞禽走兽、山河大地、人间男女到上天列星等。① 自然是具有系统性的世界，人对自然的观察是各个自然物质之间"关系"的捕捉，这种认识自然的传统思维方式体现在尚象文化中。《周易·系辞下传》说："古者伏羲氏之王天下也，仰则观象于天，俯则观法于地，观鸟兽之文与地之宜，近取诸身，远取诸物，于是始作八卦，以通神明之德，以类万物之情。"②高亨注曰："此言伏羲画八卦时，观察天象、地法、鸟兽、草木、人身、器物等分为八类，画八卦以象之。"③又说："伏羲画八卦对情况不同之物，则以不同之卦形代表之，以区分天地万物之情况。据《系辞》所述，古人画八卦，乃通过对宇宙万物之观察、分析、综合，制出八个符号，以代表八类物质。"④总之，"八卦"就是对自然万物所做出的规律性总结，"象"是对自然的存在状态进行规律性观察的结果。那么，"观象"又有什么作用？

> 作结绳而为网罟，以佃以渔，盖取诸"离"。伏羲氏没，神农氏作，斫木为耜，揉木为耒，耒耨之利，以教天下，盖取诸"益"。……神农氏没，

---

① 单纯：《自然崇拜在中国人信仰体系中的意义》，《浙江社会科学》，2003 年第 3 期，第 121 页。
② 高亨：《周易大传今注》，济南：齐鲁书社，2009 年，第 496 页。
③ 高亨：《周易大传今注》，济南：齐鲁书社，2009 年，第 496 页。
④ 高亨：《周易大传今注》，济南：齐鲁书社，2009 年，第 496 页。

黄帝、尧、舜氏作，通其变，使民不倦；神而化之，使民宜之。……黄帝、尧、舜垂衣裳而天下治，盖取诸"乾""坤"。刳木为舟，剡木为楫，舟楫之利，以济不通，致远以利天下，盖取诸"涣"。服牛乘马，引重致远，以利天下，盖取诸"随"。重门击柝，以待暴客，盖取诸"豫"。断木为杵，掘地为臼，杵臼之利，万民以济，盖取诸"小过"。弦木为弧，剡木为矢，弧矢之利，以威天下，盖取诸"睽"。上古穴居而野处，后世圣人易之以宫室，上栋下宇，以待风雨，盖取诸"大壮"。古之葬者，厚衣之以薪，葬之中野，不封不树，丧期无数，后世圣人易之以棺椁，盖取诸"大过"。上古结绳而治，后世圣人易之以书契，百官以治，万民以察，盖取诸"夬"。是故《易》者，象也；象也者，像也。……（《周易·系辞下传》）①

这段内容是对所谓"观象制器"的描绘，但细细读来可发现此种解释实难达到"制器"的应用性原理，而这恰恰说明所谓"象"其实只是对宇宙万物规律性的把握和认知，是中国人认识自然的一种传统思维方式。如汉字是"象形"文字，中医讲究"观面"，天文历法强调"观象授时"，即中国人在认识事物时，注重观察具有规律性的具体的自然万物之象。在中国"天人合一"自然观中，这种传统思维方式又体现为"观物—取象—比类—体道"的方式。②

（2）"天人合一"自然观

东亚"天人合一"自然观有一个认识上的共同基础，即自然并非人的征服对象，而是信仰的对象。信仰对象的客体化可以是"天"，也可以是神，而人对于自然这一媒介的认识根据不同文化和思维方式、价值观又有所不同。

在"天人合一"体现出的趋"合"倾向下，面对自然观，我们要讨论两个问题，一为"合"的基础在哪里？二为"合"的方式是什么？

在中国的"天人合一"自然观中，天是一种超自然的存在，对宇宙万物和人事都具有终极解释的意义。孔子在《论语·泰伯》中曰："惟天为大，惟尧则之"③，他提出人只有效法天，才能成就自我的事业。《易经》中说的伏羲发明八卦，其意义便是"以通神明之德，以类万物之情"④，人从属于天，人要通过靠近天克服自身的不足。因为人与天本是一体，人是从天分离出来的"存

---

① 选自（商）姬昌著，宋祚胤注释：《周易》，《周易·系辞下传》，长沙：岳麓书社，2000年。
② 刘玉平：《论"周易"思维形式的特征》，《山东大学学报》（哲学社会科学版），2002年第4期。
③ 陈国庆、王翼成注评：《论语》，西安：陕西人民出版社，2006年，第155页。
④ （商）姬昌著，宋祚胤注译：《周易》，长沙：岳麓书社，2000年，第346页。

在"。造成天人分离的原因，儒家认为是天地秩序的混乱，道家认为是气的干扰。对于人回归到天，儒家认为要通过政治秩序和道德秩序的"合"，道家认为要通过人回归到气的本源——无欲无求的状态。

儒家用《周易》言天道。何为道？"一阴一阳谓之道，继之者善也，成之者性也"①。这一儒家之道从其存在的物质属性来看，其是生成万物的基础，也可叫做太极，"是故《易》有太极，是生两仪，两仪生四象，四象生八卦"②。可见，这天道既是物质又是内在规律。儒教的道包括人道和天道，人道要以天道为基础，是指导人们行为的伦理规范，故儒家的天人合于德。《周易·系辞上传》说："圣人设卦观象，系辞焉而明吉凶，刚柔相推而生变化。是故吉凶者，失得之象也。悔吝者，忧虞之象也。变化者，进退之象也。刚柔者，昼夜之象也。六爻之动，三极之道也。是故君子所居而安者，《易》之象也。所乐而玩者，爻之辞也。是故君子居则观其象而玩其辞，动则观其变而玩其占。是以自天佑之，吉无不利。"③圣人通过观察自然现象，参透其中的天地之道，给人以启示。因此，儒家的"天人合一"又与"观象"的体验紧密相连。

道家主张"道法自然"，《老子》道："有物混成，先天地生，寂兮寥兮，独立不改，周行而不殆，可以为天下母，吾不知其名，字之曰道。"④"无名天地之始，有名万物之母。"⑤道生于天地之前，既是有，也可谓无，但道是"有物混成"又是"万物之母"，说明了道的物质属性，而"道生一，一生二，二生三，三生万物"⑥，此表明的是宇宙生成的自然规律。"人法地，地法天，天法道，道法自然"⑦，道是自然而然存在的状态，人是自然的一部分，与天地万物一样具有自然而然的存在依据。

自然是人们行为准则的最高原则，亦是美学的最高境界。为《庄子》作注的向秀认为："天者何？万物之总名，人者何？天中之一物。"⑧天是万物之源，此表明它的自然属性，人是自然之产物，就应该顺应天（自然），说明人和天在自然基础上的统一。《庄子·齐物论》中"天地与我并生，乃物与我为一"⑨，人既然是自然的产物，就应该顺应自然，只有"物我为一"、回归自然，

---

① （商）姬昌著，宋祚胤注译：《周易》，长沙：岳麓书社，2000年，第322页。
② （商）姬昌著，宋祚胤注译：《周易》，长沙：岳麓书社，2000年，第339页。
③ （商）姬昌著，宋祚胤注译：《周易》，长沙：岳麓书社，2000年，第317—319页。
④ （春秋）老子著，李正西评注：《道德经》，合肥：安徽文艺出版社，2003年，第56页。
⑤ （春秋）老子著，李正西评注：《道德经》，合肥：安徽文艺出版社，2003年，第1页。
⑥ （春秋）老子著，李正西评注：《道德经》，合肥：安徽文艺出版社，2003年，第94页。
⑦ （春秋）老子著，李正西评注：《道德经》，合肥：安徽文艺出版社，2003年，第56页。
⑧ （清）严可均辑：《全晋文》（下），北京：商务印书馆，1999年，第1409页。
⑨ （战国）庄周著，胡仲平编译：《庄子》，北京：北京燕山出版社，1995年，第42页。

才能得到精神上的超然自由,达到美的境界。

庄子主张天人合于美,指人与自然统一于审美,人在与客体相互交融的审美体验中获得精神超然的状态,即自由。它不同于儒家人对自然对立性的"观"之方法,是用"体道"的方式,融合于"天地之大美"的境界中,得到超然的精神体验,"天地有大美而不言,四时有明法而不议,万物有成理而不说……是故至人无为,大圣不作,观于天地之谓也"①。道与美之所以能够统一是因为自然而然的无为之状态,因为"汝身非汝有,是天地之委和也;性命非汝有,是天地之委顺也"②,所以天与人才可相通。"夫至人这,上窥青天,下潜黄泉,挥斥八极,神气不变"③,可见精神自由的境界同时也是美的境界。"与人和者,谓之人乐;与天和者,谓之天乐"④,表明"乐"之审美观照能够实现"人的对象化"和"自然的人化",消除物与我即客体与主体的对立,获得精神的自由境界,生命的价值也在其中体现出来。⑤

不管是儒家的天人合德、道家的天人合道还是庄子的天人合美,都是建立在对宇宙本源性即天的探索上,与人相对的自然界是物质的存在,人对自然规律性的探求便是人从自身出发实现"天人合一"的途径。从这个意义上说,没有比天(自然)更高、更真实的存在,它是关于人的最高行为准则和精神的回归之处。可见,中国的"天人合一"并未将自然作为一种概念去对象化,而是作为一个整体去把握,其思维特征是通过"观"之自然之"象"去探讨其背后的自然之天道,即"观象取物",目的在于探索物的内在原理。

2. 日本的"神人和一"自然观

(1)"自然"释义

日语中"自然"有三种语音标记,"じねん"(训读)、"しぜん"(音读)、"ナチュール"(荷兰语),分别代表了自然观发展的三个阶段。一是将自然与本性联系起来,认为自然是依照事物、事件原来的性质发展的过程或其自然而然的状态,旨在排除外部因素的影响力,此属于日本的传统自然观;二是将自然看成自发、自生、自我运转的有机体,关注自然的外部表现;三是将自然看成是与人相对的外部世界加以对象化。

---

① (战国)庄周著,胡仲平编译:《庄子》,北京:北京燕山出版社,1995年,第218页。
② (战国)庄周著,胡仲平编译:《庄子》,北京:北京燕山出版社,1995年,第219页。
③ (战国)庄周著,胡仲平编译:《庄子》,北京:北京燕山出版社,1995年,第213页。
④ (战国)庄周著,胡仲平编译:《庄子》,北京:北京燕山出版社,1995年,第137页。
⑤ 赵载光:《天人合一的文化智慧:中国古代生态文化与哲学》,北京:文化艺术出版社,2006年,第198页。

训读"じねん"蕴含日本传统的自然意识,"じねん"按照词典的解释有以下四种含义。

自然〔呉音〕

【仏】ある事物や事態が,外部からの影響力によるのではなく,それが本来的に備えている性質によって,一定の状態や特性を生ずること。→ 自然法爾(じねんほうに)

万物は因果によって生じたのではなく,現在あるがままに存在しているものだとする考え。仏教の因果論を否定する無因論で,外道(げどう)の思想の一つ。

人為が加わらないこと。ひとりでにそうなること。ありのまま。「コレワ別ノ子細デワナイ。タダ天道ノ─ヂャ/天草本伊曽保」

たまたまそうであること。偶然。「衣の内より火出で来て焼けぬ。此れ─の事かと思ひて/今昔 4」〔古くは「じねん」はありのままの意,「しぜん」は万一の意に使い分けられた〕①

其具体内容为:根据事物或事态本来所具有的性质呈现出的状态或特性;基于无因论的外道思想之一;不加入人为因素的原本状态;偶然状态。不加入外力的原本状态,即忠于事物或事态的本性,按其发展便为自然,不管是哪种释义都在强调自然是一种状态,表明从事物或事态原本具有的本性出发理解事物的思维方式,并且排斥外力(人为)的介入。"じねん"的用法第一次作为思想出现,是在空海的《秘密曼荼罗十住心论》中。空海说"じねん"是梵语"自性=成为自我"的翻译,与老庄的"自然"同义,紫式部的作品中也有关于"じねん"的用法。②

三史五経、道々しき方を、明らかに悟り明かさむこそ、愛敬なからめ、などかは、女といはむからに、世にあることの公私につけて、むげに知らずいたらずしもあらむ。わざと習ひまねばねど、すこしもかどあらむ人の、耳にも目にもとまること、自然に多かるべし。(《源

---

① 〔日〕松村明编:《大辞林》,三省堂,2006 年,第 1059 页。
② 〔日〕広松渉编:《哲学・思想事典》,岩波書店,1998 年,第 639 页。

氏物语》帚木）①

  译文：女子若是对三史、五经太过用心，反而失去了应有的情趣。我不是说女子不该做些学问，但应限于处事常识之类，没有必要以钻研学问为己任。只要确有才华，平日里耳濡目染，总会有不少收获。②

  文中强调只要是稍有一些才能（与生俱来的习得能力）的人，都会在耳濡目染中自然而然地学会一些东西，这里的"自然"使用了"じねん"的读音。从性别出发的伦理道德的要求属于人为因素，"三史五经"的习得是后天的、具有目的性的行为，这两点与自然的习得有本质差异，因为习得是与生俱来的才能，是本性驱动下的无意图的行为，即日本自然观中对"自然"状态的判断取决于对其"人为"因素的界定方法。

  自然"しぜん"的用法，最早始于儒教。③ 山鹿素行在《圣教要录》中说："條理有るる、之を理と謂ふ。事物の間、必ず條理あり。凡そ天地人物の間、唯自然の條理有る、是れ理なり。"④其大意为："条理谓之理，事物之间必有条理。凡是天地、人、物之间必有自然之理，视为理。"在此可见天地与人之间存在"理"的秩序上的统一，但这里的"自然"依然是形容词的性质。将天地与人间的"理"之链接彻底断开，把儒家的道德价值观从自然剔除的便是日本古学派。荻生徂徕在《辩道》中说："先王之道，先王所造也。非天地自然之道也。盖先王以聪明睿智之德，受天命，王天下。其心一以安天下为务。是以尽其心力，极其智巧，作为是道，使天下后世之人由是而行之。岂天地自然有之哉。"⑤这里的"自然"是名词性用法，将后天人为的先王之道与先天的自然秩序区分开来，象征人类秩序的"人道"已然被排除在"天地自然"之外。"しぜん"作为名词的用法还见于安藤昌益的《自然真营道》，他认为自然是不依存于其他的"活真"的自我运动状态，同时也包括由这一自我

  ① ［日］紫式部著，与谢野晶子译：《全訳源氏物語（上卷）》，角川書店，1994 年，www. aozora. gr. jp/，2016 年 10 月。

  ② 董增兵主编：《源氏物语》，沈阳：万卷出版公司，2016 年，第 14 页。

  ③ ［日］林和治：《「土の思想家」安藤昌益の思想を問い直す（下）—矯正教育への新たな視点を求めて》，《日本大学大学院総合社会情報研究科紀要》第 3 期，2002 年，第 300 页。

  ④ ［日］三枝博音编：《聖教要録（科學思想篇）》，《日本科学古典全書・第 1 卷第 1 部》，朝日新聞社，1942 年，第 18 页。

  ⑤ 原文为："先王の道は、先王の造る所なり。天地自然の道に非ざるなり。…ここを以てその心力を尽くし、その知巧を極め、この道を作為して、天下後世の人をしてこれに由りてこれを行はしむ。あに天地自然にこれあらんや。"［日］荻生徂徕、西田太一郎校注：《弁道》，《荻生徂徕（日本思想大系 36）》，岩波書店，1973 年，第 14 页。译文出自：［日］永田广志著，版本图书馆编译室译：《日本哲学思想史》，北京：商务印书馆，1978 年，第 140 页。

运动生成的世界。① 丸山真男评价安藤昌益的自然思想是对近世朱子学的否定之否定逻辑,他认为,从近世初期的朱子学思维来说,封建等级制度就是"古今存于天地之间"的自然秩序,而徂徕学则以圣人的作为解释这一秩序,认为圣人出现前的状态与"畜类"无二般,致使天地自然秩序远离封建社会,但是到了安藤昌益又是通过否定圣人之德树立了自己的自然思想,即"自圣人出,乃有大小之序,大食小,全同禽兽虫鱼。人伦之世化为禽兽之世,圣人之罪也",失去了自然,从自然到人的作为就是从人到禽兽的堕落。② 安藤昌益反对身份阶级带来的差别,认为男耕女织的生活才是无大小、无上下的自然状态,宣扬绝对的平等观念。可见这与日本朱子学否定"道德自然观",将"天地自然之道"从"人道"中解放出来的古学派的学术倾向有关。他反对人为的"作为",将自然看成是一种主体运动,而非一种状态。一方面,这与老子的"无为"自然有所不同,而另一方面,它的内在基础依然是日本传统自然观中将人看成自然本身,从本性出发理解自然的思维方式。丸山真男在《歷史意識の「古層」》中将日本人的思维方式界定为"成为(なる)"型,此相对于基督教超人格的"创造(つくる)"型。日本的神是由于天地能量的喷射依次产生的"自然而成(成りませる)"的存在,神本身便是生成作用的体现,故对于日本人来说"自然"是自发性质的神圣的自然。③

(2)"神人合一"自然观

日本文化中的"天"在近代以前被认为是"天道"或"天命",但在近代以后"作为指代某种统一性思想体系的称呼,几乎成为一个'死语'"④。一般日本国学中的"天"是作为祭祀空间的高天原,是天神的居所,即"天"和"神"在日本文化中都是作为实体存在的。⑤ 日本文化中的"神"指的是神道中的神,神道是日本列岛的万物有灵信仰和巫俗信仰、习俗以及实践的复合体。神道中的神是视觉无法捕捉到的存在,古代日本的自然崇拜是对大海、山川的畏惧,因为神灵栖息于自然万物中,让人们看不到而心生忌惮,即神道中的自然是想象的自然,日本人通过想象自然现象中视觉捕捉不到的部分,确认

---

① [日]广松涉编:《岩波哲学·思想事典》,岩波书店,1998年,第640页。

② [日]丸山真男著,王中江译:《日本政治思想史研究》,北京:生活·读书·新知三联书店,2000年,第211页。

③ [日]丸山真男:《歷史意識の「古層」》,《丸山真男集》第10卷,岩波书店,1996年。

④ [日]井上厚史:《日中韓における洋学の伝来と「天」観念の変容》,《日本思想史学》41号,2009年,第31页。

⑤ [日]井上厚史:《日中韓における洋学の伝来と「天」観念の変容》,《日本思想史学》41号,2009年,第33页。

神的存在。①

吉田兼俱(惟足)(1435—1511)的《神道大意注》有云："天地に有ては之を神と云ひ、萬物に有ては之を霊と云ひ、人倫に有ては之を心と云ふ、心は則神明の舎、心と者神なり、故に神は天地の根元や"②，即神、灵、心实为一体，在天地叫作神；栖于万物视为灵；用于人伦成为心，心是神明栖息之所，表明心是蕴含一切可能性的宇宙本身，是原本就存在的本体，是宇宙新秩序的开端或动因。道元(1200—1253)在《正法眼藏》之"佛性"中说："今佛道所云一切众生，有心者皆是众生，以心是众生故。无心者亦同为众生也，以众生是心故。然则心皆是众生也，众生皆是有佛性也。草木国土是心也。以是心故，即是众生也。以是众生故，即有佛性也。"③即不仅是生命体，一切存在自体本身都具有佛性，译文中的"故"在原文中表述为"なるがゆゑに"④，即"成为"。这表明自然中存在的一切人、神、物都统一于自发自在的状态中。那么这个"心"到底如何才能得以认知？《古今和歌集》假名序曰：

> 倭歌，以人心为种，由万语千言而成，人生在世，诸事繁杂，心有所思，眼有所见，耳有所闻，必有所言。聆听莺鸣花间，蛙鸣池畔，生生万物，付诸歌咏。不待人力，斗转星移，鬼神无形，亦有哀怨。男女柔情，可慰赳赳武夫。此乃歌也。
>
> 此歌始于天地开辟之时。传之于世者，天上之歌，始于天界之下照姬。地上之歌，始于素盏鸣尊。神治时代，和歌音律未定，歌风质朴，所言至今已难解矣。及至人世，自素盏鸣尊时，三十一音律始成。由是，赏花草、听鸟鸣、叹云霞、悲露水，歌辞日多，沛然成章。千里之行，始于足下，岁月推移，山泥可堆高山。和歌兴起，犹如云蒸霞蔚，粲然可观。⑤

《古今和歌集》假名序中开宗明义说和歌"以人心为种"，语言（言葉）是种子开出的叶子，即看得见、摸得着的语言是表象世界，其根源在于人心，又道"聆听莺鸣花间，蛙鸣池畔，生生万物，付诸歌咏"。将蛙鸣和莺鸣视为歌

---

① ［日］高井節子：《宗教における水のデザイン》，大阪艺术大学博士论文，1998年，第68页。

② ［日］山本信哉编：《神道叢説》，国書刊行会，1911年，第8页。

③ ［日］道元著，何燕生译：《正法眼藏》，北京：宗教文化出版社，2003年，第43页。

④ 原文为："いま仏道にいふ一切衆生は、有心者みな衆生なり、心是衆生なるがゆゑに。無心者おなじく衆生なるべし、衆生は心なるがゆゑに、しかあれば、心みなこれ衆生なり、衆生みなこれ有仏性なり。草木国土これ心なり。心なるがゆゑに衆生なり、衆生なるがゆゑに有仏性なり。"

⑤ 王向远译：《日本古典文论选译》（古代卷上），北京：中央编译出版社，2012年，第34页。

咏,表示人与自然物的统一,其核心在于心的感应。即和歌并非观念性的产物,而是心之所发,是"无法抑制的感动自然而然地成为了语言"①,和歌中的自然并不是人有意识的进行咏叹的对象,而是人心驱动的结果。因此,和歌可感动天地,亦让无形的鬼神感觉到哀怨,即人心与自然在美(感受)中达到统一,而不是将人的认知寄托于自然万物。换言之,自然是不可知、无因果的存在。

这种自然意识与日本的自然环境息息相关。在日本,自然是不安定的元素。频繁且突然而至的各种灾难在带来威胁的同时,也让人们觉得它是无法避免、无法预测的。因此,与自然相处的智慧便与佛教的无常观紧密联系在一起。无常是对一切事物不变性的否定,时间的流逝是带来变化和毁灭的原动力,人们无法阻止变化,却能抓住瞬间。日本历史学家、自然人类学家梅原猛认为对于古代日本人来说,自然是凌驾于人的力量之上的存在,灾难与恩惠同在,人们通过祭奠这种魔性自然,希望平息其怒意,只得到自然的恩泽。② 即日本人的自然崇拜是建立在对自然的恐惧上,而非对自然的热爱。因此自然是无常、暴力和不可控的存在。而另一方面,日本人将对自然的这种恐惧发展成可控的、美的自然,将广大空间的自然按照自己的想象力肆意缩小在人类感知的空间内,人在自然的审美中实现合一。如日本庭院象征——"枯山水",枯山水庭院用石头和沙刻画大海或溪流,用树木象征远山,这种特殊技法的目的并不在于还原自然景观,而在于浓缩其中一个部分并将其象征化,意在实现人与自然的对话。

日本的自然观形成了彻底的双重性格,现实自然和想象自然、暴力自然和美的自然同在。因此根据"自然"这一角色的定义,日本的自然观还可以分成以下三种:一为将自然看作救赎人类心灵的救赎者,将重点放在自然的美和人的心灵共鸣上,这是一种美的观察(家勇三郎的观点);二为视自然为对人类社会具有裁决权的"断罪者",将重点放在自然的破坏力上,这是一种善的观察(菊池宽的观点);三为综合二者的两面性,既为"救赎者"又为"断罪者",而自然的破坏力恰恰是美丽自然的原动力(寺田寅彦的观点)。③ 以上"自然"都是绝对的存在者,人在自然面前处处透露着无力感,自然不是客体,日本人也没有将其客体化的愿望。人在"现象自然"中体会暴力,在"想

---

① [日]竹西寛子:《古今集の世界へ:空に立つ波》,朝日新聞社,1996 年,第 183 页。
② [日]相良亨等编:《講座日本思想 1——自然》,東京大學出版会,1983 年,第 127 页。
③ [日]広井脩:《自然と日本人——日本人の災害観 2》,《月刊消防》5(2)(通号 42)2 月号,1983 年。

象自然"中实现"神人合一"。

总的来说,古代日本人将自然看成自给自足的手段,通过宗教仪式寄托自然崇拜的感情。他们对个别自然现象非常关注,但是并没有通过自然现象理解整体的自然,也不大关心隐藏于其背后的原理。在这样的背景下,古代日本人形成了"神人和一"的独特思考方式。这种基因在之后的发展中不断表现为各种形态,出现在日本文化的各个方面中。

3. 韩国的"天人交与"自然观

(1)"天人合一"的文化源流

中国古代哲学思想对韩国的影响是深刻的,SinGyutak(신규탁)在《古代韩国自然观》中提到"从《三国遗事》《三国史记》等韩国古代文献资料的内容和记述方法来看,当时韩国人并未将中国作为'他者'来看待"①。他将东亚汉文化圈自然观的发展过程整理为"天然论→天命论→天人相交胜论→天理论",认为古代韩国人的自然观就是强调人主体参与性的天命论。② 对一种外来思想的选择和接受,就是对自身文化的再确认过程。韩民族独特自然观的文化源流,可以从檀君建国神话和韩国的巫俗信仰中找到证据。

关于檀君建国神话的最早纪录来自一然大师的《三国遗事》,另外在《帝王韵记》《世宗实录·地理志》《八道地志》《应题诗注》中都有关于檀君的记载。

> 时有一熊一虎,同穴而居。常祈于神雄,愿化为人。时神遗灵艾一炷,蒜二十枚曰:"尔辈食之,不见日光百日,更得人形。"熊虎得而食之,忌三七日,熊得女身,虎不能忌,而不得人身,熊女者无与为婚。故每于檀树下,咒愿有孕。熊乃假化而婚之,孕生子,号曰檀君王俭。(《三国遗事(第一)·古朝鲜(王俭朝鲜)》)③

"天"在存在论意义上是神的居所,而天神崇拜背后体现的是朴素的自然崇拜思想,即对太阳的信仰。崔南善在《朝鲜常识问答》中曾述,韩民族尚白文化的源流在于崇尚光明的太阳信仰。"天"在朝鲜语的固有词"하늘"具

---

① [韩]신규탁:《고대 한국인의 자연관: 재이론을 중심으로》,《東洋古典研究》Vol. 9,No. 1,1997 年,第115—137 页。

② [韩]신규탁:《고대 한국인의 자연관: 재이론을 중심으로》,《東洋古典研究》Vol. 9,No. 1,1997 年,第115—137 页。

③ [韩]一然原著:《三国遗事》(校勘本),长春:吉林文史出版社,2003 年,第30 页。

有天国的概念，其词源"한울"意指像宇宙般大而圆的空间（篱笆），太阳位于其中心，是天国的帝王——造物主和主宰者，亦是天神本身。[①] 统治这一天国的神就是桓因，儿子叫桓雄，与熊女诞下一儿叫檀君，檀君便是古朝鲜的建国始祖。朝鲜语的"桓"（환）源于形容词"환하다""밝다"，意指光明和光亮；"檀"指代檀木，源于天神桓雄在太白山的下降之地"神檀树"，檀木（박달나무）的词根"밝다"同样具有明亮的含义。因此，"桓"预示着天或太阳的属性，"檀"表示地或光的属性。[②] 太阳是发光体，因此桓处于檀的上位，并且通过降临地上的方式统治地上世界，即"在世理化"，将檀君建国神话叫做"天孙降临"的背后原因就在于此。桓雄"将风伯、雨师、云师，而主谷、主命、主病、主刑、主善恶，凡主人间三百六十余事，在世理化"[③]。"桓"和"檀"的关联表明天界和人界是不同的阶层，而从桓仁、桓雄、檀君的关系来看，他们在血统上又是一脉相承的。太阳被看作是开启一切时空的存在，上帝、天神、天王与太阳的生态功能相通，因此天意味着太阳始祖，太阳是神的实体。[④]

韩国的巫俗信仰包含韩国原始自然崇拜思想和对神力的崇敬心。韩国的巫俗并不是固有宗教，但却是韩国宗教信仰中历史最长的原始宗教，是韩民族的主流文化特征的体现，是韩国民间信仰的基础。巫俗崇尚多灵崇拜（poly-demonism）或多神崇拜（poly-theism）。韩国巫俗信仰神多达 273 种，从系统上来分，自然神分为 22 个系统，人格神分为 11 个系统。[⑤] 萨满原为多神教，但韩国萨满信仰却坚信有一个可以支配一切灵界的最高神的存在，其身份概念极其模糊，既不是造物主，也不是创造神，只是一种对于神力的盲目崇拜。萨满信仰的本质在于用神的超能力解决现实生活中的问题，充满了功利性和现世主义。因此，它的宇宙观并非创造，而是一种仿生学的进化论，其认为人间的吉凶祸福都源于神的旨意，即天命不可违。在韩国巫俗信仰中，神和天地开辟只是象征性的存在之本身，神是新的宇宙秩序的支配者，而非创造者。韩国的巫俗信仰将宇宙分为天上、地上"지상"（人界）以及

---

① ［韩］윤내현：《고조선연구》，서울：一志社，1995 年，第 702 页。

② ［韩］임재해：《환웅시대태양시조사상의홍익인간과재세이화전통》，《고조선단군학》第 29 号，2013 年，第 504 页。

③ ［韩］一然原著：《三国遗事》（校勘本），《三国遗事卷一·纪异第一·古朝鲜（王俭朝鲜）》，长春：吉林文史出版社，2003 年，第 30 页。

④ ［韩］임재해：《환웅시대태양시조사상의홍익인간과재세이화전통》，第 518—523 页。

⑤ ［韩］金泰坤：《韓國巫俗研究》，集文堂，1985 年，第 295 页。

地下"저승"（黄泉）三界，①但三界并非垂直分割，②而是水平分割的宇宙观。这是因为韩国的萨满思想始终建立在对现世的救赎需求上，希望通过神（天）的力量解决人在现世当中的具体问题，即无主体之人参与的神（天）是没有任何意义的。首先，韩国巫俗中的神大多是在生时经历痛苦和冤情而横死或夭折的人的冤灵，如李舜臣将军。其次，在巫俗祭祀执行过程中，神是通过将灵魂降于巫（中介者）的身上完成显灵。神对人的支配是基于人神互通，人神一体的互通又是基于"恨"情感的共同体验上。因此，"天"（自然）是已然存在的，为人的现世提供解决方案，其中就已经包括了"弘益人间"思想。③

（2）"天人交与"自然观

人对天的感知来自与自然的具体对话，在这一过程中人也被赋予"自然而然"进化的内在生命力。④ 栗谷将之称为"天人交与"的相辅相承的自然观，这种自然观强调人的主体性。栗谷在《天道策》中论述"气化理乘"思想时道："窥谓万化之本，一阴阳而已，是气动则为阳，静则为阴，一动一静者气也，动之静者，理也。"⑤栗谷认为"气"为本源，"气"的运动催生阴阳，而促使"气"的动静者便是"理"。他认为"气"和"理"同等重要，不能孤立地谈理论气，二者是相互依存的关系，"发之者，气也，所以发者，理也，非气则不能发，非理则无所发"⑥；"无为无形而为有形有为之主者，理也；有形有为而为无形无为之器者，气也"⑦；"夫理者，气之主宰也，气者，理之所乘也。非理则气无所根柢，非气则理无所依着。"⑧相互依存又严格区分二者的不同，赋予了"理""气"同等的地位："有问于臣者曰理气是一物是二物，臣答曰，考诸前训，则一而二，二而一者也，理气浑然无间无不相离，不可指为二物，故程子

---

① ［韩］김태곤：《한국의 무속》，서울：대원사，1991 年，第 70 页。

② ［韩］김태곤：《샤머니즘：한국무속의 내세관》，《한국무속의래세관》1（0），1972 年，第 4—6 页。

③ ［韩］신규탁：《고대 한국인의 자연관：재이론을 중심으로》，1997 年，第 128—137 页。

④ ［韩］김형철、최종덕：《총론：한국인의 자연이해》，《한국인의 자연관》韩国研究财团成果物），韩国延世大学研究资料，2001 年，，第 55—56 页。

⑤ 原文出自《天道策》，《栗谷全書》卷十四，《韓國文集叢刊》第 44 辑，www.krpia.co.kr（KOREAN DATABASE）12020.10.12。

⑥ 原文出自《圣学辑要》二，《栗谷全書》卷二十，《韓國文集叢刊》第 44 辑，www.krpia.co.kr（KOREAN DATABASE）12020.10.12。

⑦ 原文出自《圣学辑要》二，《栗谷全書》卷二十，《韓國文集叢刊》第 44 辑，www.krpia.co.kr（KOREAN DATABASE）12020.10.12。

⑧ 原文出自《答成浩原》，《栗谷全書》卷十，《韓國文集叢刊刊》第 44 辑，www.krpia.co.kr（KOREAN DATABASE）12020.10.12。

曰器亦道道亦器,虽不相离而浑然之中实不相杂,不可指为一物,故朱子曰理自理气自气不相挟杂,合二说而玩索则理气之妙庶乎见之矣。"[①]其意为,无形无为之"理"与有形有为之"气"是严格被划分为形而上者和形而下者的二物,但是由于"理"和"气"的不完全性,二者又必须从对方身上补充自我,所以二者具有互相请求的关系。[②] 栗谷的理气之论强调无形无为的"理"和有形有为的"气"的交互性和相互作用,并且更加看重人作为"气"的化身对"理"的积极影响,就如"人者天地之心也,人之心正则天地之心亦正,人之气顺则天地之气亦顺矣"。人与其他自然万物不同,人是天地之心,基于"理"的人气对于天地之气具有正面作用。即这种自然观既强调自然和人类的交互性,又注重二者的相互影响,特别是人类的主体性实践对自然(天)的积极作用。自然和人是一个有机生命体,人要遵循自然的原理,反过来人也同样可以用生命体的原理理解自然。这种对自然的思维方式内化为韩国人的集体无意识,表现在韩国文化的方方面面。

第三节　东亚"水"的自然观

东亚"水"的自然观是人对水这一自然物的意义探求,是中、日、韩三国的人们在各自自然环境和人文背景下,根据对水的体验的不同所形成的不同的水思想。由此东亚"水"的自然观就要回答两个问题:一为"水"的自然基础是什么? 二为"水"的自然基础如何与水的思想发生关系?

1. 水不发昆山,不能扬洪流以东渐

水这一自然元素在中国文化中是特别的存在。向柏松说:"人类进入文明时代后,水崇拜作为一种原始自然崇拜,本应渐渐消失它的声威。但是由于中国进入农耕时代较早,中国上下五千年的历史一直以农耕经济为主,农业对水的过分倚重,使得中国人对水的崇拜有增无减,愈演愈烈,形成了千奇百怪、无以数计的水崇拜衍变形式。"[③]基于农耕文化的水对人之生存问题的关键作用是中国水自然思维的最重要的基础。中国先民最早大多傍水而居,以便汲水用于灌溉,同时又要面临大面积洪水的侵袭,这是中国的自然

① 原文出自《圣学辑要》二,《栗谷全書》卷二十,《韓國文集叢刊》第 44 辑,www.krpia.co.kr(KOREAN DATABASE)12020.10.12。
② 郑判龙主编:《朝鲜学——韩国学与中国学》,北京:中国社会科学出版社,1993 年,第 69 页。
③ 向柏松:《中国水崇拜文化初探》,《中南民族大学学报》(人文社会科学版),1993 年第 6 期,第 131 页。

条件所决定的。在中国南部、西南部广为流传的因洪水灭绝人类的神话就是先民对洪水的恐惧记忆。水的独特体验带来了水的自然思维，即生存是生命存在的物质形式，其反面是灭绝性死亡的恐惧，而非死亡本身。因此中国水自然思维从一开始就具有物质性、功利性以及对生的热切渴望。这种对水的依赖以及对洪水的恐惧，形成了先民对水的全部记忆，并保存在洪水神话中。

洪水神话在世界不同文化中被演绎为不同的版本，是人类对世界起源和宇宙规律的最初解释。世界洪水神话的内在象征意义具有一定的共通点，如人类的堕落与罪恶、诸神的愤怒以及新宇宙的毁灭与创造。值得关注的是，中国洪水神话中的自然特性，它没有也无意探究导致洪水发生的原因。因为自然在中国文化中并非"被创造的世界"，而是自发、自生、自在的世界。自然不是被"神的意志"支配的工具，而是原因。大禹治水后，洪水就变为灌溉农田的河水，伏羲兄妹洪水逃生后就是人类诞生的故事，因此洪水神话就成为了人类步入文明社会的开端。可以说，在中国文化中人与水最初的联系就奠定了生命与自然之间难解难分的共生关系。

水崇拜于仪式中的体现便是"祭山川"，《山海经》中只见祭山，未及祭水。① 关于水的祭拜见于先秦文献，《礼记·曲礼》曰："天子祭天地，祭四方，祭山川，祭五祀，岁遍。诸侯方祀，祭山川，祭五祀，岁遍。"② 虽然秦汉的"祭山川"仪式是沿袭上古祭山风俗，但其原始崇拜的意味大大减弱，"水"在先秦诸子的体悟中，逐渐过渡为思想、哲学的水。

水是中国思想中特别是哲学中的最高隐喻，它符合"天人合一"自然观中"观察—取象—比类—体道"③的传统思维，同时更重要的是，它承载着中国人对水的生命感悟。宇宙与人之本性在本质上的合一是中国古代哲学所秉承的信念，而水本身所具有的自然特性非常符合"表达"宇宙的自然之道，这便是水的隐喻在中国古代思想中的认识价值。④ 但水的自然特性并非仅仅是其形式特征，还应包括水的生命特性，即物质性、功利性（水对物的作用）以及对生的热切渴望。这些特性在水思想中即转换为源头意识以及永恒性追求。水不仅是认识思想的媒介，更是价值本身。水的自然观思想包

---

① 徐晓力：《从山水观念到山水图式：山水画的文化解释》，复旦大学博士论文，2006 年，第 24 页。
② 陈莉选注：《礼记精选本》，北京：高等教育出版社，2008 年，第 50 页。
③ 刘玉平：《论"周易"思维形式的特征》，《山东大学学报》（哲学社会科学版），2002 年第 4 期，第 68 页。
④ 鲍海定：《隐喻的要素：中西古代哲学的比较分析》，艾兰、汪涛、范毓周主编：《中国古代思维模式与阴阳五行说探源》，南京：江苏古籍出版社，1998 年，第 97 页。

括很多内涵——道德、心性、修养、人生哲学等，水这一自然物质多样的形象性和生命内涵是形成水自然观丰富涵义的重要前提。

(1)以水喻源——"万物之本原，诸生之宗室"

将水看作万物之本原的思想是中国哲学自然观之精粹。刘安在《淮南子·原道训》说："天下之物，莫柔弱于水……上天则为雨露，下地则为润泽；万物弗得不生，百事不得不成；大包群生而无好憎，泽及蚑蛲而不求报；富赡天下而不既；德施百姓而不费。"①(《淮南子·原道训》)生命是无限的循环运动，水永不停歇的流动性成为促使人们将水与万物之始联系起来。《管子·水地篇》中说："是以水者，万物之准也，诸生之淡也，廷非得失之质也。"②"具者何也？水是也。万物莫不以生，唯知其托者能为之正。具者，水是也。故曰：水者何也？万物之本原也，诸生之宗室也。"③水不仅是世间万物之源，还是万物生命之判断标准。《管子·水地篇》还说："是(水)以无不满，无不居也。集于天地而藏于万物，产于金石，集于诸生，故曰水神。集于草木，根得其华，华得其数，实得其量。鸟兽得之，形体肥大，羽毛丰茂，文理明著。万物莫不尽其机，反其常者，水之内度适也。"④这里主要表达两层涵义：其一，水可浮天载地，无处不在，说明水的包容性。其二，万物的生机与活力、繁衍生息都依靠水的滋养哺育，从水的功能出发认为水是生存的根本。人的生命同样源自水："人，水也。男女精气合，而水流形。……凝蹇而为人，九窍五虑出焉。"⑤人是精气之合，生命于水中流动成形，可见在此管子并未将人的生命与万物生命来源分别开来，这一点与韩国水思想中用人的生命结合(两性)原理观照自然万物本源的生命信念截然不同。

(2)以水喻道——"渊兮似万物之宗"

"道者，万物之奥。"⑥老子哲学中，道是独立的万物之源。而"道"由"水"生，"道冲，而用之或不盈。渊兮，似万物之宗"⑦。道是凭借人的视觉无法窥见的，这与中国人对海的意识相合。《博物志》曰："海之言，晦昏无所睹也。"⑧道似大海，看不清其内容却永远装不满，又似深渊深邃，为万物之宗。除了无形的虚静之水，老子还用柔弱之水比喻"道"的辩证含义："天下莫柔

① (西汉)刘安：《淮南子》，哈尔滨：北方文艺出版社，2018年，第12页。
② 出自耿振东译注：《管子译注》，上海：上海三联书店，2014年，第211页。
③ 出自耿振东译注：《管子译注》，上海：上海三联书店，2014年，第218页。
④ 出自耿振东译注：《管子译注》，上海：上海三联书店，2014年，第211—212页。
⑤ 出自耿振东译注：《管子译注》，上海：上海三联书店，2014年，第213页。
⑥ (春秋)老子著，李正西评注：《道德经》，合肥：安徽文艺出版社，2003年，第135页。
⑦ (春秋)老子著，李正西评注：《道德经》，合肥：安徽文艺出版社，2003年，第10页。
⑧ (晋)张华：《博物志新译》，上海：上海大学出版社，2010年，第17页。

弱于水,而攻坚强者莫之能胜,以其无以易之。弱之胜强,柔之胜刚,天下莫不知,莫能行。"①"天下之至柔,驰骋天下之至坚。"②水性至柔,却是无坚不摧,虚与实、柔与刚,事物往往以矛盾对立的形式出现,而矛盾双方在具体条件下可以互相转换,这便是"道"所蕴含的深刻的辩证思维。

孔子的以水喻道与老子不同,孔子用流动的水、有形的水感悟时间、永恒、变化等物质运动的抽象自然之道,"其洸洸乎不混尽,似道"③,"道"是浩浩荡荡的流水,这与老子的无形之水形成对比。《论语·子罕》曰:"逝者如斯夫,不舍昼夜。"④孔子面对奔流不息的河水引发了对时间流逝的感叹,这种想象是基于对人事的观照,它奠定了中国思想文化中东流水意象的基础内涵。

无为之道、人事之道皆为对自然现象规律性的观察,但生活在有限现实中的人们如何才能达到道的境界,这是庄子逍遥之道所要探讨的问题。《庄子·大宗师》曰:"泉涸,鱼相与处于陆,相呴以湿,相濡以沫,不如相忘于江湖","鱼相造乎水,人相造乎道。相造乎水者,穿池而养给;相造乎道者,无事而生定。故曰:鱼相忘乎江湖,人相忘乎道术。"⑤人要坚守内心的宁静,不要被外界和现实的标准束缚,才能达到逍遥游的境界。就如同两条鱼在干涸的泉中苟延残喘,还不如在更大更深的江湖中悠游自在。对于庄子来说,现实是束缚,"道"是超越,因此庄子之"道"是无限而至大的。《庄子·逍遥游》中的北冥、天池、巨鲲、大鹏是至大而具有超越性的存在,是一种象征性语言。庄子以大海喻"道",使人们感受"道"的博大精深的超越性境界。《庄子·秋水》曰:"天下之水,莫大于海。万川归之,不知何时止而不盈;尾闾泄之,不知何时已而不虚;春秋不变,水旱不知。此其过江河之流,不可为量数。"⑥如何开阔心灵的境界,就要通过静观水法体道,从外界的纷扰中达到心灵平静。《庄子·天道》曰:"水静则明烛须眉,平中准,大匠取法焉。水静犹明,而况精神! 圣人之心静乎! 天地之鉴也,万物之镜也。"⑦《庄子·刻意》又说:"水之性,不杂则清,莫动则平;郁闭而不流,亦不能清。天德之象也。故曰:纯粹而不杂,静一而不变,淡而无为,动而天行,此养神之

① (春秋)老子著,李正西评注:《道德经》,合肥:安徽文艺出版社,2003年,第169页。
② (春秋)老子著,李正西评注:《道德经》,合肥:安徽文艺出版社,2003年,第96页。
③ (唐)杨倞注,耿芸标校:《荀子》,上海:上海古籍出版社,2014年,第355—356页。
④ 陈国庆、王翼成注评:《论语》,西安:陕西人民出版社,2006年,第171页。
⑤ (战国)庄周著,胡仲平编译:《庄子》,北京:北京燕山出版社,1995年,第79、84页。
⑥ (战国)庄周著,胡仲平编译:《庄子》,北京:北京燕山出版社,1995年,第166页。
⑦ (战国)庄周著,胡仲平编译:《庄子》,北京:北京燕山出版社,1995年,第136页。

道也。"①只有通过观水之静达到内心平静,才能体悟"道"之无忧无虑无念的玄妙之境。

(3)以水喻德——"上善若水"

在中国古代思想中,观水是修养德行的媒介。《管子》中以水赋德,这与老子的"上善若水"和儒家的"观水求君子之德"的观念一脉相承。

> 水,具材也,何以知其然也? 曰:夫水淖弱以清,而好洒人之恶,仁也。视之黑而白,精也。量之不可使概,至满而止,正也。唯无不流,至平而止,义也。人皆赴高,己独赴下,卑也。卑也者,道之室,王者之器也,而水以为都居。②

> 上善若水。水善利万物而不争,处众人之所恶,故几于道。居善地,心善渊,与善仁,言善信,政善治,事善能,动善时。夫唯不争,故无尤。③

> 夫水,遍与诸生而无为也,似德;其流也埤下,裾拘必循其理,似义;其洸洸乎不淈尽,似道。若有决行之,其应佚若声响,其赴百仞之谷不惧,似勇;主量必平,似法;盈不求概似正;淖约微达,似察;以出以入、以就鲜契似善化;其万折也必东,似志。是故君子见大水必观焉。④

管子从水的功能性和自然属性出发,强调水要材美兼备,劝人们效仿水的无私善行,从而到达至善至美的境界。老子主要通过水(渊、海、雨)的自然属性,强调水的至善品质。孔子观水主要关注流水的自然属性,通过水之形喻"德"、"义"、"道"、"勇"、"法"、"察"、"志"等德行,强调用"观"达到修养君子品德的目的。以水喻德,都是强调观水—取善之象—悟道,以此指导人们的行为,并且水之德要求善美兼备,即水因善而美。这种善美统一同样体现在孔子的"智者乐水"论中。

> 夫智者何以乐水也? 曰:"泉源溃溃,不释昼夜,其似力者。循理而行,不遗小间,其似持平者。动而下之,其似有礼者。赴千仞之壑而不疑,其似勇者。障防而清,其似知命者。不清以入,鲜洁而出,其似善化

---

① (战国)庄周著,胡仲平编译:《庄子》,北京:北京燕山出版社,1995年,第159页。
② 耿振东译注:《管子译注》,上海:上海三联书店,2014年,第211页。
③ (春秋)老子著,李正西评注:《道德经》,合肥:安徽文艺出版社,2003年,第18页。
④ (唐)杨倞注,耿芸标校:《荀子》,上海:上海古籍出版社,2014年,第355—356页。

者。众人取平品类,以正万物,得之则生,失之则死,其似有德者。淑淑渊渊,深不可测,其似圣者。通润天地之间,国家以成。是知之所以乐水也。"①

孔子提出的"智者乐水,仁者乐山"是一种独特的自然山水道德审美结构,汉代文学家刘向对其进行了进一步的阐释。自然之水体现的"似德""似仁""似义""似勇""似智""似圣"等美感与儒家所提倡的伦理道德相近,因而才得到"智者""君子"的喜爱,孔子所乐之"水"的描述仍然是其伦理道德体系的观念象征。

(4)以水喻性——"犹下之水"

"'性善'两字,直到孟子始能正式明白地说出。"②孟子和告子曾"以水喻性"探讨人性之善恶,后朱子又在《四书集注》中对"孟告之辩"进行了注释。"性"是抽象的本体,以"水"之物质喻"性"是否合理,关于这一点,朱子的回答为:

> (弟子)又问:"先生常云:'性不可以物譬。'明道以水喻性,还有病否?"
>
> (朱子)曰:"若比来比去,也终有病。只是不以这个比,又不能得分晓。"③

以水喻性会有失偏颇,是因为人们对水的观察会因人而异,但反过来说正是因为水具有丰富的可解读性,才能成为艰涩难懂的思想理念之隐喻。告子以水无分东西作喻,认为人性不分善恶,人的善恶后天形成。孟子认为在没有外力的情况下水必定向下而流,因此人性为善。

> 告子曰:性犹湍水也,决诸东方则东流,决诸西方则西流。人性之无分于善不善也,犹水之无分于东西也。
>
> 朱子注:告子因前说而小变之,近于扬子"善恶混"之说。
>
> 孟子曰:水信无分于东西,无分于上下乎? 人性之善也,犹水之就下也。人无有不善,水无有不下。

---

①　(汉)刘向、赵善论疏证:《说苑疏证》,上海:华东师范大学出版社,1985年,第516—517页。
②　徐复观:《中国人性论史》(先秦篇),上海:上海三联书店,2001年,第141页。
③　黎靖德:《朱子语类》,北京:中华书局,1986年,第2429页。

朱子注：言水诚不分东西矣，然岂不分上下乎？性即天理，未有不善者也。

孟子曰：今夫水，搏而跃之，可使过颡；激而行之，可使在山。是岂水之性哉？其势则然也。人之可使为不善，其性亦犹是也。

朱子注：水之过颡在山，皆不就下也。然其本性未尝不就下，但为搏、激所使而逆其性耳。①

第一部分，朱子认为告子的"以水喻性"接近于扬子的善恶混说；第二部分，将人性提升到天理的高度，以此证明性善论的权威性；第三部分，进一步赋予人性善为至高地位，认为"自本体上说，性为至善；从发用上说，则有善与不善"②。朱子主张理善气恶，在此"犹下之水"是水的本性使然，是性善的表现之气；"上流之水"是性恶，即"水"是形而下的气，并非心之本体的形而上。

除了性善论外，水还可以用来比喻"性恶"。荀子认为人性本恶，但后天改造可使人变善。他说："人心譬如槃水，正错而勿动，则湛浊在下而清明在上，则足以见须眉而察理矣。故导之以理，养之以清，物莫之倾，则足以定是非、决嫌疑矣。"③即将人性比作一盆水，只要把盆放正，随着混浊物的沉淀，水自然就会变清。其中对水的认识依然是基于从上而下的"犹下之水"的自然属性，只不过将水的功能"清浊"对入"上下"的空间概念。从此中国水思想中形成了上下为分界的普遍认识，即"上—清—善—理"和"下—浊—恶—气"，而这一特征在中国人的传统思维模式下，不可避免地被赋予了优劣之分。

（5）以水喻政——"民归之，由水之就下"

"水"在古代君王的统治制度以及理念上也起到了引导的作用，孟子以"犹下之水"描述"仁政"。孟子在《梁惠王上》道："如有不嗜杀人者，则天下之民皆引领而望之矣。诚如是也，民归之，由水之就下，沛然谁能御之？"④又在《离娄上》中说："民之归仁也，犹水之就下、兽之走圹也。"⑤以"犹下之水"比喻"仁政"，民众必然纷纷归顺，因为水之下流是自然的必然规律，而"仁之

① （宋）朱熹注：《四书集注》，南京：凤凰出版社，2008年，第308页。
② 吴冬梅、庆跃先：《从孟子到朱子"以水喻性"的嬗变》，《社会科学战线》，2015年第6期，第27页。
③ （唐）杨倞注，耿芸标校：《荀子》，上海：上海古籍出版社，2014年，第257页。
④ 何晓明、周春健注说：《孟子》，开封：河南大学出版社，2008年，第105页。
⑤ 何晓明、周春健注说：《孟子》，开封：河南大学出版社，2008年，第169页。

胜不仁"就像"水胜火","水"是"仁"的象征,"火"是暴政的象征。荀子用流源与清浊阐述了君民的关系:"君者,民之原也,原清则流清,原浊则流浊。故有社稷者而不能爱民、不能利民,而求民之亲爱己,不可得也。"①并说道:"马骇舆则君子不安舆,庶人骇政则君子不安位。……庶人安政,然后君子安位。传曰:'君者,舟也;庶人者,水也。水则载舟,水则覆舟。'此之谓也。"②即"君民舟水论",就用水的力量做比喻,强调人民的作用。墨家还用水往下流的必然性说明"兼爱"的可能性,如在《墨子·兼爱下》曰:"我以为则无有上说之者而已矣,苟有上说之者,劝之以赏誉,威之以刑罚,我以为人之于就兼相爱交相利也,譬之犹火之就上水之就下也,不可防止于天下。"③

2. 川水流淌不绝,但非源头之水

日本的传统自然观将自然看成神圣、自发的存在,人从"心"自发感受自然界中灵的存在,从而脱离"形"的世界,在自然审美中实现人神的心灵合一。日本思想和信仰体系的源头是神道思想,神道与其说是宗教,不如说是日本传统思维的体现以及普遍的文化心理基础。神道没有严格的宗教教义,也没有特定的人格化的神,它是古代日本自然崇拜、万物有灵思想以及萨满信仰的综合体。从自然思维模式来看,神道是将自然万物神格化或道化的过程,它源于日本原始思维中的生命崇拜。梅原猛认为日本人的"基本世界观有以下两点:第一点是众生都是平等的,同样具有生命;第二是纵然死了也一定会再生的生死循环的思想"④,即"万物有生观""生命轮回观"。但这一生命并非指物质性的生命迹象(心跳、呼吸等),而是源自对生命能量,即生命动力的肯定,因此"日本的神也叫做产灵,它是生产力神格化的产物"⑤。

水这一自然元素被神格化,由此产生了灵水信仰,具体包括井泉水信仰、酒信仰、温泉信仰、禊信仰等。灵水信仰的物质基础为水的应用性。首先是水的自然功能,如井泉水与酒是饮用功能,温泉是治愈功能,禊是清洗功能;其次,从水的社会功能来说,水象征着共同体文化,井泉水、酒、温泉提供了区域共同体内人际交流的场所,它实现了共同体内世界观、价值观、思

---

① (唐)杨倞注,耿芸标校:《荀子》,上海:上海古籍出版社,2014年,第149页。
② (唐)杨倞注,耿芸标校:《荀子》,上海:上海古籍出版社,2014年,第90页。
③ 苏凤捷、程梅花注说:《墨子》,开封:河南大学出版社,2008年,第163页。
④ [日]梅原猛著,卞立强、李力译:《森林思想——日本文化的原点》,北京:中国国际广播出版社,1993年,第35—36页。
⑤ [日]石田一良:《日本文化史——日本の心と形》,東京:東海大學出版社,1991年,第22页。

考方式、行为模式等精神文化的共有，与此同时也排斥了其他共同体文化价值观的侵入，这形成了日本的水信仰向内和对话性的特征。精神信仰永远无法脱离物质自然风土独立存在。日本古代社会人对水的应用可分为两个方面，一是用于水田耕作的灌溉用水，二是饮用水。① 日本的地形复杂，平地面积有限，只能扩展到山上耕作；并且河水水势较急，流域面积小，农耕的蓄水是耕作面临的问题，因此对水势细致的观察和正确的测量至关重要，水不会直接关系到生存问题。在古代日本，"井户"被叫作"川"，最初的井是为了储存河流作为饮用水而造。② 显而易见，与中国相比，日本的水与生存问题并不发生直接的关联，它注重如何缓和水势为人所用。基于日本独特自然风土的观察，日本人在湍急的水流中感受到喷涌的生命力之存在。

古代日本人的水观念中具有重要意义的便是水的清洁力，水通过被除不净来更新生命，恢复原有的生命力，由此水具有神圣之灵力。③ 这种通过除去不净和罪障以此保有身心清净的宗教性行为被称为"禊"。诚然，水具有净化物心两面不净之灵威，这种信仰并非只有日本才有，但它作为日本人的一种原型思维，与一般意义上的宗教信仰具有本质的差异。

"禊"思想是日本固有的被净观念，其源于对"灵"的崇拜，因为神灵是最洁净的存在。柳田国男将日本人原有的灵魂观念分为三种：洁净成为神的灵魂、受到子孙的供养但还有污秽的灵魂、没有子孙或者是有怨恨的灵魂。④人通过洗涤不净的宗教仪式感受灵的存在，人在清净之心的回归中达到"人神合一"的境界。"不净"包括三种："秽""罪""祸"；洗涤不净的仪式包括"禊"和"祓"。"禊"的对象是自发性的不净，如"死秽"，如月经、生育所造成的"血秽"等；"祓"的对象是人为的不净之"罪"和自发性的不净之"祸"。以自发性和人为（外来因素）来区别不净的"禊"思想，这种观念本身就是日本独特自然意识的投射，其基础是对生命状态的判断。"秽"是自然发生，是人或物本性所发，人力无法改变，却必须经历的生命状态。樱井认为"秽"象征维持日常生活的生命能量之枯竭，因此才需要通过"祭事"——"禊"这种非

---

① ［日］広部重紀：《日本の霊水信仰に対する一考察Ⅱ——井泉水の信仰》，《福井工业大学研究纪要》第21号，1991年，第164页。

② ［日］広部重紀：《日本の霊水信仰に対する一考察Ⅱ——井泉水の信仰》，《福井工业大学研究纪要》第21号，1991年，第163页。

③ ［日］広部重紀：《日本の霊水信仰に対する一考察Ⅰ——禊の信仰》，福井工业大学研究纪要第20号，1990年。

④ ［日］川田稔：《柳田国男描绘的日本：民俗学与社会构想》，北京：外语教学与研究出版社，2008年，第14页。

日常仪式来恢复生命活力。① 《御门祭》的祝词中有关古神道的伦理观有以下记述：

> 　　古神道の倫理においても、神の生成の働きに協うものは、すべて「善し」、障害するものはすべて「悪し」とみなされ、あらゆる罪・悪は死（死の秽れから化生した禍津日神）より生まれ、死の国（黄泉）から人の世に彪び疎び（襲い）来るものと考えられ、祓いによって死の国（黄泉）に追い払われたのである。（『御門祭』『六月晦大祓い』祝詞）
>
> 　　译文：在古神道的伦理里，认为对于神在生长方面的作用，凡事协赞的都是善，凡事阻碍的都是恶，一切犯罪、恶被认为是从死［由死秽化身的祸津日 magatsubi 神（マガツヒノカミ）］产生出来，而从死之国（黄泉）袭向人世，藉着祓除被赶往死之国去。②

本居宣长还在《古事记传》和《葛之花》中说道：

> 　　カミというのは天神・地祇をはじめとして、人はもちろん、鳥・獣・草・木、海・山などのほかに、樹霊・狐・虎・狼や桃・頸玉・磐根・木株・草葉まで「何にせよ、尋常ならず、すぐれた徳があって可畏いもの」といい、「大かた一むきには定めてひがたい物」である。③
>
> 　　译文：所谓神，创始古代典籍中所见天地之诸神，命名祭祀神社中之御灵，人自不言，如鸟兽木草类海山等，此外无论何物，有不同寻常之优良道德，令人敬畏者称为神也。（《古事记传》）
>
> 　　神又与圣人大异，甚奇异，多有人智所不可计处，又有善与恶，其德行亦有优有劣，形形色色，进而难以定于一准者也。（《葛之花》）④

对于本居宣长来说，神高于天，是人智无法计算的，即神是超出一切合理性解释的存在。但神并非是形而上的，它存在于人、鸟兽、山海等一切物质实体"非寻常"的一面中，可见神的"善恶"并非儒、佛、道强调的合理之因

---

　　① ［日］桜井徳太郎：《共同討議ハレ・ケ・ケガレ》，青土社，1984 年，第 23—25 页。

　　② ［日］石田一良：《日本文化——历史的展开与特征》，上海：上海外语教育出版社，1989 年，第 22—23 页。

　　③ ［日］石田一良：《日本文化史——日本の心と形》，东京：東海大學出版社，1991 年，第 20 页。

　　④ ［日］源了圆：《德川思想小史》，北京：外语教学与研究出版社，2009 年，第 169 页。

果关系,而是对人的智慧无法估算的自然力量之敬畏和信念,因此他将神道称为"自然之神道",与道家的"天地自然而然之道"、儒家的"圣人(人为)之道"进行区别。正如源了圆所述,本居宣长的此种对自然命运观的理解虽然与变革现实的行动原理无关,但是却赋予人们用爱的精神忍受一切现实——即便是可憎丑陋的现实——的力量,可以说本居宣长的思想是将大多数日本人无意识的生活原理进行思想化的产物。① 对于自然力量的肯定在古神道的伦理中体现为:以神的生成动力为标准的善恶判断。能够配合神的生成动力的就是善,反之阻碍其生成动力的便是恶,所有的罪和恶都从死亡的"秽"化生而来,从黄泉袭向人世。《古事记》中伊邪那岐命通过"禊祓"(水浴)生出多达 14 个神,这就是"禊"所带来的生命能量,它是一种面向生命最佳状态的精神力。可见,"秽"是日常的、不可阻止的自然发生现象,其根源在于它对生命动力的破坏,即生命是一种能量体。将这种观念还原为人的生命过程便是:随着时间的推移,生命的枯竭是必然趋势,是日常现象的"秽";而生命能量的恢复就是非日常的"禊"的祭祀。其中体现了日本人独特的时间观,即在生命的无常状态中捕捉时间,但其结果并未走向无望的来世,而是在生命力枯竭到恢复的不断更替中寻找现实的生存意义。日本人的时间观始于非日常之状态,并在生命力枯竭到恢复的必然性中证明时间的存在。这也是日本人对自然的捕捉方式,将焦点放在自然的瞬间变化上,在无常中感受自然的生命活力。鸭长明的《方丈记》中"ゆく河の流れは絶えずして、しかも、もとの水にあらず"即是用河流表达时间的经典之作。鸭长明将时间之流比作河流,认为虽然流水一去不返,但河流不会停止流动。眼前的流水不会回来,其表达了佛教的无常感,即"世界本无相同的东西"的思想。作者生活的年代战乱多发,天灾、火灾不断,以眼前的流水象征着频繁交替的灾难,但鸭长明并不只是沉浸于无常的烦闷中,而是用"河流终将不会停止"的感悟,达到自我超脱的心境,即从眼前的形之河流解放,回归心灵的清净。

　　水是共同体文化的象征,因此"秽"所带来的不净还会波及整个共同体,在神道信仰中体现为咒术性传染力,即使是间接的接触也会导致"秽"的传染,如死者的亲人不可避免地会沾上不净,因此在社会行为上,举行葬礼的地方或产房要建在共同体生活圈外;在宗教仪式上要采取"禊"的形式,加以回避。讲述"禊"之起源的"记纪"神话中②,伊耶那岐命为了追回妻子伊耶那

① [日]源了圆:《德川思想小史》,北京:外语教学与研究出版社,2009 年,第 170 页。
② "记纪"指日本《古事记》和《日本书纪》。

岐美而到了黄泉,在看到妻子的丑容后,慌忙逃回阿波岐原的海中,通过洗涤身心的死秽完成"禊"的仪式,并生下了诸神。伊耶那岐命通过"逃走""禊"等非正面或回避性形式,反映出日本人将自我生命看作自然之一部分的想法,因此采用被动式的自然治愈方法。相对于避讳的"禊",对于人为的不净之"罪",净化的手段是强调人为意志的"祓",即偿还物品的"赎物"或将罪传给人形娃娃,通过在海河中"放人形"以起到积极的净化作用。但不管哪种净化手段其背后是对不净"近乎神经质的厌恶",这源于重视灵魂净化的神道本性以及日本人对水的体验。在日本,山到海的距离较短,再加上地形的高低差,水势在上、中、下流区别很大。因此,日本对水的清洁力的理解源自从上而下的湍急水势。日本文化中山是神明的栖息处,由山奔流而下的河川和大海就成为了连接人界和异界(神界)的空间接点,以及生命力的源泉。因此自上而下的冲刷力就成为了日本对"清洁力"的理解,民俗信仰中就将来自异界的水之灵力理解为"净化"。江户时代川流是垃圾场和尸体处理场;修行之人在瀑布下进行"禊",这些都充分说明这一点,即水是形成禊思想的重要因素,并且存活于禊思想的仪式本身中。禊的仪式通过消除不净找回身心的清净,以求灵魂的再生。这种对灵魂净化的信仰其背后是人们对生命力的崇拜意识。人的生命状态与自然界的万物一样,无常的变化必然会导致能量的衰竭——"秽",因此必须通过洗涤不净达到生命的原初状态,即人之"心"与神之"灵"的合一,这便是灵水思想在日本文化中的基本思维。

3. 吾情似青山,君意似流水

(1)韩国的山川自然意识

韩国传统自然观中自然与人的吉凶祸福有关,韩国与日本一样崇尚万物有灵,但韩国的"灵"基本上是人所居住的现世世界的延长线。《海东杂录》中说:"人之始死有鬼神。久则无鬼。"[①]即鬼神的诞生是以人的死亡为前提的,换言之,人的死亡是动因和契机,且灵魂并非永恒不灭,而是相对存在,这与日本文化中无原因的"灵"的存在具有根本性的差异。朝鲜时代李瀷在《星湖僿说》中用阴阳之气解释"鬼神",即"魂"是"阳","魄"是"阴",人

① 《大东野乘》,《海东杂录·权鳖》([三]○本朝[二]),http://www.krpia.co.kr/2020.10.12。《大东野乘》是朝鲜王朝时期的稗官文学书,收集从朝鲜王朝初期至仁祖时期的250年间与历史有关的漫画、野史、日记、传记、随笔、故事等和历代王朝的逸事以及名人的逸话、笑谈等。是用来了解当时的世情和风俗的重要的文字资料。

死后灵魂游散，可上升或下降，升天的魂成为"神"，下降的"魄"成为鬼，神是阳之灵，鬼是阴之灵。① "鬼神"始终与人间世界难舍难分，且鬼神的主要区分标准为是否对人有利。韩国巫俗信仰中人可以通过巫直接与鬼神对话，其目的是以此保证现世人们的生活，这源于现世的吉凶、祸福皆来自鬼神（巫俗）的思想。因此韩国传统自然观具有向外性、咒术性、对话性。韩国人的思想是以山水为中心认识自然环境，注重山水的调和关系，这一点即便是在接受古代中国的思想文化时也从未改变。《山水考》是韩国第一本比较系统的地理书，由朝鲜后期地理思想家申景濬所著，其体现了韩国传统的山川意识。关于山和水的原理以及撰写《山水考》的动机，申景濬如此记述：

> 一本而分万者山也，万殊而合一者水也。域内之山水表以十二，自白头山分而为十二山，十二山分而为八路。诸山八路诸水合而为十二水，十二水合而为海。流峙之形分合之妙于兹可见。②

国之根本是山和江，山、江是分合原理的体现，很明显申景濬是从相互对称又对立的阴阳结构出发来理解山、江的。特别值得关注的是"十二"这个数字，因为完整的自然运行将一年分为十二个月，且宇宙万物分为阴阳。山川与自然法则同一结构，因此各分为十二，并将山水的分合、山的高耸和水的流下皆看作阴阳的调和。这表明古代的韩国人将自然视为按照规律循环运行的小宇宙。之后以山水为中心的地理学进一步分化为山、水各自为中心，出现了《山经表》和《大东水经》，但二者都坚持山水调和的观点。《山经表》的特点之一便是将河川的水系作为标准建立了山脉体系。李瀷也在《星湖僿说》卷二"天地门西道关阨"中有表述，水脉是认识山脉的标准。

> 盖白头大干沿海南走其间，铁岭为北关之阨，鸟岭为东南之阨。自铁岭以北山势皆西走，欲寻其脉络，需据水而知其干也。……两水之间必有一干，所谓青石岭一干在西江猪滩之间，为京畿黄海之界，正方城一干在猪滩大同之间，为黄海平安之界。③

---

① 《韩国民俗大观》卷三，《民间信仰、宗教》，高丽大学民族文化研究所，1982年。
② ［韩］申景濬、申宰休编：《山水考》，《旅菴全书3》，首尔：新朝鲜社，1940年，第139页。
③ ［韩］李瀷：《天地门》，《星湖僿说》卷二，https://db.itkc.or.kr（韩国学综合 DB）/2020.10.12。

这段话的大意为:由于韩国山地多,又多为浑圆状态的山峰,在铁岭以北山势向西移动时很难找到山的脉络,因此必须依靠山脉两旁的水系。因为两水之间必有一脉,青山岭位于猪滩和西江之间,成为京畿道和黄海道的境界;正方城的山脉位于猪滩和大同江之间,成为黄海道和平安道的境界。除了起到隔离两个地域的作用之外,水系还承担连接通路的角色。如蟾津江两岸即庆尚道河东和全罗道光阳、求礼等地,两个地区的文化和生活方式有互相融合的特点,并且生活交流频繁。所以将水系作为标准,除了有分离山脉的作用外,还考虑到了河川在形成地域生活圈中的作用,即河川的人文特性。在此,自然和人是相互依存、相互影响的有机统一体。《大东水经》是以江为中心分析国土空间结构的思维模式,其意义在于系统论述了以江为中心展开的历史的舞台、生活的根据地的观点。① 可见,在韩国人的原型思考中,水是地理学意义上的空间概念,可以作为山脉的空间境界,具有"分"的涵义,同时其作为地域文化生活圈的连接点,具有"合"的涵义。

(2)风水思想中的山川

韩国的风水理论源自古代中国,但基于韩国原型思维中的山水自然意识,韩国人接受的风水思想就明显具有山水阴阳调和生气的观点,这与"得水为上"的中国传统风水观是有差异的。首先,朝鲜使用的风水地理书主要有《锦囊经》(葬书)、《地理新法》、《明山论》等,其中广为引用的就是与山水生气论及气感论有关的内容。

> 故以形势论之,山属阴,水属阳,是山水相配有阴阳;山静阴而动阳,水动阳而静阴,是山水各有阴阳。阴来阳受,是龙穴相配有阴阳。②
>
> 山静物而属阴,水动物而属阳,阴道体常阳主变化,故吉凶祸福见于水者尤甚。盖山如人之形体,水如人之血脉,人有形体生长荣枯一资於血脉,血脉周流于一身之间,厥有度数,顺而不差则其人必康且强,逆而失节则其人必病且亡矣此自然之理。③
>
> 夫土者,气之体。有土斯有气。气者水之母。有气斯有水。④

---

① [韩]杨普景:《조선시대의 자연 인식 체계》,《韓國史市民講座》14,1994 年,第 70—97 页。
② 孟浩注:《雪心赋辩訛正解 1—4》(辩论三十篇之净阴净阳辨),www. nl. go. kr/2020. 10. 12,(韩国国立中央图书馆 DB)。
③ 《地理新法胡舜申》,《风水地理丛书》,http://db. mkstudy. com/(韩国学综合 DB)(2020. 10. 12)。
④ (清)沈镐:《地学歌诀集成》,呼和浩特:内蒙古人民出版社,2010 年,第 1 页。

可见这些风水地理论都强调山水相配和土地有生。那么为什么山水要相配？这基于两个方面,一是韩国地理环境条件,山地多,河流大,河流且多依山而流,形成盆地。二是将土地看作有机生命体的思维方式。就如同《水论》中将土地比作人体之生命系统,山是"形体",水是"血脉",山水要相配才能形成完整的生命体,于是有山有水的"穴"便是风水宝地,而居住在健康土地上的人们就可以获得"吉福"。这种土地有生观在现代韩国风水中也得到了很好的传承。

혈을 향하여 오는 물을 덕이라 하고 밖으로 빠져나가는 물을 파라 한다.예를 들어 설명하면 , 산을 생명체인 소우주로 볼 때 입이 있어 먹어야 하고 항문이 있어 배설해야 그 생명을 유지, 보전할 수 있는 것과 같이 득은 용혈의 입이 되고 파는 그의 항문으로서 득에서 얻은 물과 바람의 정수를 용혈에서 흡수하고 찌꺼기를 파로 배설하는 것이라 볼수 있다①

译文:向穴而来叫得水,离穴而去叫破水。好比山是一个具有生命体的小宇宙,有口才能进,有肛门才能排泄,以此维持生命的正常运行。得是龙穴的口,破是龙穴的肛门。

혈은 가장 생기가 밀리는 곳, 즉 핵심적인 곳을 말한다.침술에서 침을 놓는 주요 지점과 동일한 개념을 땅에 적용한 것이다.②

译文:穴是聚气之处,核心之所。好比针灸的穴位,风水中的穴其实就是将针灸的穴位应用于土地的结果。

崔昌祚将土地比作有机生命体,认为风水中"破水"与"得水"同等重要,因为水是维持机体生命的变数,水的循环性才是生气,并是维持土地生命的关键。村山智顺将人体穴位比作风水的龙穴,表明土地(自然)与人之间的影响是相互的,这种强调人主体性的风水思想体现在韩国的裨补风水中。裨补思想源自高丽风水大师道诜,裨补意指人为弥补地相的缺陷,肯定了人的主动性。

人若有病急,即寻血脉,或针或灸,则即病愈。山川之病亦然,今我

---

① [韩]崔昌祚:《韓國의 風水思想》,서울:民音社,1984 年,第 117 页。
② [日]무라야마 지쥰著,최길성译:《朝鮮의 風水》,서울:民音社,1990 年,第 30 页。

落点处,或建寺立佛立塔立浮屠,则如人之针灸,名曰裨补也。①

　　"山川之病"表明人将土地作为治愈的对象,自然不仅仅是人类汲取能量的对象,还是需要像人一样进行修复的对象,也就是说自然的山水与人的和谐相处是相互影响、相互治愈的过程。水与山的相配象征完整有机生命体的物质构成,而水(血脉)的循环象征维持生命体运行的内在原理。换言之,韩国风水思想是用山川相配认识土地的自然基础和将自然看成有机生命体的"天人交与"自然观的结合。

---

① 朝鲜总督府:《江原道之部·高丽国师道诜传》,《朝鲜寺刹史料》下,1911 年,第 377—379 页。www.nl.go.kr(韩国国立中央图书馆)/2020.10.12.。

第三章　东亚神话水意象

从生命哲学的观点来看,通过神话可以窥见投射在生命活动中的人的普遍意识和对生命的意义追求。神话内容包括古代人的生产活动、意识结构、审美情感、自然现象的理解等,这些内容融合在一起,形成了古代人的原始思维。正如荣格所说,神话是原型的表现方式之一。

水与生命的诞生、维持密不可分,因此水在神话中的重要地位是不言而喻的。米尔恰·伊利亚德曾说"不论在什么样的宗教系统中,我们都会发现这种现象,水总是保有着它的功能:它能瓦解形式或者破坏结构,也能'洗去罪恶',同时也有净化力量和再生力量。因为水不能超越自己存在的模式,也就是说它不能在万形中来表证自己,所以水就注定要存在于创世纪之前,并又被重新溶于创世纪之中。水不能超越它自己现实的状况,也不能超越其起源和潜在的状况:有形的万物都通过自己与水的分离,在水上表证着自己。"①人们通过感悟水对生命活动的作用,对水赋予了超自然的力量,将对水的认识以及情感一并注入神话当中。东亚各国不同的地理环境和人文环境造就了民众对水的体验之差异,形成了既相同又相异的东亚神话水意象。因此,一方面,可以根据水的生命轨迹,将水与混沌世界、水在人间、水与黄泉的关系作为基本轴线进行探讨;另一方面,从神话类型来看,水神话主要包括创世神话、水生人神话、洪水神话、建国神话等。创世神话主要考察水的原初意象,即水的生命原动力;水生人神话和建国神话主要讨论水与人的生命、水与人的文化如何发生关系;最后在洪水神话中主要讨论水与宇宙秩序的关联。在横向的水意象比较中,本书将中国作为基准,在论述日、韩神话水意象时兼论与中国之间的比较,以便更加客观地呈现出中、日、韩三国神话中水意象的特质。

---

① ［罗马尼亚］米尔恰·伊利亚德著,王建光译:《神圣与世俗》,北京:华夏出版社,2002年,第72页。

第一节　中国神话水意象

1. 胞胎水——创世神话中的源水意象

水是生命之源,中国神话中的水生命观是基于水崇拜意识上的"水生人、水生天地万物"观念。神话中的水生命母题是世界性话题,印度典籍《梨俱吠陀》中的《水胎歌》说:"在天、地、神和阿修罗之前,水最初怀着什么样的胚胎,在那胎中可以看到宇宙中的一切诸神。水最初确实怀着胚胎,其中集聚着宇宙间的一切天神。这胎安放在天生的肚脐上,其中存在着一切东西。"①中国创世神话中从有形到无形的生命意象常常体现为"混沌"。"混沌凿窍"的故事出自《庄子·应帝王》,"南海之帝为儵,北海之帝为忽,中央之帝为浑沌。儵与忽时相与遇于浑沌之地,浑沌待之甚善。儵与忽谋报浑沌之德,曰:'人皆有七窍以视听食息,此独无有,尝试凿之。'日凿一窍,七日而浑沌死。"②《山海经·西山经》:"有神焉,其状如黄囊,赤如丹火,六足四翼,浑敦无面目,是识歌舞,实为帝江也。"③

天地万物源于混沌之水(海水、水胎)的神话情节在世界创世神话中数见不鲜,《庄子》的"混沌之死"以人格化的故事形态体现混沌生万物,混沌为万物之根本的生命理念。即儵与忽的合,"代表阴阳二分的创世动力"④,意味着水生命之本源思想,水存在于混沌时即生命起源之前,具有本体论意义,"混沌之死"是一种宇宙秩序的结束和生命的开启,在这里创世是一种自然而然的自发过程,不需要任何主宰者(创世主)的出现。"人皆有七窍以视听食息,此独无有,尝试凿之",是一种生命意识的体现。另外,《山海经》中的"帝江"指的是《左传》中的"帝鸿",晋代训诂家杜预注《左传》云:"帝鸿即黄帝。""黄"者,"混"也。对此,《老子》亦说:"有物混成,先天地生。寂兮廖兮,……可以为天地母。吾不知其名,强字之曰'道',强为之名曰'大'。"⑤又道,"大方无隅;…大象无形;道隐无名。"⑥"先天地生"为本源,"可以为天地

---

① 黄心川:《印度哲学史》,北京:商务印书馆,1989年,第44页。
② (战国)庄周著,胡仲平编译:《庄子》,北京:北京燕山出版社,1995年,第96页。
③ 周明初校注:《山海经》,杭州:浙江古籍出版社,2000年,第40页。
④ 叶舒宪:《庄子的文化解析——前古典与后现代的视界融合》,西安:陕西人民出版社,2005年,第25页。
⑤ (春秋)老子著,李正西评注:《道德经》,合肥:安徽文艺出版社,2003年,第56页。
⑥ (春秋)老子著,李正西评注:《道德经》,合肥:安徽文艺出版社,2003年,第91页。

母"为内在动因，道既为万物本源又是万物之内在动力，水无形可为天为地，无形的水是气，可上升亦可下降。这种变化多端的气之性使得水成为了道的最佳隐喻，水是生命本源，又包括产生生命的内在动因，这种水所包含的对生命的认识一并植入创世神话的水思维中。

中国创世神话最具代表性的是盘古神话，大致有三种叙事版本。

> 天地浑沌如鸡子，盘古生其中。万八千岁，天地开辟，阳清为天，阴浊为地。盘古在其中，一日九变，神于天，圣于地。天日高一丈，地日厚一丈，盘古日长一丈。如此万八千岁，天数极高，地数极深，盘古极长。故天去地九万里。①

> 首生盘古，垂死化身：气成风云，声为雷霆，左眼为日，右眼为月，四肢五体，为四极五岳。血液为江河，筋脉为地里，肌肉为田土，发髭为星辰，皮毛为草木，齿骨为金石，精髓为珠玉，汗流为雨泽，身之诸虫，因风所感，化为黎甿。②

以上两种创世神话虽有不同的叙事，但却具有同样的创世思维，即"混沌—分离—创世"，只不过前者是分离为阴阳和天地，后者则分离为日月、山川等具体自然现象。这两种盘古神话都是基于气生命观，将无形到有形的变化理解成万物生命开启的原理。而湖北神农架新发现的《根古歌黑暗传》中的盘古神话，则为水生万物的创世思想提供了现实基础。

> 一片黑暗与混沌，天地茫茫无一人。乾坤暗暗如鸡蛋，迷迷蒙蒙几千层。盘古生在混沌内，无父无母自长成。那时有座昆仑山，天心地胆在中心。一山长成五龙形，五个嘴唇往下伸。五个嘴巴流血水，一齐流到海洋。聚会天精与地灵，结个胞胎水上存。长成盘古一个人。③

这里出现了两个盘古，混沌之中的盘古是无形的生命意识，而第二个盘古是"长成"有形生命形态的"人"，天精与地灵的聚会预示着男性与女性结

---

① 《太平御览》卷二引《三五历记》。马光复：《中华神话精粹》，北京：社会科学文献出版社，1995年，第3页。
② （清）马骕纂：《绎史》卷1，济南：齐鲁书社，第2页。
③ 刘守华：《鄂西古神话的新发现——神农架神话历史叙事山歌〈黑暗传〉初评》，《江汉论坛》，1984年第12期，第42—42页。

合原理,"胞胎水"与"羊水孕育胎儿"相同,可见其中已经隐含对生殖力的理解。另外,"昆仑山五龙血水,应是昆仑山雪水神化的产物,昆仑山雪水汇成河流流入东海,这种在中国大地上亘古不变的自然景观就是盘古生成神话的现实基础"①。这种物态的水生命观在中国南方少数民族的创世神话中比比皆是。如《彝族古歌·天地论》:"天、地、万物是云丝、雾线编成。"②《门米间扎节》:"云彩来造天,雾露来造地。……雾露和云彩,造天的时候,天像一顶篾帽,地像一扇簸箕。"③再如景颇族创世神话:"远古时代,世界是一片蒸腾的雾气,没有天,没有地,整个世界都是混混沌沌的……不知过了多少年,雾气升腾……世界朦朦胧胧的,有了一些光亮,开始显现出不太明显的轮廓。"④这些创世神话中的"云""雾""露"都是一种水的气化状态,表达了气体为万物之源的观念。

从中国汉族以及南方少数民族的创世神话中可以看出,创世神话表现的其实是气生命论,虽然在部分少数民族神话中表现的是云、雾等自然存在形态,但从根源上其是一种气体。水是万物之源,是创世神话中的神圣物。因为水与自然界中的有机物的生存有着直接的联系,这里的自然界包括植物、动物的世界等,在这一阶段,人还未从自然界中分离出来。可以说,水的生命力、生殖力是中国创世神话中所体现的水崇拜的两大内涵。

2. 母体的象征——水生神话

水的生殖力体现在人类再起源神话与水生人神话中。水生人神话以水的接触方式与人的出生为主要关注对象,即水的生殖力如何体现的问题。而人类再起源神话重点在于创世原理的体现,也叫作造人神话。闻一多认为人类再起源神话是在造人神话的基础上,后来加入洪水母题的结果。⑤ 兄妹婚神话(人类再起源神话)与水生人神话最大的差异就在于对"肉块"的描述:"有一天哥哥向妹妹求婚,妹妹说假如能追上自己就答应。妹妹逃向大树的一侧,哥哥无意中反向而追便与妹妹相遇。二人婚后生一子是个肉块,他们将肉块斩碎包好,为请教天神登天梯而上。正在此时,大风吹开了包

---

① 　向柏松:《中国水崇拜》,上海:上海三联书店,1999 年,第 22 页。
② 　选自韦兴儒:《论贵州天地神话中的宇宙星云观》,潘定智等编:《贵州神话史诗论文集》,贵阳:贵州民族出版社,1988 年,第 69 页。
③ 　选自韦兴儒:《论贵州天地神话中的宇宙星云观》,潘定智等编:《贵州神话史诗论文集》,贵阳:贵州民族出版社,1988 年,第 69 页。
④ 　李子贤编:《云南少数民族神话选·开天辟地》,昆明:云南人民出版社,1990 年,第 373 页。
⑤ 　孔党伯、袁謇正主编:《闻一多全集·神话编·诗经编》(上),长沙:湖南人民出版社,1994 年,第 58—112 页。

裹,肉碎掉落在地上化为人,由此诞生了人类。"①兄妹躲在葫芦里生存下来之后,哥哥和妹妹根据神意完婚,并生下无手无脚的"肉块",与人类腹中未成形的胎儿相通,是一种生命的孕育。邓迪斯说:"不是认为历史上真有这么一场大洪水,而是认为人类从洪水中得到再创造,是对人类生殖过程的一种象征,初生儿生下来也是从胎膜中的羊水中获得解救的。"②洪水就是母体的象征,"肉块"与盘古神话中的"胞胎水"一样,都是混沌世界的象征,生命孕育的体现。

水生人神话主要包括女子触水生人的内容,是先民对女子生育现象观察的体现。水生人神话将人自身从自然界中划分出来,只论人类的产生,是人类自我意识的体现,也可将其看成相对于自然的人的文化。

根据女子与水的接触方式,水生人神话③分为体外触水生人和体内触水生人。体外触水主要包括沐浴生人、沐浴触物生人;体内触水生人包括饮水生人、吞食与水相关的食物生人。《山海经·海外西经》说:"女子国在巫咸北,两女子居,水周之。一曰居一门中。"④郭璞注:"有黄池,妇人入浴,出即怀妊矣。若生男子,三岁辄死。"⑤又如《梁书·东夷传·扶桑》载慧深云:"扶桑东千余里有女国,容貌端正,色甚洁白,身体有毛,长发委地。至二、三日,竞入水则妊娠,六七月产子。"⑥"黄池""二、三日"等关键词表明水的独特之处,其中体现强烈的水生殖意识。这种水生殖还可借由与水中的圣物完成。《华阳国志·南中志》:"永昌郡,古哀牢国。……其先有一妇人,名曰沙壶,依哀牢山下居,以捕鱼自给。忽于水中触一沉木,遂感而有娠。度十月,产子男十人。"⑦该神话含有男(沉木)女结合生子的意识,女子感木孕子是直接触水孕子的变异形式,都要通过与水的接触完成。女子感木而孕,仍须入水(浴水),且感孕之木也是水中之物,水对女子受孕生子仍起着不可缺少的作用。《后汉书·南蛮西南夷列传》:"西南夷者,在蜀郡徼外。有夜郎国,……

---

① 选自[日]谏访春雄:《亚洲的洪水神话——日本、中国、朝鲜、印度的相互比较》,白庚胜、叶舒宪编著:《神话中原:2006 中国神话学国际学术研讨会论文集》,郑州:大象出版社,2008 年,第374—375 页。

② [美]阿兰·邓迪斯著,陈建宪等译:《世界民俗学》,上海:上海文艺出版社,1990 年,第 80 页。

③ 向柏松用变异/原型的视角,探讨了水神感生神话和女子生人神话之间的关系,认为水体现自然物质生命力的崇拜。而本书采用的是比较文化的角度,从水生命力的普遍共性出发,探讨其神话水意象的差异性,因此将重点放在水与人的接触方式上。向柏松:《水神感生神话的原型与生成背景》,《中南民族大学学报》(人文社会科学版),2007 年第 2 期。

④ 刘瑞明编著:《山海经新注新论(上)》,兰州:甘肃文化出版社,2016 年,第 453 页。

⑤ 刘瑞明编著:《山海经新注新论(上)》,兰州:甘肃文化出版社,2016 年,第 453 页。

⑥ (唐)姚思廉撰,陈苏镇等标点:《梁书》(1—56),长春:吉林人民出版社,1995 年,第 480 页。

⑦ (晋)常璩:《华阳国志》,济南:齐鲁书社,2010 年,第 56 页。

夜郎者,初有女子浣于遯水,有三节大竹流入足间,闻其中有号声,剖竹视之,得一男儿,归而养之。及长,有才武,自立为夜郎侯。以竹为姓。"①此则神话中男儿非女子所孕,而是产于竹节,感孕的角色从女子变成竹节。但是通过女子触水感孕的形式没有改变。

除了体外触水感孕神话,还有通过饮食达到怀孕的神话,是女子触水受孕神话的另一种变异形式。独龙族神话《马葛棒》:"很久很久以前,有个女子去竹林采笋,回家途中很渴,喝了大象脚印中积留的水,不久就怀孕了。五个月后,生下一个儿子,取名叫马葛棒。马葛棒刚生下来第一天,就能吃一碗饭,两天就会说话,三天就会走路,四天就会跑,五天就长得跟大人一样,会上山砍柴、打猎。"②饮水是致孕的唯一原因,再加上大象这一生殖崇拜观念的象征物,可见神话突出了水的生殖作用。《太平御览》卷四中引《遁甲开山图荣氏解》:"女狄暮汲石纽山下泉,水中得月精,如鸡子,爱而含之,不觉而吞,遂有娠,十四月,生夏禹。"月精为石的化身,吞食水中的月精而生禹,表明禹的出生既跟石有关,也跟水有关。③ 又如《史记·殷本纪》说:"殷契,母曰简狄,有娀氏之女,为帝喾次妃。三人行浴,见玄鸟堕其卵,简狄取吞之,因孕生契。"④契的出生是因其母简狄吞食水中玄鸟之卵,水中月精、玄鸟之卵都是水生殖作用的延续,而且基于生殖力崇拜的水信仰还体现在应孕而生的非凡身份,即"禹"和"契"的出生。在这类神话中水不单单是生殖力的象征,还是一种权力的象征。水对农耕社会的重要性是水可以成为权力象征的现实基础,这种意识的最佳体现便是洪水神话。

3. 能量与德的象征——治水神话

水崇拜基于两种基础,一是生殖,二是祈雨。遇到旱灾祈求天降大雨,遇到洪水祈求停止降雨。不论旱灾还是洪灾,对于农耕社会来说都是致命的,因此神话中的洪水就是灾难和能量的象征,而人类通过战胜巨大能量的水则可得到更大的力量,由此水又成为权力的象征。

洪水神话是世界范围内普遍存在的神话母题,中国的洪水神话可分为两类,一为有古籍记录可寻的治水神话,二为中国南方少数民族的人类再生起源神话。典型的洪水神话是由洪水灭绝人类与人类再生两部分内容组成

① (南朝)范晔:《后汉书》(下),长沙:岳麓书社,2008年,第1043页。
② 李子贤编:《云南少数民族神话选·开天辟地》,昆明:云南人民出版社,1990年,第546页。
③ 向柏松:《中国水崇拜》,上海:上海三联书店,1999年,第28页。
④ (西汉)司马迁著,陶新华译:《史记全译》1,北京:线装书局,2016年,第18页。

的,人类的再生是洪水神话的基本主题。一般认为只叙述洪水泛滥成灾和治理洪水的内容,并不是真正意义上的洪水神话,它们只是洪水神话的雏形,这是基于将人类看成新秩序建立者,即生命始祖的观点。但以洪水作为基准物来看,不管是治水神话还是人类起源神话都可看成是对洪水力量的对抗或对应,而人正是在这种对抗中获得了人类始祖的正当性。因此,洪水神话的内容就可分为:(1)洪水的发生;(2)面对洪水的对抗(对应);(3)神圣力量的获得。

"女娲补天""大禹治水"是中国最具代表性的治水神话。《淮南子·览冥训》曰:"往古之时,四极废,九州裂,天不兼覆,地不周载,火爁炎而不灭,水浩洋而不息,猛禽食颛民,鸷鸟攫老弱。于是女娲炼五色石以补苍天,断鳌足以立四极,杀黑龙以济冀州,积芦灰以止淫水。苍天补,四极正,淫水涸,冀州平,狡虫死,颛民生。"[1]天穹四面倾倒、大地塌陷是神话式的解释,是人们面对洪水的摧毁力而恐惧的体现,也是创世神话中混沌之水意象的延伸。《淮南子·天文训》:"昔者共工与颛顼争为帝,怒而触不周之山,天柱折,地维绝,天倾西北,故日月星辰移焉;地不满东南,故水潦尘埃归焉。"[2]洪水发生的原因在于共工与颛顼的权力之争,但不能因此就将洪水简单引申为权力的象征。相传颛顼是黄帝后裔,生于若水而居帝丘(今河南濮阳东南),居黄河(卫河)东岸附近。共工是炎帝的后裔,住在九有(九州)黄河中游河西地区(约河南辉县境),即颛顼部落的上流。当时,黄河泛滥成灾,祸及百姓,因此共工怒触不周山,此其实是人们对黄河泛滥现象所做的神话叙事。颛顼在后世的神话传说中经常以与治水相关的形象出现,还有水德、玄帝之称。虽然颛顼的年代与五德始终说成型的年代有千年之久的时间差,但"水德"表明从上古开始黄河泛滥对民生的绝对性危害,以及治水与权力的连接,这是中国独特的自然环境和文化背景的产物。

《山海经·海内经》说:"洪水滔天。鲧窃帝之息壤以堙洪水,不待帝命,帝令祝融杀鲧于羽郊。鲧复(腹)生禹。帝乃命禹卒布土以定九州。"[3]这则神话包括两个对立性内容,一为鲧治水失败,二为禹治水成功。鲧治水失败的原因是偷窃天帝息壤的行为,尽管鲧偷窃息壤的初衷出于治水,但违背了天帝,只能失败;而禹天命所受,结果治水成功,也就是说这种力量的获得与天命息息相关。这种基于天命与水之力量的联系还体现在黄帝战蚩尤的神

---

① (西汉)刘安:《淮南子》,哈尔滨:北方文艺出版社,2018年,第115页。
② (西汉)刘安:《淮南子》,哈尔滨:北方文艺出版社,2018年,第42—43页。
③ 周明初校注:《山海经》,杭州:浙江古籍出版社,2000年,第251页。

话中。《史记·五帝本纪》说："蚩尤作乱，不用帝命。于是黄帝乃征师诸侯，与蚩尤战于涿鹿之野，遂禽（擒）杀蚩尤。"①《山海经·大荒北经》说："蚩尤作兵伐黄帝，黄帝乃令应龙攻之冀州之野。应龙畜水，蚩尤请风伯雨师，纵大风雨。黄帝乃下天女曰魃，雨止，遂杀蚩尤。"②黄帝和蚩尤都只率"应龙""风伯""雨师"等水神应战，表明水是力量和权力的象征。禹同样也有率领水神的能力，东晋王嘉《拾遗记》说："禹尽力沟恤，导川夷岳，黄龙曳尾于前。"黄龙以曳尾的方式疏通水流，使得水泉流通，这也是大禹治水成功的关键。黄帝、蚩尤、禹都能驾驭水神，都具有最高的神的权能，并且三者的出生与水息息相关。《归藏·佚文》载："蚩尤出自羊水。"③禹出生于治水失败的鲧之腹，承载治水的使命；黄帝是"电光绕北斗"感孕而生。驾驭水的能力象征最高权力。

　　除了与洪水的对抗外，治水神话还包括对治水方法的描述，这表明在当时洪水这一自然灾害给人的生存造成的巨大影响。共工、女娲和鲧用的是堵水的方法，如"五色石""芦灰""息壤"都是填补的工具。禹使用的方法是尊重水的自然规律，顺势利导，让洪水能够为人所用。除了尊重自然规律，大禹的牺牲精神是治水成功的精神因素。《孟子·滕文公上》："……当是时也，禹八年于外，三过其门而不入，虽欲耕，得乎？"④大禹的公而忘私、以民为邦的治水精神成为中华民族精神的符号和象征，因此可以说大禹是文化英雄。洪水与大禹处于对立关系，自然与人、恶与善、客体与主体，这种对立不是人单方面的征服或胜利，而是在此消彼长中达到人与自然的和谐。洪水与大禹的对立是人与自然的分离，大禹顺势利导的治水是人与自然的平衡，这符合中国宇宙观中的"分离—和合"的创世原理，即万物生成的"道"。治水的胜利同样也是精神的胜利，神话用"德"——共工的作恶，即善恶的道德标准，预判了大禹的精神胜利。"洪水滔天"的罪恶越大，表明大禹治水的精神性更加突出，大禹拯救苦难大众的精神，便是上善若水的最佳解释，因此大禹神话中洪水被赋予了道德性。

　　以兄妹婚为母题的洪水神话体现再生人类的主题，但实际上，兄妹婚情

---

① （西汉）司马迁著，陶新华译：《史记全译》1，北京：线装书局，2016 年，第 1 页。

② 周明初校注：《山海经》，杭州：浙江古籍出版社，2000 年，第 170 页。

③ 詹石窗总主编：《百年道学精华集成》第 8 辑，《礼仪法术（卷 2）》，上海：上海科学技术文献出版社，2018 年，第 320 页。

④ 何晓明、周春健注说：《孟子》，开封：河南大学出版社，2008 年，第 151 页。

节原是独立存在的神话。① 唐代李冗《独异志》说:"昔宇宙初开之时。止女娲兄妹二人在昆仑山,而天下未有人民。议以为夫妇,又自羞耻。兄即与妹上昆仑山,咒曰:'天若遣我二人为夫妇,而烟悉合;若不,即烟散。'于是烟头结合。其妹即来就兄。乃结草为扇,以障其面。今时取妇执扇,象其事也。"② 这与中国洪水神话中的男女神婚情节相通,主要谈论的都是因为血缘关系无法完婚的羞耻心理以及通过占卜验证天意、战胜困难,顺利繁衍后代的情节。如果兄妹婚本身就具有独立形式,那么随着洪水神话原型的混合,洪水神话中的兄妹神婚必定会呈现不同的特征。南部苗族神话中有类似的传说,其提示了洪水发生的原因,即兄妹神婚发生的内在动因:"很久以前,雷神降下了一场大雨。一个勇敢的青年人冒雨将雷神捕获,并把它关在笼里。当青年外出时,雷神请求看押他的兄妹俩给他浇水,趁机逃回天庭。作为回报雷神拔下自己的牙齿交给兄妹,让他们埋在土中。牙齿在土中居然长出了大葫芦。后来雷神发怒出现了洪灾,地上的生物都死了,而躲在葫芦中的兄妹得救了。"③ 与雷神的打斗是引发洪水的原因,对雷神的相救又是他们在洪水后幸存的原因。在这种原因与结果的对立中,洪水象征着惩罚。这种雷神报复型叙事是中国南部洪水神话的典型模式,其原型主要分布于云南、贵州、湖南、海南等南部地区,北部地区则较稀疏。正如"南船北马"所示,相较于黄土地带,沼泽地较多的南部地区以船为主要交通工具,这种现象是地势差异造成的。④

第二节　日本神话水意象

1. 生命力的象征之"海中菁芽"——开天辟地神话

关于"混沌",日本的《古事记》《日本书纪》中的描述与《三五历记》中对盘古开天辟地的描述类似。

① 向柏松:《洪水神话的原型与建构》,《中南民族大学学报》(人文社会科学版),2005 年第 3 期,第 58 页。

② (唐)李冗:《独异志》,北京:中华书局,1985 年,第 51 页。

③ 选自[日]诹访春雄:《亚洲的洪水神话——日本、中国、朝鲜、印度的相互比较》,白庚胜、叶舒宪编著:《神话中原:2006 中国神话学国际学术研讨会论文集》,郑州:大象出版社,2008 年,第 374—375 页。

④ [日]诹访春雄:《亚洲的洪水神话——日本、中国、朝鲜、印度的相互比较》,白庚胜、叶舒宪编著:《神话中原:2006 中国神话学国际学术研讨会论文集》,郑州:大象出版社,2008 年,第 374—375 页。

夫混元既凝,气象未效,无名无为,谁知其形。然乾坤初分,参神作造化之首,阴阳斯开,二灵为群品之祖。[①]

古天地未剖,阴阳不分,混沌如鸡子,溟涬而含牙。及其清阳者,薄靡而为天,重浊者,淹滞而为地,精妙之合抟易,重浊之凝揭难。故天先成而地后定。然后,神圣生其中焉。[②]

天地浑沌如鸡子,盘古生其中。万八千岁,天地开辟,阳清为天,阴浊为地。盘古在共中,一日九变,神于天,圣于地。天日高一丈,地日厚一丈,盘古日长一丈。如此万八千岁,天数极高,地数极深,盘古极长。故天去地九万里。[③]

日本神话的编纂目的主要是彰显天皇的神圣,以确保其统治的永久性,那么日本人接受盘古神话宇宙观的原因是什么? 因为阴阳的分离、两分法的辨别是对世界的认识、个体分化的起点。[④] 只有基于阴阳、清浊、天地的二元分离的基础才能分化出更多复杂的万物,这是创世神话需要解决的问题之一。按照列维·施特劳斯的观点:人生于自然又没有成为自然的人,神话的价值就是调节这种生存性的矛盾。[⑤] 在中国创世神话中解决这一矛盾的存在是盘古,混沌中的盘古是阴阳的结合体,混沌后的盘古又分化为天地万物。日本神话就是借助中国的阴阳思想为万物的分化提供理论基础,但由于不同的地理风土和文化特性,中、日创世神话对世界的原初状态又有着截然不同的理解。

根据日本神话学者高木敏雄在《比较神话学》中的分类,中国的创世神话属于大陆型,日本的创世神话属于海洋型。[⑥] 不管盘古还是女娲都是大地之神,盘古化身为万物就与土地有很深的关系。而日本创世神话中开天辟地之时形成的地上景象与盘古神话不同,可以将之总结为"海中菎芽"。

天地形成之初,高天原上诞生的神,名号是天之御中主神,其次高御产巢日神,其次神产巢日神。这三尊神都是独神,而且隐形不现。当

---

① 安万侣著,邹有恒、吕元明译:《古事记》,北京:人民文学出版社,1963年,第1页。

② 《东方哲学史资料选集·日本哲学(一)古代之部》,北京:商务印书馆,1962年,第13页。

③ 《太平御览》卷二引《三五历记》。马光复著:《中华神话精粹》,北京:社会科学文献出版社,1995年,第3页。

④ 林炳僖著,叶舒宪主编:《韩国神话历史》,广州:南方日报出版社,2012年,第40页。

⑤ [英]吉登斯著,郭忠华译:《历史唯物主义的当代批判——权力、财产与国家》,上海:上海译文出版社,2010年,第243页。

⑥ [日]高木敏雄:《比较神话学》,东京:武藏野书院,1924年,第148页。

时国土幼稚,如同漂浮在水面上的油脂,像海蜇那样浮游时,萌生一个像苇芽那样的东西,化成神,名号是:宇麻志阿斯诃备比古迟神,其次天之常立神,这两尊神也是独神,而且隐形不现。①

原文:天地の初發の時、高天の原に成りませる神の名は、天の御中主の神。次に高御産巣日の神。次に神産巣日の神。この三柱の神は、みな獨り神になりまして、身を隱したまひき。次に國稚く、浮かべる油の如くして水母なす漂へる時に葦牙のごと萌え騰る物に因りて成りませる神の名は宇摩志阿斯訶備比古遲の神。次に天の常立の神。この二柱の神もみな獨り神になりまして、身を隱したまひき。②

"漂浮在水面上的油脂"是对原初海意象的描述,不同于盘古神话中对开天辟地过程的简单描述,日本神话采用更加生动具体的叙述风格——"漂浮""海蜇""浮游",让人联想起被洪水侵袭后一望无际的大海,也就是说原初的海不是水之理念(阴阳)的象征,而是某种生命力的体现。"海中苇芽"就是水生万物的开端,"萌生一个像苇芽那样的东西,化成神"体现的是万物有灵的生命观。这种生动具象的描述并非没有意味,万物有灵并不以有形的物质形态为前提,而是基于生命力的崇拜。日本神道中有一个词叫作"产灵"(产巢日),是引起万物生成和发展的原因。高天原三神中的高御产巣日神和神产巣日神都是产巣日之神。根据《古事记》的记录,神产巢日神让被杀的大国神得以重生,而高御产巣日神拯救了一蹶不振的天照大神。③ 可见产巢日神具有使颓废的精神重新振作的作用,即日本神话中的万物生成的动力在于灵魂的重生——生命力,"海中苇芽"的萌生就是生命力作用的结果。折口信夫认为水具有传递灵魂使万物得到生命的作用。④ "产灵"的词源是"musubi",具有结合、掬水饮用的意思。折口信夫认为掬水意味着将灵魂放入人体内达到身体和灵魂的合一,掬水能使人发挥更大的力量,即产灵的技法是将灵魂放入水中,使人灵合一。也就是说,水通过结合身体和灵魂达到万物的生成。

---

① [日]安万侣著、邹有恒、吕元明译:《古事记》,北京:人民文学出版社,1963 年,第 2 页。

② [日]安万侣著,武田祐吉注释校訂:《古事記 02(校注古事記)》,角川文庫,1965 年。

③ "天照大神的弟弟须佐之男命在高天原捣乱胡闹,天照大神非常害怕就藏于天岩户,从此高天原、苇原中国都失去了光明。之后高御产巣日神命令诸神找回天照大神,世界恢复光明。"[日]安万侣:《古事记》,北京:人民文学出版社,1963 年,第 20—21 页。

④ [日]折口信夫:《産霊の信仰》,《折口信夫全集》第 20 卷,中央公論社,1956 年。

2.仪礼的象征之顺水流去的水蛭子——创国与人类起源神话

日本国土起源神话是伊邪那岐命和伊邪那美命二神最初创造万物的神话。古代日本人认为生命来自大海,这种生命之海的源水意象也同样反映在国土起源神话中。

> 于是众天神诏示伊邪那岐命和伊邪那美命二神去修固那漂浮着的国土,并赐给一支天沼矛。二神站在天浮桥上,把矛头探入海中,咕噜咕噜地搅动海水。提起矛时,从矛头滴下来的海水,积聚成岛。这就是淤能基吕岛(自然凝固的岛)。①

日本国土是用矛头搅动海水,由滴下来的海水自然凝固而成的岛。对于四面环海的日本来说,用海中的材料,如土砂、盐等创造岛屿的想象非常符合日本的自然风土。不仅是岛国的形成,以天照大神为首的日本的诸神也是在海中诞生的。这里的海水与原初的海不同,是地和海分离之后的海洋,而矛头(男性原理)搅动大海(女性)的男女结合原理预示着岛(地)和海的形成,即作为物的地海之分离。

> 二神降到岛上,树起"天之御柱",建立起"八寻殿"。于是,伊邪那岐命问他的妹妹伊邪那美命:"你的身体是怎样长成的?"她回答说:"我的身体已经完全长成了,只有一处没有合在一起。"伊邪那岐命说道:"我的身体也都长成了,但有一处多余。我想把我的多余处,塞进你的未合处,生产国土,你看怎样?"伊邪那美命回答说:"这样做很好。"伊邪那岐命接着说道:"我和你围绕这个天之御柱走,在相遇的地方结合。"这样约定之后,又说:"你从右边,我从左边,绕着相遇。"当绕着柱子走时,伊邪那美命先说:"哎呀! 真是个好男子!"伊邪那岐命接着说:"哎呀! 真是个好女子!"互相说完之后,伊邪那岐命对他的妹妹说;"女人先说不吉利。"虽然在交合之后生了孩子,却是个水蛭子。把这个孩子放进芦苇船里,任其顺水流去。其次生淡岛,也没有算在所生孩子的数内。②

---

① [日]安万侣著,邹有恒、吕元明译:《古事记》,北京:人民文学出版社,1963年,第4页。
② [日]安万侣著,邹有恒、吕元明译:《古事记》,北京:人民文学出版社,1963年,第4—5页。

　　二神生下水蛭子的神话与伏羲兄妹生下畸形儿的神话情节相似。伏羲兄妹神话说:"伏羲兄妹成亲百日以后,女娲生下一个肉团,伏羲看了很不自在,拿起刀就一阵乱砍。"又说:"过了一年,女娲生下一个怪物——是一块磨刀石,两人非常生气,就把这块磨刀石打碎,从昆仑山顶撒到山下。这些碎石跌到山里的,就变成飞禽走兽;跌到村子里的,就变成了人;跌到水里的,就变成鱼虾。"①二者都以兄妹血缘为基础,以"性交"为手段,以洪水为背景;婚礼中经过"竖柱(树)""左旋右旋"等礼仪;初次分娩生下畸形儿等等。从二者的区别来看,其主要分为两点,一为生下畸形儿的原因,二为对畸形儿的处置。"夫唱妇随"男权思想是导致伊邪那美命生下水蛭子的原因,但其实《古事记》和《日本书纪》成书时,日本社会正处于女权社会末期,而且在那之前宣扬"夫唱妇随"思想的《千字文》和记载伏羲兄妹故事的《淮南子》就已传入日本,②严绍璗就对日本神话中"夫唱妇随"思想的渊源做了考证,③认为这完全是外来文化影响的结果。尽管两则神话有很多共同点,但在畸形儿的处理过程上却有较大的差异。被剁下的肉块洒在地上变成人类,表现了人对自然和对自身繁衍的顽强意志。而水蛭子顺水流到兵库县西宫市附近的海岸,其作为海神的一种被供于西宫神社,成为了渔民信仰的对象。④舍弃水蛭子的原因,表面上表现为身体上的缺陷,但本质上是因为水蛭子背负了母亲的罪恶,是不净的恶灵,需要放在水流中进行祓禊,水蛭子在水流中得到了净化,重生为海神。由于地形的原因,日本河流湍急,江河强大的清洁力使河流成为了天然的垃圾场和公厕,即使垃圾再多也会因为急速的水流迅速被清除。在京都就有将尸体放入水中进行水葬的习俗,人们认为水流会将他们带到神的地方。水流是现世和他界的通道,水流可以净化恶灵,在空间和时间的移动下象征一种重生的仪式。将其称为仪式是因为水流有强大的清洁力,水流有两个功能,一为洗涤恶灵,二为流向他界,就如同祭拜神社之前要净手的仪式一样,只有真正成为神时才是一种重生的完成。将水蛭子放入水流是一种重生的仪式,而它在兵库县被奉为渔民的信仰对象,这是极其"随波逐流"的偶然。

　　在叙事形式上,伊邪那岐命和伊邪那美命通过性交生下水蛭子的故事

---

　　① 张爱萍:《中日古代文化源流:以神话比较研究为中心》,杭州:浙江大学出版社,2005年,第169页。

　　② 张爱萍:《中日古代文化源流:以神话比较研究为中心》,杭州:浙江大学出版社,2005年,第170—171页。

　　③ 严绍璗:《中日文化交流史大系·文学卷》,杭州:浙江人民出版社,1996年,第39—42页。

　　④ [日]樋口清之:《日本人はなぜ水に流したがるのか》,php文库,2015年,第50页。

很像人类再起源神话,但本质上日本神话传说中并没有真正意义上的以男女结合原理(生殖力)为前提的水生人传说,或者说水不会直接作用于生殖力。日本的所谓水生人神话中的水其实是水流,即仪式的象征。作为例证,下面比较一下日本与中国的水生人神话传说。在日本,与水生殖力有关的传说中最具代表性的便是日本家喻户晓的《瓜子姬》和《桃太郎》。

> 老爷爷上山砍树,老奶奶去河边洗衣服。老奶奶在河边洗衣时发现了沿河而下的瓜很高兴,想着拿回家与老爷爷一起吃,便带回家中放在柜子里面。等到老爷爷从山上回来,二人想着要切瓜品尝,刚想碰瓜就裂成两半,里边居然躺着漂亮的女婴。①

> 很久很久以前有一对老爷爷和老奶奶。有一天老爷爷去耕田,在田中发现了一个很大的瓜,心中一喜急忙将瓜拿回家,当老爷爷正想用菜刀切瓜时,突然从瓜里传来了孩子的啼哭声。之后瓜裂成两半,瓜里是个漂亮的女婴。老爷爷想这是神的赐予,于是给女婴起名叫作“瓜子姬”。瓜子姬长成了亭亭玉立的姑娘,并得到了大名殿下②的求婚。有一天老两口要出去买和服给瓜子姬结婚用,出门前再三叮嘱瓜子姬千万不要开门,以免天邪鬼来捣乱。天邪鬼到底是来了,瓜子姬受到它的威胁不得已开了门,天邪鬼将瓜子姬塞进柜子里,自己变成瓜子姬的模样。老两口买了和服回来,便让瓜子姬穿上将她送入喜轿,这时松树上的鸟大叫起来,“轿子里的是天邪魔”。老两口听完这话立即打开了轿子,果然里面睡着天邪魔。人们很气愤,狠狠地教训了天邪魔。之后人们发现了锁在柜子里的瓜子姬,最后瓜子姬顺利地嫁给了大名殿下。③

《日本昔话通观》收录了分布在日本各地的民间传说。据统计,这本书中的《瓜子姬》传说共 543 则④,其中老奶奶洗衣时或直接从河流中得瓜的叙事情节占大部分,共 320 则,而吃瓜得子的传说只有一例。另外,老爷爷从田中得瓜的例子也有 51 则。可见在日本传说中,水与生殖力没有直接的联系,

---

① ［日］稻田浩二、小泽俊夫编:《日本昔话通观》第二卷,岛根县卷,同朋舍,1978 年,第 123—125 页。

② 在日本室町或江户时代,领有一国以上领地的大名或领主。

③ ［日］稻田浩二、小泽俊夫编:《日本昔话通观》第二卷,青森县卷,同朋舍,1982 年,第 117—118 页。

④ ［日］金鳳齡:《東アジアにおける水の呪力と水の女:「洗濯するめ」の文学史》,大東文化大學博士論文,2013 年,第 57 页。

瓜的生殖力不是以象征手法,而是直接以瓜作为母体表现出来。孩子是"神的赐予",水流是现世和他界的通道,柳田国男认为瓜子姬的诞生故事是从河流的上游将瓜传到老妪手中的过程,从天(高处的山岭)而降的精灵沿谷水接近人界是日本固有信仰的体现。[①] 水与人类生命(生殖力)之间的关系在《桃太郎》中体现得更加具体。从叙述内容来看,《桃太郎》可分为瓜生型和回春型。目前可供参考的最早的文献收录在《初期草双纸集》和《新编稀书复制会丛书》中[②],二者内容相似,都属回春型传说,也就是说瓜生型传统很可能是回春型传说后续的加工和发展。

> 五个男人围坐在炭盆前,其中一人开始讲故事。老爷爷上山砍柴,老奶奶到河边洗衣。<u>这时老奶奶看到一个桃子正顺流而下,老奶奶吃过后感觉非常好吃,</u>[③]想给老爷爷也带一个。所以她大声喊"再来一个",果然看到一个桃子顺水而下。老爷爷和老奶奶吃了桃子后变年轻了,之后变年轻的老奶奶生下了一个男孩,老爷爷给他取名为桃太郎。桃太郎带上狗、猴子、山鸡去了鬼道。之后他讨伐了鬼,得到了很多宝物。

顺着河流而下的桃子并没有直接参与生殖,桃子通过返老还童的功能使夫妇恢复了生殖能力。桃子有长生不老、祈子和辟邪的功能,这种桃信仰很明显是受到中国的影响。桃的原产地为中国,早在绳文时代中国的桃树种植传到了日本,弥生时代开始大规模地栽培桃树。[④] 在中国,桃子象征男女结合,"桃花运""桃花眼"暗指两性的吸引。在神话传说中,这种两性原理表现为桃的生殖力,中国的桃生人版本众多,多数叙述为女子通过吃下水中的桃子而怀孕生子。水对于中国农耕社会来说是至关重要的存在,生存的根本问题与水的联系紧密,这使得水与人类生殖力的关系也有更加直接的体现。而日本的水在水生人传说中体现为水与生殖力的间接关系,老夫妇之所以能够生育是因为桃子的灵力。桃子的灵力通过水流而传递,河边"洗衣"也是迎接神灵的一种仪式,"洗衣"通过洗掉污浊达到身心的洁净,只有这样才能接近最干净的存在神。在日本,"洗衣"的宗教信仰意味很浓,"洗衣"的原意为通过水边沐浴和洗衣参加宗教活动。因此,"洗衣"也是一种

---

① [日]柳田国男:《桃太郎的诞生》,《定本柳田国男集第八卷》,筑摩书房,1969 年。
② [日]金凤龄:《東アジアにおける水の呪力と水の女:「洗濯するめ」の文学史》,大東文化大學博士论文,2013 年,第 68 页。
③ 下划线部分是笔者为了方便理解,在翻译时所添加。
④ 方志娟:《浅议日本的桃信仰》,《商业文化》,2011 年第 6 期,第 322 页。

禊，一种仪式，对人类的生殖能力起到辅助作用。在古代日本，产婆叫作"洗女"，可以通过"洗"将新生儿带到现世①，即达到现世的重生。可见水生人传说中的"水流"和"洗衣"具有不同的含义，它是根据水的功能来区分。"水流"是神界和现世的通道，是灵力的负载，同时它又代表重生的仪式，而"洗衣"是通过清洁污垢达到身心清静，象征迎接神灵的仪式。

3. 死亡与重生的象征——诸神的诞生神话

水在任何文化中都具有相同的宗教意义，如通过破坏水的形态来洗清罪恶的同时达到净化和重生。水的无形注定水无法做到自我存在形式的超越。神话、宗教中的水是灵力的所有者，通过被除不净和罪恶达到治愈、净化、再生的目的，而其反面便是破坏所有形态的死亡和埋葬。这是水神话中的双重象征。

> 伊邪那岐大神这时说："上游水流太急，下游水流缓慢。"便来到中游，钻进水里洗涤时，化成的神，名叫八十祸津日神，其次大祸津日神。这二神都是去到污秽之国时，所沾染的污秽形成的神。其次是洗净这次灾祸所化成的神，名叫神直毗神，其次大直毗神，再次伊豆能卖神，共三神。在水底洗涤时化成的神，名叫底津绵津见神，其次底筒之男命。在水中间洗涤时所化成的神，名叫中津绵津见神，其次中筒之男命。在水面上洗涤时所化成的神，名叫上津绵津见神，其次上筒之男命。这三尊绵津见神是阿昙连等作为祖先神来祭祀的神。——伊邪那岐命洗左眼时化成的神，名叫天照大御神。洗右眼时化成的神，名叫月读命。洗鼻子时化成的神，名叫建速须佐之男命。以上从八十祸津日神到速须佐之男命等十四神，是因为洗涤身体而生的神。（《被禊与诸神的诞生》）②

> 这时候，伊邪那岐命非常高兴地说："我生了不少孩子，最后终于得到三个贵子。"于是取下脖子上戴的玉串，摇动得琮琮作响，赐给天照大御神，并对她说："去治理高天原！"因此这个玉串就叫做御仓板举之神。又对月读命说："你去治理夜之国。"最后对建速须佐之男命说："你去治理海洋。"（《三贵子分治》）③

---

① ［日］本田和子：《『洗う女』考》，《现代思想》11－10，青土社，1983 年。
② ［日］安万侣著，邹有恒、吕元明译：《古事记》，北京：人民文学出版社，1963 年，第 13—15 页。
③ ［日］安万侣著，邹有恒、吕元明译：《古事记》，北京：人民文学出版社，1963 年，第 15 页。

八十祸津日神到速须佐之男命等十四个神,是因为洗涤身体而生的神,也是祓禊的起源,其中三贵子是通过伊邪那岐命清洗眼、鼻等身体部位时诞生的神。水在诸神诞生中是必不可少的要素,从死亡的不净中诞生出诸神是日本独特的神话思维。很显然水介于黄泉国与现世、不净与净化、死亡与重生、无形与有形、俗与圣的对立关系中。但黄泉国与不净、死亡是否为同一概念?

对于伊邪那岐命的黄泉国之旅,《古事记》中只用了轻描淡写的"追到"(行く)一词,这种水平的他界移动很明显表现为空间的转换。伊邪那岐命与伊邪那美命的见面也是极其简单和顺利,无任何阻隔或者仪式的转换过程,伊邪那岐命主动要求伊邪那美命一起回到现世时也未表现出任何对死亡或不净的恐惧,直到偷看到伊邪那美命的丑陋模样。

> 伊邪那岐命很想见他的妻子伊邪那美命,便一直追到黄泉国。女神从殿内开门相迎。这时伊邪那岐命和女神商量说:"我亲爱的妻呵,我和你创造的国还没有完成,请跟我回去吧!"伊邪那美命回答说:"可惜呀! 你没有早些来,我已经吃了黄泉的饭食。既然我亲爱的夫君特意来找我,我也愿意回去啊! 让我和黄泉的神商量商量。但是在这期间不要看我呀。"这样说过之后,就回到殿里。时间过了很久,实在等待不得,伊邪那岐命取下左发髻上戴着的多齿木梳,折下一个边齿,点起火来,到殿里去看。只见女神满身蛆虫蠕动,气结喉塞,伊邪那岐命看到这种景象害怕起来,往回逃跑,他的妻子伊邪那美命说:"你让我受了羞辱",立即派黄泉丑女在后面紧紧追赶。伊邪那岐命取下头上的黑发饰,扔到地上,长出野葡萄,并乘丑女摘葡萄吃的时候逃脱了。丑女又追了上来。伊邪那岐命取下插在右髻上的多齿木梳,折下流齿扔到地上,长出竹笋,乘丑女拔食竹笋的时候又逃脱了。伊邪那美命又派八雷神,率领一千五百名黄泉军追赶上来。伊邪那岐命拔出所佩的十拳剑,一边向后面挥动,一边逃跑。一直被逼到黄泉的边界比良坂。这时,伊邪那岐命从坂下的桃树上摘下三个桃子,等黄泉军追到时,向他们打去。黄泉军便逃了回去。伊邪那岐命对桃子说:"像方才帮助我那样,将来苇原中国的众生遇到患难的时候,你也去救他们吧!"于是赐给它们名号叫意富加牟豆美命。(《黄泉国》)①

---

① [日]安万侣著,邹有恒、吕元明译:《古事记》,北京:人民文学出版社,1963年,第11—12页。

伊邪那岐命对妻子死亡的判断建立在他所看到的不净——"满身蛆虫蠕动,气结喉塞",即肉体的腐烂表示真正的死亡。人永远无法认知自己的生和死,因此对于生死的理解都是基于共同体的认识之上。日本人将死亡分为假死和真死两个过程。《三国志·魏志·乌丸鲜卑东夷传》曰:"始死停丧十余日,当时不食肉,丧主哭泣,他人就歌舞饮酒。已葬,举家诣水中澡浴,以如练沐。"①这里将死亡分为两种,一为初死(一次死);二为初死后的10日(二次死)。他界是人基于文化共同体认识上的主观的死亡概念。在黄泉国神话中,伊邪那岐命在黄泉初见妻子的时候和偷窥妻子面容之时就对应为日本人对死亡的时间意识。"偷窥"是对死亡主观意识的体现,而真正的死亡伴随着肉体不完整。既然生死是时间性的体现,那么黄泉和现世的界限也不再是空间的概念。《日本书纪》卷第一"神代上"中有关于"泉津平坂"的描述如下:"泉津平坂②といふは、復別に处所有らじ、但死るに临みて気绝ゆる际、是を谓ふか",大意为"泉津平坂并非指某一特定处所,它出现于人临死将要气绝之时",这表明黄泉比良坂是时间的体现。因此就如折口信夫所说,境界并非空间的线,而是想象中的、观念上的一点。③ 如果他界是以死亡为支点的时间性概念,那么死亡到重生也是指向时间的未来,即重生是死亡的未来。时间一去不复返,日本人对死亡的主观性意识就是基于这种时间观,伊邪那岐命在看到肉体腐烂时感受到的死亡的不净,因为身体的腐烂已经无法回归到生命最初的状态,失去身体的灵魂只有在彼时才能得到再生,如果灵魂迷恋现世就会变成恶灵,所以伊邪那岐命才会逃到黄泉比良坂,并阻止伊邪那美命追到现世。古代人对尸体随意丢弃,因为他们认为尸体是没有灵魂的躯壳,可在现世如果没有身体,灵魂就没有安放之处,因此伊邪那岐命通过清洗身体达到现世的重生。时间同时又是不可逆的,在时间的未来指向性中死亡也必将带来重生。水是死亡和重生的象征,是死亡到重生生命轨迹必然性的体现。对此梅原猛说:"日本神道基本上是对生命的崇拜,以及纵然死了也一定会再生的生死循环的思想——生命都会死而复生,死后去了彼时还会回来——这两种思想深深扎根在现在日本人的心灵深处。"④

---

① (西晋)陈寿:《三国志》,郑州:中州古籍出版社,1996年,第379页。

② "泉津平坂"是《古事记》中的黄泉比良坂。

③ 折口博士记念会编:《民族史观における他界观念》,《折口信夫全集》第16卷(民俗学篇第2),东京:中央公论社,1956年,第309—367页。

④ [日]梅原猛:《森林思想——日本文化的原点》,北京:中国国际广播出版社,1993年,第35—36页。

4.丰饶的象征——海幸、山幸洪水神话

洪水神话具有地域性特点,根据大林太良的神话学理论,洪水神话的主题可分为"惩罚""禁忌的侵犯""动物虐待""斗争""陆地形成""人间社会的创设""洪水的警告"。《古事记》和《日本书纪》中海幸和山幸的神话可看作是斗争主题的洪水神话。海幸、山幸兄弟斗争神话梗概如下:

> 火照命成为海幸彦,捕捞各种大小鱼类。火远理命成为山幸彦,捕获粗毛、细毛的各种鸟兽。这时,火远理命对哥哥火照命说:"我们把器具互相换着使用吧!"三次恳求,都没得到允许,最后总算换到了。火远理命拿渔具去钓鱼,可是连一尾都没钓着,还把鱼钩掉到海里了。由此海幸彦和山幸彦发生了冲突。之后弟弟山幸彦去了海神宫(大绵津见神),与海神之女丰玉姬结了婚,从她那里得到了可以操控水的满潮珠。弟弟取出满潮珠来淹他哥哥,在他哥哥哀求时,就拿出干潮珠救他。就这样反复折磨他哥哥。于是他哥哥拜伏在他面前说道:"从今天以后,我白天夜里做你的守护人,来侍奉你!"所以直到现在,他的子孙仍然表演出各种遭受水淹的样子来侍奉。(《海幸彦和山幸彦》)①

海幸、山幸神话的最大特征为"海"和"山"、"捕鱼者"和"狩猎者"之间的对立。两者的斗争分为两个过程②,一为"器具"互换引起的斗争,结局以海幸的胜利告终,海幸对捕猎器具的掌握体现为海对陆地的统治力。山幸不仅没有捕到鱼,还丢失了鱼钩。山幸用携带的"十拳剑"做出 500 个鱼钩作为赔偿,但海幸坚持返还原鱼钩。山幸之后又锻造 1000 个鱼钩,依旧无果。山幸失去了弓箭,等同于丢失了统治山的权利。二为山幸的反败为胜。山幸在彦椎神的引导下坐上"无间胜间"的小船去了海神宫,并与海神女儿丰玉神结婚得到了满潮珠,最后打败了海幸,山幸"引起大海的高潮"就是暗喻洪水。满潮珠具有驾驭水的灵力,海神是这样告诉山幸的:

> 绵津见大神教给他说:"把这个鱼钩还给你哥哥的时候,你就这样

---

① [日]安万侣著,邹有恒、吕元明译:《古事记》,北京:人民文学出版社,1963 年,第 52—54 页。
② [日]嶋田義仁:《稲作文化の世界観:「古事記」神代神話の構造分析より》,京都大学博士论文,2000 年,第 89—101 页。

说：'这个钩是烦恼钩、着急钩、贫穷钩、愚蠢钩。'①一边说着一边倒背着手把鱼钩递给他。以后，你哥哥如果种高田，你就种低田；你哥哥种低田时，你就种高田。因为我掌管雨水，所以三年之内必然使你哥哥贫穷。如果他怨恨你这样做而打你时，你可以拿出满潮珠淹他。如果向你求饶，便拿出干潮珠救他。你就这样折磨他。"

海幸如在高地种田，水神就减少雨水量使高地庄稼无法生长；海幸在低田耕种，水神就引起洪水淹没庄稼，而高地的田却能保存；如海幸发怒，就使用满潮珠引发洪水淹没海幸；如海幸求饶，就用满潮珠的灵力使洪水退后。在这里，具象化的洪水体现为"丰饶"和"力量"，即洪水不仅有利于农耕，还起到牵制海幸的作用。洪水在此并不意味着普遍意义上的自然灾害，而引起洪水的原因归根结底取决于水对农耕的重要作用。海幸和山幸兄弟的斗争可以理解为"水"和"地"的斗争，而斗争的关键完全取决于对水的驾驭。山幸虽然最后反败为胜，实现了"山"对"海"的胜利，但有趣的是他的胜利依然借助于海神的能力。可见，水的作用是至关重要的，神话中水的作用体现在"高田低田"的耕种上，这是日本人基于对农耕中的水进行观察的基础上加以创造的。日本的水田耕作需要大量的水，而日本的地形非常不利于农耕蓄水，而且如果在收获之前有暴风雨，那么一年的努力将会付诸东流，在这种自然环境下日本人学会了顺应自然的智慧。根据水流要先在山上耕作，再在平地耕田，而面临暴风雨也只能放弃，这种顺应自然的态度也融入了日本人对农耕的理解上。日本人将"春耕秋收"理解为山、海、土的竞技，在日本民俗信仰中，春耕时期水神（海）和祖灵神（山）就会来找土地神（地）做相扑竞技，等到秋收季节就会回到海和山中，日本的农耕祭祀也都反映了这种思想。海幸和山幸比试耕种"高田低田"，正是海、山和地的相扑，当海幸要"打"山幸时就用海神的宝物压制他，但不会将海幸致死或毁灭。

在这则神话中还必须注意到海幸和海神的斗争，山幸的反败为胜其实是海神的胜利，那么什么原因使得具有同等驭水能力的海幸得败仗？海幸是天照大神的孙子，又是苇原中国②的统治者琼琼杵尊的儿子，虽然它是一海之主，但在血统上依然是"陆地"的性质，所以在水的驾驭能力上依然比不上绵津见大神。另一方面，从海幸使用鱼钩的描述来看，它对海的统治体现

---

① 一种咒语。
② 指日本国，介于高天原和黄泉国。

为"捕鱼者"的权力,即渔民的代表。而对于水田耕作来说,要尽量缩减海水的范围以确保农耕用水,这个农耕用水往往指代陆地的淡水——河水。森浩一认为海幸、山幸神话就体现了"海"领地和"陆"领地的争夺,即捕鱼者和农耕者对水的争夺。[①] 弥生时代有名的水田遗迹——登吕遗迹就位于三角洲,即海和陆地相交的冲积平野。可见日本古代的农耕生活经常伴随与海水的斗争。

　　大国主神,有许多兄弟神。但是,他们都把国土让给大国主神。他们所以让国,是因为大家都想和稻羽的八上比卖结婚。在他们一齐去稻羽时,让大穴牟迟神背着袋子,是作为仆人被带领着前去的。来到气多崎地方的时候,一个身上没有毛的裸兔趴在地上。这些兄弟神对那兔子说:"你要做的是在海水里洗个澡,让风吹着,趴在高山顶上。"兔子按照众兄弟神的指教,趴在山顶上。可是身上的海水被风吹干之后,皮肤全被吹裂了,兔子非常痛苦地趴在那儿哭泣。最后来的大穴牟迟神,看见那个兔子就问道:"你为什么趴在这儿哭呢?"兔子回答说:"我住在淤岐岛,虽然很想渡到这里来,却没有渡海的办法。于是就去骗海里的鳄鱼,说:'我跟你们比赛吧! 看谁的同族多。'我一说,它们就受了骗,排成一列长队趴着。这时,我就踏在它们的背上,数着数目跑了过来。刚要上岸时,我说:'你们上了我的当!'话音刚落,趴在最后面的鳄鱼抓住了我,把我的衣服全剥光了。因此我在悲痛地哭泣。先来的那些兄弟神,教我用海水洗浴,迎风趴着,我按照他们教的办法做了,全身都受了伤。"大穴牟迟神于是教给兔子说:"你现在赶快到河口去,用清水洗洗身体,取河口的蒲草,把它的黄花粉铺在地上,在上面打滚,你的皮肤就一定能够治好,像原来一样。"兔子按照教给的办法一做,它的身体就恢复原样了。这就是稻羽的白兔,现在被称为兔神。这白兔对大穴牟迟神说:"那些兄弟神一定得不到八上比卖,而你虽然背着袋子,却能得到她。"(《稻羽的白兔》)[②]

　　稻羽与农耕关联象征陆地的领域,大穴牟迟神的兄弟们让裸兔用海水清洗,结果兔子全身受伤,之后在大穴牟迟神的帮助下兔子用河水清洗身

　　① [日]嶋田義仁:《稲作文化の世界観:「古事記」神代神話の構造分析より》,京都大学博士论文,2000年,第90页。

　　② [日]安万侣著,邹有恒、吕元明译:《古事记》,北京:人民文学出版社,1963年,第26—27页。

体,结果皮肤恢复如初。在古代农耕技术不发达的情况下,只有在海水和河水的平衡中争取农耕用水。从这一观点来看,稻羽的白兔是为了赋予大穴牟迟神"陆"的性质。①

海幸、山幸神话表现为"海"和"山"两大领域的斗争,其根本是日本农业社会对水利用的体现。这种水与地的斗争不以毁灭为目的,而是在各领域的平衡中达到水的自然循环。就如同海幸对山幸的胜利,以及山幸对海幸的制服。这种春耕秋收的水循环意识,在神话中表现为海和山(陆)领地的争斗,而水象征着丰饶,是日本民众在水田耕作中对水作用进行近距离观察的结果。

第三节　韩国神话水意象

1. 合露而生——天地王本 Puli

关于创世神话,韩国还未发现有关文献资料,其内容都是巫师在巫堂口传的故事,有"巫歌""巫俗神话""本 Puli""神歌"等叫法。② 关于"混沌"世界,《东国李相国全集卷》中的《东明王篇并序》就有所记载:"元气判沌浑。天皇地皇氏。十三十一头。体貌多奇异。"③虽然其中并无具体的描述,但至少表明韩国的创世也是从天地未分的类似混沌的状态开始的。天地王本 Puli 是济州岛传承的创世神话,内容包括日月、人事争端等。

> 太初的天地是混沌。那时候,天空和大地是贴着的。甲子年、甲子月、甲子日、甲子时,天空的一部分从子方打开了。乙丑年、乙丑月、乙丑日、乙丑时,大地的一部分从乙方打开了,而人则寅方打开,天空和大地之间裂开了。那时,从天下起青露,从地上冒出黑露,二露合之为一,由此万物生出。第一个出现的是星。天皇鸡抬头,地皇鸡扇动翅膀,人皇鸡摆动尾巴后开始黎明,但由于出现了两个太阳和两个月亮,所以白天太热,晚上太冷。有一天天地王为了惩戒贪婪作恶多端的恶人来到了地上,遇到了聪明夫人,与之同寝后回到了天上。聪明夫人之后生下

---

① ［日］嶋田義仁:《稲作文化の世界観:「古事記」神代神話の構造分析より》,京都大学博士论文,2000 年,第 91 页。
② 林炳僖著,叶舒宪主编:《韩国神话历史》,广州:南方日报出版社,2012 年,第 37 页。
③ 《东国李相国全集卷》(第三),https://www.krpia.co.kr/2020.10.12。

了两个儿子,成人后二人去见天地王,天地王让哥哥大星王治理现世,让弟弟小星王管理黄泉。贪婪的小星王觊觎现世,用猜谜、养花和大星王打赌,赢的人可以治理现世。结果弟弟通过诡计赢得了现世。但是那时候的世界太混乱,有两个太阳和两个月亮,草木禽兽皆会说话,吵杂不已。并且话多,所以特别吵。并且人和鬼在同一个世界,世界充满了人的不和,偷盗、奸淫处处可见。小星王不得已向大星王求救,请他整理现世的混乱。大星王用千斤弓箭射下了一个太阳和一个月亮,然后向世界撒松脂粉,阻止草木禽兽说话,最后他给人和鬼过秤,超过一百斤的事物留在现世,把不到一百斤的事物送到黄泉。虽然大星王整顿了自然秩序,可是他不想做别的事,所以现世还存在罪恶。① (《济州岛的开辟神话》)

韩国的"天地分离"型的创世神话可根据有无"造物主"分为造物型和自然生成型,济州岛的天地王本 Puli 很显然属于自然生成型,即万物的生成并非造物主的有目的的施力,而是宇宙内在生成力量的自然结果。彝族典籍《宇宙人文论》中也有关于气的分化形成、混沌初开、天地万物以及人类的描述。向柏松将其总结为:"清气青幽幽,浊气红殷殷","清气升上去,升去成为天;浊气降下来,降下成为地。天乃生于子,天与天相配,高天自生了。地乃劈于丑,地与地相配,大地自成了。人乃生于寅,哎与哺结合,人类自有了。有血又有气,有生命会动。会动也会说,会吃也会穿"②。也就是说,气的变化形成了天、地、人,而天、地、人在各自的系统内具有自生能力。这种气生命观和阴阳思想明显受到中国的影响。《淮南子·天文训》中就有类似的描述:"天坠未形,冯冯翼翼,洞洞漏漏,故曰太昭。道始于虚廓,虚廓生宇宙,宇宙生气,气有涯垠。清阳者薄靡而为天,重浊者凝滞而为地。清妙之合专易,重浊之凝竭难,故天先成而地后定。天地之袭精为阴阳,阴阳之专精为四时,四时之散精为万物。"③

《淮南子》的气生命观是气生阴阳,阴阳再生万物的自然生成过程。天地王本 Puli 阴阳生万物体现为两性原理,这是人从自身反观他物的结果,天地王本 Puli 中的生命观是气→阴阳→两性→万物的过程,与万物生成直接

---

① 原文出自[韩]현용준:《무속신화와 문헌신화》,首尔:집문당,1992 年,第 254 页;译文参考林炳僖著,叶舒宪主编:《韩国神话历史》,广州:南方日报出版社,2012 年,第 51—52 页。
② 向柏松:《中国原生态创世神话类型分析》,《文化遗产》,2013 年第 1 期,第 85 页。
③ 刘安著:《淮南鸿烈解》,北京:中华书局,1985 年,第 73 页。

有关的是两性结合,即人的阴阳。天地之气直接代替为有形的双露,双露的结合强调男性(天)和女性(地)的结合,天象征男性和父亲,地象征女性、母亲。① 首先,两个太阳和两个月亮、天露和地露、天地王和聪明夫人的结合,都透露着对一切存在物应该以"一对"形式存在的思想,两性结合生出万物的自然观是以露珠为载体,露的形状与孕育生命的人体器官(精子和卵子)相似;其次,露意味着清晨,暗指生命的开始。可以说,天地王本 Puli 中对生命自生能力的理解源于人自身的原理。

神话中并未提及人类起源,但人作为一个特殊存在,成为了自然运行秩序的操纵者,神话由此反证万物生成源于两性之结合。为解决两个日月的现实问题,天地王通过与聪明夫人生下大小星王来管理人间。天地王作为神,具有控制日月的能力,但却通过大小星王调整自然运行,天地王在这里只是命令者,人是天命所授的管理者。天地王本 Puli 通过赋予人类管理自然运行秩序的资格,暗示人类是自然运行规律的产物。大星王人为的自然运行秩序同样是强调人类特殊性的过程,如"不让草木禽兽说话""将鬼送走",即人是现世的、具有智慧(语言)的存在。因此,青露和黑露的结合生成万物的过程其实是居于万物首位的人的起源神话。

露生人、露是生命孕胎的传统意识主要体现在井信仰中。在韩国,井泉与祈子相关,不孕的妇女在阴历上元节凌晨喝到第一口井水,将会得偿所愿,特别是倒入月影的水具有更大的符咒和神力。井中月是龙卵的隐喻②,在韩国民俗信仰中,其认为喝下龙卵就能生出非凡出色的儿子。据有关文献记载,韩国东海的岛屿上有一个女人国,女人想怀孕只需探头窥井就可生下女儿,这是井为生命母体的体现。"炟艾井""阏英井""开城大井"就是这种民间井信仰的实体。"阏英井"以诞生新罗始王妃得以扬名;高丽王宫内的"炟艾井"甚至能使太监恢复性能力;"开城大井"是龙女通向西海龙宫的通道。可见井水与生命之源息息相关,一方面,井水是生成力的象征,具有促使人类繁衍和土地肥沃的神秘力量;③另一方面,从文化意象来看,井代表人的定居文化,井、露、卵在形状上都是圆形,与露所具有的生命源水意象相通。

---

① ［韩］현용준:《제주도 설화와 開闢神話 1》,《제주도》52,1971 年。

② 关于龙卵的民间信仰可追溯至阏英诞生神话,详见本书第 74—75 页。

③ ［韩］金烈圭著,朴春燮、王福栋译:《韩国人的神话:那对面,那里面,那深渊》,成都:四川教育出版社,2013 年,第 127 页。

2.天和水的结合之身份象征——建国神话

朱蒙神话和赫居世神话是建国神话,同时又是韩民族的起源神话。从政治的角度来说,统治的正统性至关重要。从神话的社会功能来说,它能够为统治者的血统神圣性提供合理的说辞,而从神话思维的一面来看,神话又能够超越现实(政治),实现对立面的统一。因此水意象在此就体现为两种特征:第一,水是身份的象征。朱蒙、赫居世以及阏英的诞生都是以天神(太阳)和水神的结合正名执权者的身份的,水是现实的体现。第二,水表现为神的世界到现实世界的通过仪式,实现从神的血统到神圣的人的转变,水是现实超越的媒介。

(1)朱蒙神话

> 《国史·高丽本记》记载:始祖东明圣帝的姓是高,名字是朱蒙。先前北扶余王解夫娄避去东扶余,夫楼去世后王子金蛙继承了王位。这时候金蛙王在太白山南边优渤水遇到了一个女子。金蛙问:"你是谁?"那个女子说:"我是河伯的女儿柳花。和妹妹们一起玩的时候,突然出现一个男子。他告诉我们他是天帝的儿子解慕漱。他勾引我在熊神山下鸭绿江边的家,私通后走了。因为不通过媒人结婚,我的父母惩罚我流配这儿。"金蛙觉得奇怪,他把柳花圈在房间里。不过日光照房间,柳花躲开日光,可是日光跟着柳花照在她的身上。从此柳花怀孕了,生下一个五升大的卵。金蛙王认为人生卵是不祥之兆,就让手下人把卵扔给猪狗,可是它们都不吃;又把卵扔在路上,牛马都躲避卵;又把卵弃在田野,飞禽走兽就围拢来,守护着卵。因此王便叫手下人剖开卵,可是不能剖开。终于把卵还给母亲。柳花将卵裹好,放在热炕头上,一个英俊的男孩破壳而出。只七岁便自作弓矢,百发百中,当时扶余话称神弓手为"朱蒙",于是就叫这孩子为"朱蒙"。①

根据《三国遗事》的记载,东明王朱蒙的父亲是天帝之子解慕漱,母亲是河伯之女柳花。解慕漱并未直接参与朱蒙的抚养过程,反倒是母亲柳花在被河伯惩罚的情况下含辛茹苦将朱蒙养大。关于朱蒙前代和系谱的神

---

① 原文见《三国遗事第一·高句丽》,转引自林炳僖著,叶舒宪主编:《韩国神话历史》,广州:南方日报出版社,2012年,第104—105页。

话记述见于《东明王篇》。《东明王篇》是英雄神话的神话母题结构,其中尤其细致描述了解慕漱的面目。解慕漱和河伯的对决,其实是两个不同文化集团之间的对立,解慕漱走后河伯将柳花的嘴唇拉长变成鸟嘴,以示惩罚。鸟属于天神系,这种惩罚是与河伯集团相区别的标志,同时也是解慕漱的象征。①

　　城北边有青河,青河是现在的鸭绿江。河伯有三个女儿,长女是柳花、次女是萱花、小女儿是苇花。三个女孩出青河游在熊心渊。她们很漂亮,佩玉银铛,她们的样子像汉皋一样。打猎的王解慕漱看到她们后,迷上了。王对左右人说"娶来当王后,能得到后嗣"。看到王的三个女孩为躲避王进水去了。左右人对王说"为什么大王不盖宫殿,等她们进去,拦住她们?"于是王用马鞭勾地上,突然有了辉煌的铜室。房间里准备三个座位和酒桌。女孩们喝醉的时候王出来拦住女孩们,女孩们大吃一惊,逃跑中长女柳花被抓住了。大怒的河伯派使者告诉王:"你是什么人? 为什么抓住我的女儿?"王回答:"我是天帝儿子,现在求婚。"河伯又派使者说:"如果你是天帝的儿子,有求婚的意思,你应该通过媒人结婚。你现在抓住我女儿的行动太失礼的。"王觉得不好意思,想见河伯,可是又不能进河伯的宫。王想放柳花,不过柳花对王有了感情不想走。柳花告诉王:"如果有龙车可以达到河伯的国家。"王告诉天,过一会儿五龙车下来了。王和柳花一起坐五龙车的时候,借忽然掀起的风云达到河伯的宫。河伯以礼法迎接解慕漱后,坐着说:"婚姻的礼法是天下共同的规则。你怎么能做不礼貌的事,辱没我家门?"然后说:"如果你是天帝的儿子,有什么本事?"王说:"你可以试验我。"于是河伯变身鲤鱼,王变身水獭抓住它;河伯又变身鹿跑走,王变身豺狼追逐;河伯变身雄鸡,王变身老鹰。河伯才承认王是天帝的儿子,举行婚事。不过河伯怕王不带女儿走,所以他设宴让王喝醉。河伯先把女儿和喝醉的王放进小革舆,然后把小革舆放在龙车里了。这是为了他们两个一起上天去的理由。可是车还没出水前,王醒酒了。王用柳花的黄金鏊子在革舆上穿一个空洞,他一个人通过空洞上天去了。大怒的河伯对柳花说:"你不听我的话,终于使我的家门蒙受耻辱了。"河伯让左右人把柳花的嘴唇拉长三尺了。然后河伯给柳花两个奴才,赶她到优渤

---

① 林炳儆著,叶舒宪主编:《韩国神话历史》,广州:南方日报出版社,2012年,第115页。

水。优渤是水泽的名字，位于太白山南边。①

解慕漱的种种行为表示他与太阳之间的密切联系。太阳的运动轨迹是晨升夕没，解慕漱逃脱的时候就是通过革舆的小孔中透进来的光线回去的；朱蒙的诞生也是通过日光受孕产卵。解慕漱是太阳崇拜集团的首领，他和天帝、太阳是同一存在。从神话背后的现实文化意义来看，河伯和解慕漱之间在婚俗上的争议实为河伯集团的定居民族文化和解慕漱集团迁移民族文化间的对立，而这个矛盾是不可调节的，河伯对柳花的惩罚就是因为柳花对这种集团文化的背弃，最终柳花被降格为具有水神血统的凡人。朱蒙是柳花被流放到优渤水之后的存在，即朱蒙是天和地的结合，由此也具有天和人的中介者资格。解慕漱比朱蒙具有更加纯正的天神血统，但是却不能成为天人的中介者。这是因为基于现实和神话的逆转而引起的天神观念的变化，②就如同桓雄与檀君、解慕漱与朱蒙的关系，现实中更重要的存在是朱蒙和檀君。

> 渔师强力扶邹告金蛙王："近来有东西偷鱼梁的鱼，不过不知道它是什么动物。"金蛙使渔师拉网，可是网子裂开了。再做铁网，拉铁网后发现一个女孩。因为她的嘴唇太长不能说话，三次拉下嘴唇后她才说话。③（《东明王篇》）

柳花的降格是朱蒙神话的必要条件，柳花流放至优渤水后被渔师打捞，金娃助她恢复了原样。水在此象征着一种通过的仪式，从神格到神圣血统的凡人的降格。柳花是朱蒙成长的助力，在朱蒙神话中她没有提供任何神力的帮助，只是在出发建国时送上五谷的种子（农耕文化）。朱蒙从扶余逃走，到淹滞水（在鸭绿江东北边）的时候无法渡江，就响鞭诉天表明自己是天帝的孙子、河伯的外孙的身份，紧接着鱼鳖出现化桥，助朱蒙顺利渡江以及击退追兵。渡江象征着神圣的显现，而非低俗到神圣的转换，这种区别对于水的象征意义至关重要。朱蒙的神圣来自父母的血统，水的通过仪式是神圣的隐蔽到显现的过程，巴什拉说："水这面镜子的心理用途：水可以用来使

---

① 译文转引自林炳僖著，叶舒宪主编：《韩国神话历史》，广州：南方日报出版社，2012 年，第 107—108 页

② 林炳僖著，叶舒宪主编：《韩国神话历史》，广州：南方日报出版社，2012 年，第 124 页。

③ 林炳僖著，叶舒宪主编：《韩国神话历史》，广州：南方日报出版社，2012 年，第 108 页。

我们的形象自然化,可使我们自傲的心灵深处的静观得以返璞归真。"①水是升华本我的力量,也是本我的观照,这种力量和观照衍生出众多水的仪式,这种水的仪式在韩国还体现在井意象中。

（2）赫居世神话

井水不同于自然中的水。井是人文的体现,是定居的象征。在韩国文化中,井和龙信仰有关,龙信仰又与祈雨、祈子相关。《新增东国舆地胜览》记载:"寺名曰浮石,东有善妙井,西有食沙龙井,旱则祈雨有应。"②在韩国的传说中还有妇女窥井得子的说法。井还是龙宫与人界的通道,韩国的内陆地区有对泉井的祭祀。在韩国的民俗信仰中,妇女多会于正月里在鸡鸣时打井水,她们认为正月前一天晚上龙会在井里产卵,用有龙卵的井水做饭,可保家人全年如意。韩国人的井信仰与井边氏族诞生神话有关。

> 前汉地节元年壬子三月初一,六部的祖先带着子弟聚集在阏川丘。他们商议说:"我们因为没有君主,不能治民。所以老百姓又放肆又任意。我们要找有德的人,拥立君主,建国定都。"于是他们登到高的地方看南边,那时在萝井边旁边类似电光的气从天垂地,那儿有一匹白马仿佛跪拜的样子跪坐。人们走近那儿察看,那里有一紫卵(或者青大卵)。看见人的马长嘶后升天了。剖其卵得到端正漂亮的男孩子。惊讶的人们把男孩子带走,在东泉给他洗澡,男孩子的身上发出光彩,禽兽跳舞。不一会儿天地震动,日月变清明了。照此叫他"赫居世王"(赫居世估计是乡言,又叫"弗矩内王",意思是光明理世。解释的人说:"这是西述圣母诞生时的事。所以中国人赞扬赞仙桃圣母说生贤人建国。"而且鸡龙显现祥瑞后生"阏英"故事也说到仙桃圣母的出现)。以及以居瑟邯定位号。于是当时人们争说"天子降临了,应该找有德的女孩,把她当作配偶"。那天在沙梁里阏英井边(又叫娥利英井),鸡龙出现从左胁生了女孩子(或者说鸡龙死,剖它的腹部得到女孩子)。虽然女孩子漂亮,可是她的嘴唇类似鸡嘴。因此在月城北川给她洗澡,拨了嘴。所以其川叫拨川。之后在南山西麓建筑宫室养了两个圣婴。男孩子以卵生,卵类似瓠,乡人叫瓠朴,所以以朴姓定男孩子姓氏。以女孩子出现的井名起女孩子的名字,就是阏英。(《三国遗事(第一)·

---

① ［法］巴什拉著,顾嘉琛译:《水与梦——论物质的想象》,长沙:岳麓书社,2005年,第24页。
② （朝鲜）李荇等:《荣川郡》《新增東國輿地勝覽》(卷25),1611年,www.nl.go.kr(韩国国立中央图书馆)/2020.10.12。

新罗始祖赫居世王》)①

赫居世是日光"电光之气"所生之卵,还有守护的白马飞上天的描述,表明他具有天神(太阳)的血统。而其在井边的诞生表明,水具有天人媒介的功能。当时的六村是农耕文化,水在农耕社会中具有极其重要的作用,因此赫居世可以说是天和人文之水的结合。赫居世经过"洗澡"后"天地震动""日月清明",表明赫居世天神之神格到具有神圣血统的人格的转变,"洗澡"就是一种类似洗礼的水的仪式。

阏英是鸡龙左肋中所生,是胞胎生。龙表明阏英具有水神血统,鸡是定居民族的家禽,象征农耕文化。林炳僖将鸡解释为凤凰的模型,认为鸡象征新罗人本身,即从天而下的天神崇拜族的神话意象。② 另一方面,盘古神话中"天地混沌如鸡子"也为鸡与天的渊源提供了证据。作为天和水结合体的阏英同样通过"洗澡"的仪式洗掉"鸡嘴",完成了神格到人格的转变,即神圣的隐含到神圣的显现。

天和水的结合喻示具有神圣血统的非凡贤王的诞生,其背后其实是外来文化与土著文化、游牧文化与农耕文化的结合。朱蒙善于骑马、弩弓狩猎,赫居世是在白马的守护下降生人间;柳花为朱蒙提供五谷的种子,阏英是鸡龙所生。这种对立结构在神话中通过结合为统治阶级提供了神圣的现实性,正如米尔恰·伊利亚德所述:"神话比任何理性的经验都能够更加深刻地提示神圣性的现实结构,这种神圣性超越一切属性并且将一切对立面统一起来。"③

3.重生与水的空间旅行——Bali 公主神话

巫是韩国自古代保留至今的传统宗教形式,韩国巫属萨满信仰,简言之,萨满就是沟通人界和神界的媒介。萨满主要通过两种方式与神沟通:一为他界旅游(journey of otherworld),即出神、迷幻(ecstasy);二为附体(possession)。一为魂离肉体上天入地,主要表现为垂直的世界观;二为降神,韩国巫主要采用这个方式,概言之,就是在魂不离身的情况下,神在巫堂身上降临,是水平的世界观。韩国传统巫歌(口述神话)Bali 公主就是他

①　译文转引自林炳僖著,叶舒宪主编:《韩国神话历史》,广州:南方日报出版社,2012 年,第144 页。

②　林炳僖著,叶舒宪主编:《韩国神话历史》,广州:南方日报出版社,2012 年,第 148 页。

③　[美]米尔恰·伊利亚德著,晏可佳、姚蓓琴译:《神圣的存在——比较宗教的范型》,桂林:广西师范大学出版社,2008 年,第 392 页。

界旅游模式,但却呈现出水平移动的特点。水在神话中以需要跨越的空间界限存在,成为重生和救赎的象征。神话的内容是 Bali 公主为了生病的父母,去西域历尽苦难,取得生命水救活父母的故事,神话版本众多,主要情节如下:

> 昔有大王治理大星山,大王夫人生有六女,大王望得一子继承父业,谁料第七子仍为一女。大王大怒,将女婴装于玉箱扔到大海,为其取名 Bali①。Bali 公主幸获老夫妻所救,并将其抚养成人。15 年后,大王夫妇重病缠身。占卜测唯有西天西域国生命水(药水)可救二人一命,六公主无人从之。于是乎寻到 Bali 公主问其意,Bali 为报父母恩情决定前往西域。Bali 起身前往,但无路可循,后遇释迦摩尼。释迦摩尼感于其孝心,送其一花一金杖。Bali 初寻到八万四千地狱,地狱怨声载道,Bali 摇动释迦摩尼所赠之花,地域罪人重获自由,Bali 念佛助其极乐往生。后 Bali 途遇茫茫大海,于是投下金杖,以此架桥渡过大海。大海对岸 Bali 遇到路标,路标要求公主锯木三年代路费,烧火三年代火费,打水三年代水费,九年后 Bali 又与路标生下七子。Bali 得生命水、开眼草、生命花后欲回大星山,路标、七子与其同行。众人回到大星山,却见大王夫妇已去。Bali 用所得之物救下父母。大王夫妇复活,欲让半国报 Bali 之劳苦,Bali 婉拒,只道愿成巫师超度死者灵魂,后 Bali 达成所愿。

西天西域国象征死亡的世界,死后世界(阴间、黄泉)和现世世界在朝鲜语中分别叫作"이승"和"저승","승"的词源为"生",后音变为"승",因此现世和死后世界音译为"这生"和"那生",即二者都是生的领域。这一代词的对立表明,生的世界和死的世界是空间的延伸,是韩国人基于现世对死后世界所作的想象。那么生和死如何界定? 在 Bali 神话中,大海作为重生的象征跨于生和死之间。神话中出现了两个大海意象,一为"漂流"意象,Bali 公主被扔至大海面临死亡;二为"跨越"意象,出现在临近西域国(死后世界)时。"漂流"指身体在大海上(空间)的移动;"跨越"表示障碍(空间)的通过,金杖变"架桥"就是助 Bali 越过障碍,二者都是水平方向的空间移动,而没有真正死亡的意义。大海介于生的世界和死的世界之间,这种空间的延伸感拉远了生死的距离,大海体现为抵达彼岸时必要的通过仪式。

---

① Bali 为舍弃之意。

Bali 公主神话并未出现真正的死亡,而是 Bali 的空间旅行,神话的重点并不在于描述生死世界的不同,这与中、日两国的神话截然不同。如中国神话中的"羽化成仙",水的接触导致身体的消失;或日本的黄泉神话,伊邪那岐命看到妻子腐烂的尸体后急忙逃回比良坡。Bali 神话重在描述"这生"和"那生"的 Bali 的生活情况,而生活本身其实是针对现世而言的。Bali 到了西域国之后从事的劳动完全是韩国当时男权社会下劳苦妇女的生活状态——砍柴、烧火、打水以及传宗接代。可以说,Bali 救大王父母性命的生命水,其实是当时广大女性对自身的救赎,即困于劳动和生育的生活压力,却又不得其解的无力感。① 而通过生命水的获得,Bali 成为了具有身份的巫女,之前的一切苦难便成为必须经历的考验,因此生命水又具有治愈的意义。

表 3.1　Bali 公主神话母题分析表

象征	男权社会	重生仪式	男权社会	重生仪式	男权社会	治愈、重生仪式	女性的救赎
神话母题	大王舍弃 Bali 公主	大海(漂流)	Bali 与老夫妇的生活	大海(跨越)	与路标的生活	生命水	Bali 成为巫师
宇宙划分	这世(现世)	界限	这世(现世)	界限	那世(西域国)	界限	这世(现世)
Bali 身份	公主	身份的下降	公主血统的凡人	身份的下降	劳动女性	身份的上升	巫师

如上表 3.1 所示,水作为重生的仪式表现为两种形态,一为大海意象,二为生命水意象。这种水的重生与生死的宇宙观划分无必然联系,换言之,水并不代表生死的转换,重生并不意味着从死亡世界的复活。但水的重生仪式却能带来身份的变化,大海意象带来下降式的身份变化,生命水意象带来上升式的身份转变。这种下降式的身份变化在朱蒙神话和赫居世神话中表现为江意象和井意象,这些神话中的江、海、井都无空间的穿越,如沉入水底、溺亡等死亡象征,而只是表现为空间的移动,即水面的通过。米尔恰·伊利亚德说:"水是重生过程的起点,世界和人自身都无法重生,直到先投入深水中,回到混乱、无序的境地,然后以全新的生命浮出水

---

① [韩]한국구비문학회편:《구비문학과 여성》,박이정,2000 年,第 132 页。

面。"①重生的水意象是"投入意象"到"浮出意象",其内涵是回归到新生。Bali 神话中的水意象缺少回归到新生的过程,神话中与水的接触方式是象征性死亡的体现。

对死亡的排斥说明韩国人的重生观是对现世的观照,Bali 神话与其说是 Bali 与死亡的斗争,不如说是与现实、命运的搏斗。生命水带来身份的上升是由于生命水的治愈特征,这种治愈是相对现实而言的,Bali 通过努力不但救活大王夫妇,而且还赢得了应有的社会地位,从被舍弃到被尊重,是对男权社会的反败为胜。综上所述,韩国神话中的重生是相对现世的救济。韩国巫祭拜的神大多数为含冤而归的人,可以是民族英雄,如李舜臣将军、关羽;也可以是含冤而死的女鬼。鬼在韩国文化中指因无法纾解现世的怨恨,而到处游荡的死灵,因此韩国巫的治愈功能大于信仰功能。在韩国语中死亡叫作"돌아가다",表示回去、回归。这正是处于现实困境中的韩国人想通过那世的生活想象纾解现实挫败感的心理写照,是韩国人独特的精神胜利法。

4.重生的仪式——兄妹婚洪水神话

韩国的洪水故事一直以口传形式流传下来,直到 1920 年才搜集到有关洪水的纪录。韩国的洪水故事根据内容可分为地名由来型、人类再起源型、恶人惩治型。② 其中最具神话性的是人类再起源型神话。손진태在论述韩国洪水故事由来时推论,韩国的洪水故事起源于中国,其源头可追溯至唐朝笔记小说《独异志》在韩国的传播,受到中国影响的韩国洪水故事主要有:兄妹婚传说(西南少数民族传说)、木道令传说(佛教)、广浦传说(石狮眼红告知洪水预兆)。③ 韩国将来自中国的洪水神话架接在本土的自然和人文环境中,体现为以下两种特点:一是韩国的洪水传说呈现局部性特点,即洪水泛滥的涉及范围小,以山村为单位,洪水与地名的由来息息相关;二是韩国洪水传说特别是人类再起源传说缺少对洪水原因的说明,既没有人的堕落,也没有神的旨意,洪水被认为是无原因的自然灾害。基于这种认识,韩国传说中的洪水意象又体现出两种内涵:一为洪水的漂浮意象,主要描述洪水泛滥的程度;二是在人类的再起源洪水神话中,洪水象征

---

① ［美］包尔丹著,陶飞亚、刘义、钮圣妮译:《宗教的七种理论》,上海:上海古籍出版社,2005 年,第 230 页。

② ［韩］박계옥:《한국 홍수설화의 신화적 성격과 홍수 모티프의 서사적 계승 연구》,조선대학교박사논문,2005 年,第 46 页。

③ ［韩］손진태:《韓國民族説話의 研究:民族説話의文化史的研究》,乙酉文化社,1982 年,第 14—19 页。

重生的仪式。

(1)象征力量的漂浮意象——地名由来型传说

这一类的洪水传说的主要内容为洪水的泛滥程度,天地被洪水浸没,未被淹没的存在物成为地名的由来。传说的叙事内容为洪水(海啸)的发生、天地被洪水淹没、幸免遇难的存在物、地名的由来(表3.2)。

表3.2 山名、村名由来型传说分析表①

洪水传说分类	未被淹没的存在物	地名的由来	漂浮意象
钩子峰传说(Goribong)	山顶	山顶形状如船钩	水中山
德大山传说②	终南山顶、德大山	"德大"在朝鲜语中意为"牛背苫子",未被淹没的德大山形如牛背苫子	水中山
行舟型传说	村子	村子的形状为行舟形(村子周边为水)	水中村
洪水移山传说	山、村子	山漂浮到村子,从此山以村子为名	浮山

这类洪水传说从地理学的角度论述洪水自然发生的过程,缺少对洪水根源性探究的意图。传说既没有明确的发生时间,也没有关于引起洪水原因的描述。"洪水移山传说"与其他三个传说不同,这里洪水是导致山移动的原因。山与宇宙起源相关,盘古神话中的昆仑山是生命的始源;日本文化中山是灵魂之归处,即山象征生命的根源和宇宙秩序的根本。山的移动本身就代表创世神话的性质,山移动到村落被固定下来,表明村落的起源。③从空间观解释创世可以分为两个过程,从混沌世界的脱离以及到新世界的移动,从这个意义上说,洪水象征宇宙秩序的起点和终点。

中国也有"漂浮"传说,《太平寰宇记》描述山东东阿县浮山时说:"故老相传云,尧时大水,此山浮于水上;时有人缆船于岩石间。今犹有铁锁存焉。"④《浮山县志》以"相传洪水横流时,此山随水消长,故名"⑤,以此描述山

---

① 该表的洪水传说分类,请参考[韩]박계옥:《한국 홍수설화의 신화적 성격과 홍수 모티프의 서사적 계승 연구》,2005年,第64—74页,"地名由来洪水传说"部分。

② [韩]韩国精神文化研究院编:《韓國口碑文學大系》8—7卷,第532页,见 www.nl.go.kr(韩国国立中央图书馆)/2020.10.12

③ 千惠淑:《여성신화연구(Ⅰ)》,《民俗研究》Vol.0,No.1,1991年,第215页。

④ 黄芝岗:《中国的水神》,北京:生活·读书·新知三联书店,2012年,第144页。

⑤ 黄芝岗:《中国的水神》,北京:生活·读书·新知三联书店,2012年,第144页。

西省临汾县的浮山。京房易传曰:"山默然自移,天下兵乱,社稷亡也。"①即山在神话中象征宇宙秩序,山的自移是原秩序的破坏,在此引申为国之根本动摇的前兆。

山名、村名的由来与洪水的破坏力有关,这类洪水传说不涉及任何洪水发生原因的叙述,"发洪水"②的"发"的动词表达呈被动态,表明洪水是从外流入的。在洪水移山这类传说中,的确蕴含关于宇宙起源的神话思维,但从叙事上看也只是将"发洪水"作为一个事件加以确认。这与中国神话中的洪水意识明显不同,大禹治水中的洪水不是一个事件,而是精神的象征;中国的"漂浮"传说中浮山是一种预言,即洪水作为一种隐喻明确体现在传说里。这种洪水叙事的差异与其地理条件和文化背景有关。首先,韩国山地多,平地少,山区的面积占国土面积的70%,因此人对洪水的观察只能是小范围(村)的,这与中国大陆大面积的洪水灾害不同。其次,省略引发洪水的原因,是将洪水看成自然灾害,这种解释符合传说的叙事,但并不仅限于此。韩国民俗中有"万事皆因鬼神而起"的信仰,妄论神秘、超越性事件是一种不测,触犯不净的人终究会遭遇不测,这是韩国巫俗信仰的民族心理。③

(2)重生的仪式——人类再起源型传说

①昔日发生大洪水,世界变成了海洋,只有一对兄妹生还。

②兄妹漂到山顶。

③为了种族繁衍决定结婚。

④妹妹将雌石磨(有窟窿的那层石磨)滚下山,哥哥把雄石磨滚下山。(或在松枝上点火,或合血)

⑤雌石磨和雄石磨重合在一起。(松枝上的青烟在空中合在一起)

⑥领会天意,结婚成为人类始祖。④

韩国的人类再起源洪水神话是中国神话的变形,诹访春雄认为韩国的洪水神话与中国相比,缺少引发洪水原因、躲避洪水的工具、生子异常以及

---

① (晋)干宝编著:《搜神记》,北京:中国画报出版社,2013年,第74页。

② "发洪水"韩国语叫作"물이 들다"。

③ [韩]朴正世:《한국홍수설화의 유형과 특성》,《신학논단》23,1995年,第239页。

④ [韩]손진태:《韓國民族説話의 研究:民族説話의 文化史的 研究》,乙西文化社,1982年,第8页。

碾碎生出物等因素，不是完整的类型①。这是基于洪水神话的母题分类而言，将某一个特定的洪水神话作为标准模型的判断依据，其基本思维是将洪水的发生与人类新宇宙秩序看成是因果论。因果论必定是要趋向两个事件的关联，而非分离。人类起源神话的产生早于洪水人类再起源神话，那么洪水的发生与人类再起源必须有某种必然的联系。一般洪水神话中的因果论在普遍意义上都是将重点放在洪水发生之前，即什么导致洪水的发生。而洪水与人类再起源模式之间却缺少必然的关联。这一必然性的关联包括两个方面，一为创世原理的象征，洪水的出现与新宇宙秩序的再创关联；二为母体的象征，与人类生殖相关。从这一点来说，韩国洪水神话虽然与中国同源，但是却按照自己的文化传统和思维方式传承下来。

天地王本 Puli 中的生命观是气→阴阳→两性→万物的过程，与万物生成即创世直接有关的是两性结合的原理。人是这一原理的实体，是现世的合理存在，只有人才可以代替"天"管理现世。"雌石磨"和"雄石磨"就是两性结合创世原理的运用。无手无脚的"肉块"并不是现世的存在，在盘古神话中它是一个混沌的象征，而在韩国它是现世中的不寻常存在。基于韩国神话中对人的定义，异常的人——"肉块"想当然就不能出现在现世，否则就是对自然秩序的破坏。在中国，混沌的未分离状态——"肉块"是催生万物的动力所在，而在韩国，分离后的两性结合则意味着万物之源的形式。

创世思维是神话的神圣性所在，韩国洪水神话便是证明人之神圣性的故事。Na Gyeongsu(나경수)在描述韩国洪水神话的神话性时说："兄妹婚符合讲述最初起源或创世的神话的一般性特点，并且有赋予兄妹以先祖神神格的动机。即使传说中没有出现神，也因为这种动机将兄妹看成神。兄妹婚传说将兄妹塑造成始祖神，基于这一点兄妹婚传说具有充分的神话性。"②因此血缘关系的世俗兄妹到始祖神兄妹的转换是韩国洪水传说的主要内容。在一般性世界洪水神话中，都会出现船或船类（葫芦等），并且对救援过程作详细地描述。在韩国洪水神话中只出现有山，并对救援过程没有过多的描述，救援意象不明确。在中国兄妹婚洪水神话中同时出现逃生和在山顶的情景，逃生工具有船、葫芦、木箱、鼓等，其中出现最多的是葫芦。③

① ［日］诹访春雄：《亚洲的洪水神话——日本、中国、朝鲜、印度的相互比较》，白庚胜、叶舒宪编著：《神话中原：2006 中国神话学国际学术研讨会论文集》，郑州：大象出版社，2008 年，第 375 页。

② ［韩］나경수：《남매혼설화의 신화론적 검토》，《한국언어문학》第 26 辑，1988 年，第 198—204 页。

③ 闻一多：《伏羲考》，《闻一多全集》1，北京：生活·读书·新知三联书店，1982 年，第 67 页。

葫芦比船更原始,葫芦本身的特性以及古时在中国日常生活中的广泛应用
促使它成为神话母题。葫芦是逃生和再创人类的空间。山象征宇宙中心
轴,是通向天的神圣之地。基督教徒认为基督被钉死之地——Golgotha 就
在宇宙山顶上,米尔恰·伊利亚德说:"这种宗教观念是将属于我们的特权
地域投射在宇宙山顶的结果。"①在韩国,山是与神(天)沟通的神圣之地。洪
水后兄妹停留在山顶上,是为了通过与神的交流,达到从世俗的兄妹到人类
起源始祖的转换,即山顶是从世俗到神圣的通过仪式。这些仪式就是天意
测试的过程,通过天意的测试,兄妹的灵魂得到净化,完成神圣的人的重生。
从测试天意的工具来看,石磨是粮食加工的工具,上石为天,下石为地,象征
变化的宇宙,即宇宙的新秩序。点火是诞生和再生的象征,结婚、诞生日的
典礼中火象征人的重生,即点火是创造的行为和祭品的供养,是行为的统合
和再统合的重演。② 因此,测试天意的行为其实是一种净化灵魂的仪式,是
为了重生的象征性行为。

　　总体来说,韩国兄妹婚洪水神话与神没有密切的关联,逃生与神的旨意
及帮助无关,兄妹是幸存的人类,而不是被神选中的存在。山上的神意测试
也只是为了重生到人类始祖的通过仪式。因此,韩国的兄妹婚神话其实是
关于人类在大自然的灾难中如何存续生命的传说。石磨是人类文明的延
续,笔者认为这是意图性的,是对近亲结婚伦理性的思考。兄妹婚传说在韩
国的传承过程中也带来了一些变化,名为"战争兄妹婚传说",但洪水的重生
意象并未改变。其基本叙事为:(1)壬辰倭乱之时;(2)兄妹避难并存活下来
了;(3)兄妹死后就无法传宗接代,二人滚石磨询问神意,石磨重合,二人结
为夫妇;(4)兄妹夫妇的子孙成为这一姓氏的始祖。③ 除了洪水被战争代替,
其他神话与兄妹婚洪水神话无异。战争代表破坏与毁灭以及新生的可能,
从这个意义上讲,战争代替洪水具有合理性。战争(洪水)—兄妹婚—始祖
的链接在传说中必不可少。战争(洪水)是兄妹婚的条件,始祖通过神圣化
将兄妹婚合理化。兄妹是一源支流,后又以结婚的形式使两性结合,即它是
韩国神话中形成万物的原动力所在,这一创世原理必须以世界的破灭(洪
水、战争)为前提。

---

　　① ［罗马尼亚］M.엘리아데著,이은봉 옮김译:《성과 속》,서울:한길사,2003 年,第 68 页。
　　② Cooper,J.C,이윤기 译:《세계문화상징사전》(An Illustrated Encyclopaedia of Traditional
Symbols),서울:까치,1994 年,第 135—137 页。
　　③ ［韩］박계옥:《한국 홍수설화의 신화적 성격과 홍수 모티프의 서사적 계승 연구》,조선대
학교博士论文,2005 年,第 59 页。

有一对无父无母兄妹。有一天突下阵雨，水越积越多，江水涨的特别厉害，哥哥背着妹妹渡江，在渡江时哥哥看到妹妹身体，无法抑制心头的欲望，感到羞愧自责，最后砸碎自己的性器。妹妹得知缘由悲痛万分，喊出"dal rae na bo ji（달래나보지）"①，忠州 dalrae（달래）江由此得名。②

这则传说并不具有神话性，但可以从中窥见对近亲结婚的看法。洪水神话中的始祖这一要素不仅是神话性的体现，更是对近亲婚的排斥。看到妹妹身体的哥哥感到了性欲，觉得万分羞耻，于是就通过打碎性器官的惨烈方法结束生命，人伦与生命划上了等号。可见洪水产生的近亲结婚是一个禁忌领域，韩国的洪水神话将重点放在天意的实验上，以及洪水引起的世界的终结，以此逃避或隐藏的方式试图回避近亲婚姻。韩国民间洪水传说中近亲以悲剧收场，正是证明了这一点。当然对近亲婚姻的排斥不仅限于韩国，它是相对于自然的人的文化特征，但在韩国的传说中将其作为主题叙述，并且将人伦等同于自然生命，这种现象并不多见。因此韩国神话中的兄妹婚只是一种通过的仪式，表现人类再创造的神话属性和原理。总而言之，在中国神话中洪水是创世的前提，而韩国的洪水神话更趋向于现实的合理性，兄妹婚的叙述演变成人面对灾难时的智慧。

第四节　水意象与生命动力——东亚神话水意象比较

人类意识的主要功能是象征符号，随着历史的推进，人类的象征符号不断积累和丰富，已隐没在层层叠叠的人类文化中。神话作为人类最原初的文化形态，保留着最原初、最深层的文化信息。水作为神话中频繁出现的元素，在东亚各国中具有不同的象征手法，而这种象征符号背后潜藏着深层的文化意涵，如下表 3.3 所示。

---

① "달래다"是动词，为"劝解"之意。该句可译为："你怎么不和我说说啊"，表达悲痛惋惜的感情。
② 原文为口述资料，文本由笔者整理。韩国中央文化研究院编：《달래강의 유래》(한국 구비문학대계 개정증보 구술자료)，2010 年。www.nl.go.kr(韩国国立中央图书馆)/2020.10.12。

表 3.3 东亚神话水意象比较表

主题/国别	中国	生命动力	日本		生命动力	韩国	生命动力
水与创世、创国	胞胎水、洪水	水为母体，即生命的源头，与混沌重叠	海中苇芽	搅动、海水	水是死亡和生（重生）的媒介，生命通过水从死亡中诞生	青露、黑露合二为一	水是两性结合生殖原理（人）的体现
象征意义	混沌、阴阳和合		混沌	阴阳和合、两性结合		阴阳和合、两性结合	
水与人类起源	洪水		漂流（水蛭子）				
象征意义	母体、创世原理		重生仪式				
水与人类生殖	沐浴、饮水、流入、浣纱		流水、洗衣、吞水中物、沐浴			洗衣、沐浴、窥井、吞水中物、饮井水、鸡龙	
象征意义	母体、生殖力		仪式、天界通道、生命力的恢复				
备注	生殖母体为人；人、治水英雄（禹、契）的诞生		生殖母体为物（竹、瓜）、老妪恢复生殖力生子；高贵身份（瓜子姬）、非凡能力者的诞生（桃太郎）			母体、生殖力、生殖力恢复	
水与建国						生殖母体为人；始祖、高僧的诞生	
象征意义							
水与治水	洪水、淹水、雨		洪水（大海的高潮）、淹水、海水、清水			渡江、洗澡	
象征意义	能量、德、权利		丰饶、力量			仪式（神圣的隐含到神圣的显现）	
备注	人与自然的对抗		山、海、地的领地相争				
水与死亡世界	洪水		洗涤			漂流、跨越（渡江）、洪水、雨	
象征意义	重生、创世原理		死亡与生命的诞生			重生的仪式、身份的上升或下降	

　　水是生命的内在原动力,神话中水与生命的连接源自古人的生活经验,源自水对生命存在的重要认识,这种对水的生命性体验经过朴素的升华,在神话中体现为生命的象征。就如叶舒宪在《水:生命的象征》中所说:"它的根源深深地埋藏在史前人类的有限经验之中。原始人从观察中得知,鱼儿离开水就丧生,动物和人也必须时常饮水才能生存,就连草木离开了必要的水分也会干枯而死,于是,根据原始思维的推论,水就成了一切生命存在的条件:生命有赖于水,甚至是得之于水的。"①

　　中国神话中水是母体象征,孕育着生命的源头,盘古神话中的"胞胎水""混沌"是同一的存在,是促使生命形成的内在原动力。在人类再起源洪水神话中,洪水是母体的象征,同"葫芦""肉胎"一样孕育生命。在水生人神话中,女人作为生育的主体,在与水的接触中繁衍生命,并生下了治水英雄禹和契。大禹治水神话表现为人与洪水的对抗,其实是体现人对生命的追求以及人与自然的协调。天有好生之德,生命存在本身就蕴含着一切可能性,大禹的治水成功是人与自然在生命观上的统一。中华文明起源于黄河流域,生活在黄河流域的人们不但受到旱灾的威胁,还要每年遭遇暴雨洪水的威胁。特别是对于封闭的内陆农耕社会来说,水的存在与人和农作物的生命存续有着致命的关联。《老子》曰"谷神不死,是谓玄牝"。"谷"与水有关,在马王堆出土的帛书本和古河上公本等中"谷"都写作"浴"。叶舒宪和萧兵对此作了解释:"当溪谷注满了生命之水,进入了一种永恒境界之时,它就跟万物的生殖器官'玄牝'(原指女阴)合二为一,成了天地的根源,绵然长存,不干不竭。"②可见中国人对水的生命想象来自谷物,水是庄稼生长的保障,同时也为人的生存来源提供了保障,水对于庄稼来说是生命最原初的动力。"谷神不死"意味着谷物生命水源的永生,这样以谷物为食物来源的人们才有了生存的保障。这种生命源头意识与玄牝(女阴)发生关系,孕育万物的生命器官玄牝承载了无形的生命动力,成为天地万物的根源。初民通过具体生活经验发现母体在生命繁衍过程中的重要性,这种对生命源头的意识与谷神永生重叠,由此水成为母体的象征。水之于谷物,就如同血之于人。盘古神话中盘古垂死化生为万物,江河湖海是盘古的血液,创世之神盘古的血在人世间化作水,延续着巨大的宇宙生命能量,这种能量与母体合二为一,促成生命能量的传递。禹和契的出生以及治水

---

　　① 叶舒宪:《水:生命的象征》,《批评家》,1988 年第 5 期,第 66 页。
　　② 萧兵、叶舒宪:《老子的文化解读——性与神话学之研究》,武汉:湖北人民出版社,1994 年,第 553 页。

是强大宇宙能量的体现,大禹治水成功便是生命意识的胜利。归根结底,中国神话中的水是处在农业文明社会的人们对自身的生存问题所作的根本性思考。

水介于死亡和(生)重生的分界点,死亡必然会带来重生,生命也必然会迎接死亡,生命便在生死的不停更替中保持生的活力。日本神话中的水通过清除污垢回到原初生命的活力,灵魂的不净和净,死亡的污秽和重生的生命力,像京都势如破竹的鸭川一样,始终被置于时间的水流中,即生命的诞生是以死亡、污秽、不净为起点的,死亡是生命力的母体,水通过洗涤不净繁衍生命。根据《古事记》,"海中苇芽"描述的是一片死寂的原初之海中生出苇芽的情景,即死亡中孕育着生命迹象,这时世界还处于混沌之中。在创国神话中,二神搅动海水,矛上的水滴在海中就成了淤能基吕岛,即通过搅乱原初之海的原秩序而创造了岛。"海中苇芽"到"海中岛",是生命迹象的重生,这一过程伴有不净的洗涤。搅动海水是死亡的破坏,矛上的水滴实为盐——凝固的海水,具有祛除不净的功能。《黄泉国神话》中因思妻心切追到黄泉的伊邪那岐命,在看到伊邪那美命的不净(尸体上的蛆虫)后,通过禊祓——洗涤身体,生了包括三贵子在内的十四个神。死亡连接的不是原有的重生,而是新生命源源不断的诞生,新的诞生和旧的重生在经历不净后便合为一体。日本人将他界看成以死亡为支点的时间性概念,死亡是起点,那么死亡必然会带来生命的更新,生命就是死亡的未来。这种生命意识与日本的自然环境有关。日本四面环海,水资源丰富,水与人的生存问题没有中国那么迫切。从日本地势上看,日本的水流湍急,水域狭窄,具有极好的清洁力,因此在古代日本,江川是天然的"垃圾场"和"公厕"。由此,古代日本人将水的清洁力和一去不复返性凝聚在水的生命更新意识上。江户时期,京都人就将尸体放入水中水葬,并相信水会将人带到神所在的地方,得以重生。二神两性和合生出的水蛭子是一个畸形儿,未被列入子嗣。但是经过水流的洗礼,重生为保护渔民的神。这则神话通过否定两性结合,来进一步说明死亡诞生生命力的原始思维。日本的自然灾害频繁,更无规律性可言,突然而至的自然灾害瞬间就会让一切万物坍塌,这种自然环境锻炼了日本人的心智。生命终将失去,万物终将破灭,死亡变成一种常态,随之而来的新生也成为一种常态,只有从死到生的生命轮回才是永远的生。另外,由于日本平地少、山地多的特点,此不利于农耕蓄水,因此他们更注重的是水的利用,而非水源的充足。在洪水神话中的兄弟争斗,其实是渔民和山民对水资源的争斗,二者的争斗从海幸的胜利到山幸的反扑,是水循环过程的神话演绎,最后的胜利取决于对水的驾驭能力——海神,这是古代日本人在水田耕作中对水利用的观察的体现,因此水在神话中又是丰饶的象征。

　　韩国神话中的水的生命动力在于两性结合的原理,在创世神话中青露和黑露的阴阳结合衍生万物,而人是两性结合的最佳体现,因此人本身包含自然秩序。创世神话中天地王通过与聪明夫人生下大小星王解决管理世界的任务,天地王通过大小星王传递宇宙生命的能量以及某种特权。因此水就体现为生殖力象征和身份的象征。韩国神话中没有一般人类起源的神话,因为人本身就是创世原理的体现,神圣生命的存在。人的诞生神话是神圣血统显现的过程,水生人神话中诞生的人都是象征非凡身份的高僧和始祖。在韩国神话中井意象突出,民俗信仰中认为窥井可孕,并能生出具有非凡能力的龙子。赫居世王和王后都诞生在井边,表明他们是来自天的高贵身份。朱蒙是天神和水神柳花日孕而生的存在,显示他神的血统。朱蒙在建国之前遇到一系列神的"考验",他在遇到水的障碍时,通过表明血统得到了帮助,顺利渡江,渡江是神圣显现,即象征身份的仪式。赫居世和王后的"洗澡"也是一种身份的转换。身份的转换是以水为媒介,体现神格到人格的下降。创世神话中,天地星下凡与聪明夫人生子,从上至下的空间移动是为了完成现世的管理,宇宙的创作原理通过下降的空间移动达到身份的转换,而通过身份的转换,人具有现世的特权。水通过空间转换完成神格到人格的下降,继而达成宇宙生命能量的延续,即在人间管理现世。Bali 公主在取生命水的过程中通过被父母丢弃于海的过程,完成从神格到人格的转换,之后再通过渡江,从现世过渡到那世,最终通过努力获得生命水,得到了现世的救赎。韩国神话中的重生并不涉及真正的死亡,与重生有关的均是不沉入水底的"漂浮""渡江"意象,重生不是生命力更替的过程,而是神圣血统显现的过程。

第四章　东亚文化水意象

东亚文化圈是以汉字为基础的文化共同体。在古代东亚,汉字是理解和交流思想的媒介,日本语和朝鲜语同样是汉字思维和假名思维、Hangul(한글)思维的结合。风水思想和阴阳五行思想源自中国,扎根于日、韩各自的文化土壤中。因此,对东亚语言、风水文化、阴阳五行文化中水意象的考察,既是回顾日、韩两国对中国思想历史传承的过程,同样也是探讨日、韩两国在接受中国水意象的过程中如何与本国的水文化进行架接的。

第一节　东亚语言水意象

1. 水的词源

水在甲骨文中的字形为𣲖,造字本义为从山岩或峭壁上飞溅而下的山泉。在远古时代,水流的源头叫"泉";石壁上飞溅的山泉叫"水";由山泉汇成的水叫"涧";山涧在地面汇成的清流叫"溪";众多小溪汇成的水流叫"川";众多川流汇成的大川叫"河",最大的河叫"江"。可见"水"自开始就与山具有不可分割的关系。而且,从上述与水相关的词类的语源来看,其重视与"水"这一字源的传承性,并且形成了自上而下、由小到大的造字系统。如"泉"的原义为水流的源头;"海"的本义为"水之母,河流的发源地";"汤"的原义是"天然就具有温度的泉"。而泉—水—涧—溪—川—河这一过程又表明了从山(源头)到陆地,从单一到丰富的过程。日语中的水——"MIZU",从词源来看,大致有两种说法,一是源自朝鲜语中"水"的古语"믈",二者属同根语。二是认为来自"ミツ"(满、充),意为"事和物随着时间和空间的推移逐渐增加",由此又分化为"潮水长潮""雨水增长""满月""愿望实现"等含义。日语的"海"(umi)有两种语源,一是取"大水"(ohomi)的同音,二是认为源自"海边"(umikami)或"海境"(umisaka)中的"海"(u)音而成。日语的"河"(kawa)主要的语源之一为拟流水声"gawagawa",二是取"流动的河水日夜有所不同"之意,因此用表示不同的"kawaru"来代表河水。从词源来

看,日语的"汤(yu)"大致有两种说法,一是从火山爆发后温泉喷涌而出的形状来推测,从"涌"字取其音命名;或是从温泉和"水"的区别出发,认为"汤"是取"缓"的谐音而成,因为"汤"可以使人舒缓身体,而"水"让人蜷缩身体。二是根据折口信夫的说法,"汤"取其音,词源为"斋",这个音取自斋戒沐浴的古语,认为"汤"蕴含着自然的概念,即从热水变成温水之过程,此即代表自然。① 换言之,人之所以能从"汤"中体验到身体和精神的缓和,是因为它是一种顺其自然的过程。可以看出,日语的"水"类词语比起水的源头意识,更注重水本身的状态、样貌、变化。它并未像汉字"水"一样形成一个相对完整的造字系统,而是将每个水类作为独立的个体,这也可以解释为何同样一个"水",中文可以包括冷水和热水的含义,而日文中却要独立出"汤"的概念。

朝鲜语的词源可追溯至 15 世纪的"믈",新罗语中也标为"勿(믈)",而且朝鲜语中的"믈"与蒙古语、满语、日语同源。② 蒙古语的"mören"(江)、满语的"muke"(水)、通古斯语的"mu"(水)以及高句丽语中表示水和江的"只l"都属同一系统的词源。③

新罗语　믈(mul)

蒙古语　mören(江)

满语　muke(水)

日语　mizu(水)

表示泉的古代朝鲜语为"쉼l","술"意为圆形,意指水,经过了술임→令임→쉼l的变化过程。除此之外,与泉相关的古语还有"令옴"、"令암믈",意指流出。"쉼l""쉼l옴"是"流出"——"令l다"的名词形。④ 水作为一个名词性的物质,指的是圆形这一形状,由此引申出"流出"的含义。朝鲜语"바다"的词源是"다받다""받아들이다",意为包容,类似于"海纳百川",但包容和接纳的并非水,而是土,土是包容万物的根源。朝鲜语的"늪"(池沼)与日语的"ぬま"都

---

① [日]久保田將之:《日本の民衆・民族宗教における湯——温泉の宗教的シンボリズム》,《日本语言文化》(第 6 辑),2005 年,第 280 页。

② [韩]김태자:《〈물〉의 어원적 의미 관계의 분석》,《한글》第 248 卷 247 号,2000 年,第 85 页。

③ [韩]김추윤:《물의 문화》,당진군:당진문화원,2001 年,第 111—114 页。

④ [韩]김추윤:《물의 과학이야기 5:물의 어원과 특성》,《한국하천협회지》6(4),2010 年,第 72 页。

源于词源"늘/nor"。类此的词还有"나라""누리""넓다""너르다""논"等,都暗含宽广的意思。因此,从词源来看,中国人对水的理解集中于源头,着眼于它的共性上;而日本、韩国人认识水时则侧重于它的差异性上,水的分类形态都具有相对独立的特征。

2. 水的语言使用

从语言使用上来看,与汉语中的水有关的成语大多伴随着山、石、风、云、花、鱼等自然景物,如山穷水尽、沂水春风、流水行云、落花流水等。从内容上来看,有表示人的境遇的,如山穷水尽;有表示人的关系的,如水鱼之交;有表示人的德行的,如水滴穿石、水性杨花等,而这些内容都包含着好坏、褒贬、福祸等两面性。日语中水的谚语、惯用语鲜少涉及这些自然景物,出现最多的为"鱼",如"水心あれば魚心"(将心比心)。但这与"水鱼之交"的君臣、夫妻关系不同,水和鱼的关系虽然和谐,但又主次分明。而"水心あれば魚心(将心比心)"强调的是人的关系要由心而发,只要用心交流,二者便是一种平等状态。另外,值得注意的是,日语中的"水"还可以表示从有到无的状态,如"水にながす"(冰释前嫌)直译为将所有不愉快的事放入水中让它流走,回到没有这件事的状态,即无;"水になる"直译为"变成水",意为所有努力都成了泡影,水与泡影同样强调消失,但泡影强调再无痕迹可寻,而水则显示出一种无法挽回的无力感。日语中的"水"所表现出来的"空",透露了日本人对物质上的无常和深深的哀怨。从水所表达的感情色彩来看,既有褒的一面("水に流す—"[冰释前嫌]),也有贬的一面("水をかける—"[泼冷水]),但是没有表示人的德行的用法。朝鲜语中与水有关的谚语和惯用语经常伴随鱼、井、油、盐等生活用词。从内容上可大致分为对个人德行和能力的描述,如"깊은 우물은 가뭄을 타지 않는다"(深井不怕干旱,意指真金不怕火炼)、"깊은 물이라야 고기가 논다"(水越深,鱼越多)、"물이 깊어야 고기가 모인다"(水越深,鱼越多,形容德行越高,跟随其左右的人越多"、"깊은 물이라야 큰 고기가 논다"(深水有大鱼,形容人要有远大的志向)、"물은 깊을 수록 소리가 없다"(深水无声,形容越是德行高尚的人,越是谦卑)、"물이 얕으면 돌이 보인다"(浅水露石,形容一个人能力不足)等;有表示集团内部关系的,如"윗물이 맑아야 아랫물이 맑다"(上水清,下水则清,意指上梁不正下梁歪)、"찬물도 위아래가 있다"(水亦有上下之分)、"물위에 뜬 기름"(浮于水上的油,形容无法融入集体的孤立存在)等,从感情色彩来看,其包含好坏、褒贬。从朝鲜语的谚语中可看出,韩国人对深水的强烈喜好,如"물이 깊어야 고기가 모인다""깊은 우물은 가뭄을 타지 않는다",有

深度的水表明人的德行高或是能力强;反之,缺乏深度的浅水象征德行低下和能力不足。其中有关鱼水关系的谚语与中日不同,并非个体之间的内部关系,而是集团与个人的关系。水是一种主流集团意识的体现,如"물 만난 고기""물 위의 기름",鱼、油皆是不同于主流集团意识或主流社会价值观的个体存在,融入其中可以克服困境,排斥在外便是孤立的存在,而这种集团内部又强调垂直性的人际关系,如"윗물이 맑아야 아랫물이 맑다"(上梁不正下梁歪),这与朝鲜时代以来的儒教思想有关,儒教以忠孝为核心,比起个人能力和个性,更注重上下级关系。

汉语中的"水"自成一个系统,从语言使用上来看,其也多与其他自然物一同出现,从"水"本身的自然属性出发,在语义上也是趋向于追求水和其他自然物(黑山白水)、水和人(人往高处走,水往低处流)的共性;从"水"表达的内容来看,其具有两面性。日语中有关"水"的词,从词源来看,各个词类都保持着相对的独立性,将水看成"自然而然"的过程,而非自然物;从语言使用上来看,多着眼于水能带来的变化和功效(如从有至无、清洁功能),并且日语中的"水"意象不包括"德"的概念,注重对"水"的生命体验。韩语中的"水"与日语一样,水族词类均保持相对独立性,差异性较大;从语言使用方面上来看,韩语中的"水"是社会集团意识的体现,包含"德"的内容居多,教化意味浓厚。

第二节　东亚风水文化水意象

关于东亚风水文化水意象,主要分为两个方面进行论述,首先论述东亚风水理论的"同源",并对日、韩两国的"异流"进行比较,考察各自的特点;其次,本节将对中、日、韩三国风水文化中"得水"的应用进行比较。

1.东亚风水理论小考

(1) 中、日、韩三国"风水说"的历史渊源与比较

"风水"一词最早出现于郭璞传古本《葬书》[①]:"葬者,藏也,乘生气也。……古人聚之使不散,行之使有止,故谓之风水。风水之法,得水为上,藏风次之。"[②]《地理人子须知》中论风水谓:"地理家以风水二字喝其名者,即郭(璞)氏所谓葬者乘生气也,……皆言风与水所以察生气之来与止聚云尔,总

---

① 《葬经》的原名为《葬书》,是经典风水文献,其首次提出风水的概念。
② 选自李定信:《四库全书堪舆类典籍初探》,上海:上海古籍出版社,2007年,第192页。

而言之,无风则气聚,得水则气融,此所以有风水之名。"①又如《青乌先生葬经》"内气萌生,外气成形,内外相乘,风水自成。"②风水描述的是充满生气的理想自然环境,强调人与自然的共生。

风水思想源于中国,后传入朝鲜半岛和日本。据推测,风水术传入朝鲜半岛的时间至少在新罗时代(前57—668年),学术界一般认为风水术是在朝鲜的百济、新罗和高句丽时期传到日本的。③"风水"与"易学"相关,"易"强调"观象取物",风水则是关于"远取诸相"的学问。《周易·系辞下传》曰:"《易》之为书也,广大悉备:有天道焉,有地道焉,有人道焉。兼三才而两之,故六;六者,非它也,三才之道也。"④风水是通过观察自然界万物诸相,对天、地、人三者的关系进行解读并加以利用。风水源于古代农耕社会,是人们想要融入自然的精神诉求和提升、完善自我的手段。

中、日、韩三国风水文化同源异流,遵循各自的路径,形成了不同的理论体系、生态和文化内涵。"据风水典籍《青囊序》记载:盛唐时代,邻国高丽和东洋(日本)虔诚提出求教'风水'之道,但国之利器,岂可示人? 最后大唐决定'输出'由僧一行杜撰的伪'风水术。"⑤完整的"风水"应是"风水说"和"风水术"的结合,即源与流的关系。因此,日本、韩国的"风水"思想是将"风水术"安放在对本国风水理解的基础之上。

崔昌祚说:"韩国与中国一样都认为风水是传统的地理科学,是以阴阳论、五行说为基础的易的体系为主要理论依据。也就是说风水是以'追吉避凶'为目的的相地技术科学。"⑥渡边欣雄认为风水可以判断善恶两方神秘力量的所在之处,认为风水可以迎福除灾,是宗教观念的具体体现。⑦ 前者将风水理解为地理学的范畴,后者将风水看作宗教观念的咒术,这也代表日、韩两国人们对风水的基本理解。

---

① (明)徐善继、徐善述:《地理人子须知》上,北京:世界知识出版社,2011年,第40页。
② (明)余象斗著,孙正治、梁炜彬点校:《地理统一全书》下,北京:中医古籍出版社,2012年,第149页。
③ 李琦珂、曹幸穗:《中日韩三国"风水"文化比较研究》,《东北亚论坛》,2013年第1期,第109页,注1。
④ (商)姬昌著,宋祚胤注释:《周易》,长沙:岳麓书社,2000年,第371页。
⑤ 李琦珂、曹幸穗:《中日韩三国"风水"文化比较研究》,《东北亚论坛》,2013年第1期,第112页,注1。
⑥ [韩]崔昌祚:《韓國의風水思想》,서울:民音社,1984年,第63页。
⑦ [日]渡边欣雄:《宗教と儀礼》,载国辉编:《もっと知りたい台湾》,弘文堂,1986年,第158页。

首先,风水理论中所讲的"聚气"那么气来自何处?《易经》曰:"星宿带动天气,山川带动地气,天气为阳,地气为阴,阴阳交泰,天地氤氲,万物滋生。"①因此气是人从自然现象中得出的宇宙生命之规律,于是中国人用"气"的聚散认识人的生死和物的生灭。《庄子·知北游篇》说:"人之生,气之聚也;聚则为生,散则为死。"②因此,生气结聚的地方,就是生命力饱满的地方,体现在风水中就是风水宝地。关于生气凝结之处,《葬书》中说:"五气行乎地中,发而生乎万物。"③《山洋指迷》曰:"气者,水之母也,水者,气之子也,有气斯有水,有水斯有气,气无形而难见,水有迹而可求,水来则气来,水合则气止,水抱则气全,水汇则气蓄,水有聚散,而气聚散因之,水有浅深,而气之厚薄因之,故因为水可以验气也。"④气是水之本,水能藏气、生气,当然这种注重得水的风水特点与中国的地理条件息息相关。

其次,从韩国和日本使用的风水地理书籍中也可以看出两者对风水的不同看法。《青乌经》、《锦囊经》(葬书)、《地理新法》、《明山论》等是古代朝鲜地官(风水家、堪舆家)选拔考试的重要参考书,特别是胡舜申的《地理新法》更是韩国风水地理相地法的教科书。日本主要有《黄帝宅经》、日本的《作庭记》《簠簋内传》等,可见日本更注重阳宅风水。

再次,风水简单地说是论"藏风得水"的学问,从水在风水学中的应用来看,中、韩两国主要论"得水",日本论"遣水"。风水理论源于中国,特别是四神砂格局对于日、韩两国建立都城带来了很大的影响。韩国和日本在各自的地理环境下进行风水实践时呈现出不同的特点。从弥补地理缺点的风水法来看,韩国主要采用的是改变地势缺陷的地势裨补法;日本采用的是方位裨补法。⑤

(2)"生气"与裨补风水

那么为什么中国的《地理新法》在韩国却被奉为风水的金科律例?原因在于二者对"生气"的不同理解。韩国的风水是以相地为主的地势风水,它将"生气"理解为山水的协调关系。胡舜申的《地理新法》道:"山是静止的物体,属阴。水为运动的物体,属阳。阴的特征是恒定不变,而阳性则变化不

---

① 转引自肖汇洋:《解读〈周易〉——易道与养生》,北京:华夏出版社,2014 年,第 197 页。
② (战国)庄周著,胡仲平编译:《庄子》,北京:北京燕山出版社,1995 年,第 217 页。
③ 谢路军主编,郑同点校:《四库全书术数初集》1,北京:华龄出版社,2006 年,第 17 页。
④ (明)周景一:《山洋指迷》,呼和浩特:内蒙古人民出版社,2010 年,第 125 页。
⑤ [韩]천인호:《국도國都풍수의 한 일 비교연구——한양과 교토[京都]를 중심으로》,《국학연구》25,2014 年,第 555 页。

常。吉凶与相水密切相关。(如果我们取譬于人体)则山可比作人体,水即为人体中的血管。人体的生长、衰老取决于血管的状况。当血液绕周身循环,顺流畅通,则人体健康强壮。反之,则身罹疾病或死亡。这是人生的自然法则,无一人可例外。这条法则要求水路流向正确、山脉位置得当以便构成吉祥地。五山各有自己的吉凶位置(方向)。总之,水路应自吉方流向凶方,如此则吉;若水路自凶方流向吉方,则凶,因为它冲破了该地的生旺方。"①即风水地理要根据是否有利于人来判断吉凶。因此将人体比作地势的话,只有在山水阴阳协调的情况下才能生出令人健康的吉"气"。如果山势的火气过旺,水气不足,或者水气过盛,火气衰弱,就只能变为死"气"。②韩国属山岳地带,山地面积占国土的70%,这种地理环境下山水总是一起存在的,而且"以地为母亲的传统地母思想、山岳崇拜思想、灵魂不灭思想、三神五帝思想等成为了以山势为主的风水地理思想的文化土壤"③。李重焕在《卜居总论》中说:"凡无水之地,自不可居。山必得本配水,然后方尽生化之妙。然水必来去合,理然后方成钟毓之吉。此有堪舆家书,故不具论。然阳基异于阴宅,水管财禄。故积水之滨,多富厚之家,名村盛坞。虽山中亦有溪涧聚会,方为世代久远之居。"④即山水不可分,因为山水调和才能生"气"。水量要根据地势决定。山高、水少为独阳;山低、水多为独阴,阴阳不和无法生"气"。水的流向的吉凶决定于山。但水量过多的地方——如离海岸近的地方——并不是理想的地势。就算位于海边,如有山阻挡大海,人的视线只能触及海的一部分,也可以解释为好的地势。因为大海周边水气大于山气,山水不谐调,无法生成"气"。若山水之间有溪谷,虽然山水阴阳调和,但由于地势问题而水流湍急,也不能生"气"。⑤

在韩国风水中,人体是一个重要的隐喻,山水的"生气"原理与人体的"体""血管"原理重合,不论人还是山水都是阴阳和合而生的"气",只不过"气"并不与人的生命直接相关,而是与"健康"有关。这与中国风水中的"气"观不同。在中国,"气"是水之母,"气"以水而"生"出,"气"的聚散与人

① 林徽因等:《风生水起:风水方家谭》,北京:团结出版社,2007年,第35页。
② [韩]박시익:《風水地理說 發生背景에 關한 分析研究》,고려대학교박사논문,1987年,第202页。
③ [韩]박시익:《風水地理說 發生背景에 關한 分析研究》,고려대학교박사논문,1987年,第202页。
④ [韩]李重焕:《择里志》(卜居总论),参见 http://www.krpia.co.kr/viewer? plctId = PLCT00005056&tabNodeId=NODE04083241♯none/2020.10.12.《择里志》是朝鲜时代李朝肃宗年间李重焕所著的地志,完成于1714年。
⑤ [韩]朴時翼:《風水地理說의 현대 建築學的 적용》,《廣場》(176),1988年,第240—242页。

的生死以及物的幻灭有关,因此风水以得水为主。尹弘基将风水地理中的自然看成超自然的拟人化的自然,他说这种风水自然非常"脆弱",随时可被人破坏,也可以因为人的治愈而恢复"生气"。① 其论点的基础是凡是自然的一切存在物都能够与人感应交流。以崔昌祚为代表,从自生文化的角度论述韩国风水的学者们认为这种意识是韩国风水学固有的视角。他们认为将土地看成有灵之物的观点并非韩国所有,但是将土地看成与人相互感应、相生相辅的观点才是韩国人的独特视角,即将土地看成母亲,看成需要治愈的对象。

将土地作为治愈对象的风水说源自道诜的裨补思想。僧侣道诜是新罗末高丽初的风水地理大师,是韩国公认的风水地理大家。由于史料的不足,他的身世以及师从何处均说法不一,韩国学界比较统一的说法是道诜受到了唐朝风水思想——特别是通过山形、山势、水势来择地的形势法的影响,其将之与韩国本土的风水观结合起来形成裨补思想。② 裨补也叫"裨补压胜",意指用某种措施弥补缺点。③ 从风水地理的观点解读是指根据地理类型,采用裨补和压胜策略,人为地改变运势。例如,从地形来看西京是行舟形,为了不让这艘大船被水灾冲走,故将铁锚放入水底深处;1910 年,朝鲜总督府的工作人员在做河川调查时发现了这一风水举措。④再如清州也属行舟形地形,于是在龙头寺址设置了铁制幢竿,以竿代替锚,由此清州被叫作舟城。⑤ 这表明裨补思想归根结底是具有克服自然环境弊端的现实目的。道诜的"寺塔裨补说"就是指用佛塔修复山川之病,《高丽国师道诜传》说:

> 人若有病急,即寻血脉,或针或灸,则即病愈,山川之病亦然。今我落点处,或建寺立佛立塔立浮屠,则如人之针灸,名曰裨补也。岂补病愈,世之聋瞽不识者,以我慢心,禁针灸则,人死必矣。不信裨补,破佛

---

① H-k. Yoon,"The Image of Nature in Geomancy",*Geojournal: An International Journal on Human Geography and Environmental Sciences*,1980,(4):341—348.

② 有关道诜风水思想的来源,请参考[韩]최창조:《풍수비판에 대하여》,《녹색평론》5,6 월호,1994 年,第 60—61 页。

③ [韩]김의원:《국토이력서》,서울:북스파워,1997 年,第 25 页。

④ 朝鲜总督府:《大正元年度土木事业概要》,《朝鲜总督府月报》第 3 期第 6 号,1913 年,第 51—62 页。

⑤ 《新增东国舆地胜览》卷 15,清州牧古迹条。www.nl.go.kr(韩国国立中央图书馆)/ 2020.10.12。

刹则,国破民死亦必矣。①

"寺塔裨补说"是佛教和风水结合的产物,它将山川国土看成人体,而"裨补"是医治土地的风水术。将山川拟人化或许只是一种比喻,但用疾病的概念解读山川,并以灸、针医治,就表明其中包含将山川与人体完全看作同一存在的意识。如《北溪字义》曰:

> 且如人形骸,却与天地相应,头圆居上,象天,足方居下,象地。北极为天中央却在北,故人百汇穴在顶心,御相后。日月往来只在天之南,故人之两眼皆在前。海,咸水所归,在南之下,故人之小便,亦在前下。②

人体和天地的外形相似,如人体有"气"运行,土地有"气"脉;人体有穴的存在,土地也有穴位。将土地喻为人体的观点并非只限于道诜风水,但其裨补观念却是韩国独特的地理观。道诜提出的"寺塔裨补说",即在土地血脉上"脆弱"的部分适当地建些寺塔以修复有缺陷的风水地理思想:"后来发展成了地理衰亡说,即山川地理只要有生气,就会生出顺逆、吉凶、盛处和衰处,这些会随着阴阳相生相克、相辅相成的原理变化,并且其地相会成为影响王朝兴亡盛衰、人吉凶祸福的根本原因。"③山水与王朝兴衰、人的吉凶如何发生关系? 又是如何治愈山川之病急?

> 人物之生,感是山川之气者,其心其势无不相类。人心不和,区域随分,或作九韩或做三韩互相侵伐兵革不息,盗贼横行无能禁制者,有自来矣。④
> 佛氏之道为艾,而医之于山川痛痒之地,而缺者以寺补之,过者以佛抑之,走者以塔止之,背者以幢招之。贼者防之争者,善者树之,吉者扬之,则天下太平,法伦自转。王曰:果如师言,有何乱乎,勅诸州县,建丛林设禅院,造佛造塔,几至三千五百余所。山川病昝,无不潜伏,民心

---

① 朝鲜总督府:《江原道之部·高丽国师道诜传》,《朝鲜寺刹史料》下,1911 年,第 377—379 页。www.nl.go.kr(韩国国立中央图书馆)/2020.10.12。
② (宋)陈淳:《北溪字义》,北京:中华书局,1983 年,第 2 页。
③ [韩]최창조:《한국의 자생풍수 1》,서울:민음사,1997 年,第 61 页。
④ 朝鲜总督府:《白云山内院寺事迹》,《朝鲜寺刹史料》上,1911 年,第 18 页。www.nl.go.kr(韩国国立中央图书馆)/2020.10.12。

和顺,盗贼潜消,大匪适去,三韩之内混为一家。[①]

人不仅与山川同体,人心还能与山川地势互相感应。人心能够改变山川地势,也可以通过裨补自然山川辅助人世——王朝的兴旺。"寺塔裨补说"不可否认有其政治原因,但人与山川之间的相互感应、相互影响的思维方式的确具有其独特性。中国的《青乌经》中也有关于裨补的内容,如"草木郁茂,吉气相随。内外表里,或然或为"、注文"左右案对,或自然而成,或人力而为之"等,但其内涵极其不明确,而且在《锦囊经》以及其后的风水经典中也很难找到类似的内容。[②]

裨补风水是将地相看成人相,将地相的变化看成人生高低起伏的过程,是以人的观点观照土地。从运动变化的观点看"气"的存在,将山势、水势看成人心的体现,裨补风水其实是强调对山势地形的人为作用。"气"是山水阴阳和合,水是土地之血脉,因此水也成为需要治愈的对象。从地理条件来看,韩国山地较多,山势不平稳,溪谷较多,溪流从各处流出,且较急。这种山水为地势之"气"与人之"气"相联系的裨补风水提供了自然条件。

由此可见,如韩国风水,比起水,更注重山。中国风水注重人工建筑物的作用,韩国风水更注重形势。这表明在韩国人接受中国风水思想时,结合了其自身的地理观和风土特征。

(3)日本风水论

日本的风水经由百济传入,形成了与中国传统风水不同的特色。江户时代的地理学者西川如见《两仪集说外天文义论》(正德二年[1712])中就有关于风水的问答,其内容为:

> 问:中华书中的地理大都为预测家宅庙墓吉凶的风水,地理究竟是什么意思?
> 答:地沉太虚,气为上升,气燥地造,气湿地湿,气寒则固,风吹则动,火生则温,这便是地理学的原意。地理有论大地整体的地理、一国的地理和一家一宅的地理。选地时要选阳光充足无阴湿、清水润泽无

[①] 朝鲜总督府:《白云山内院寺事迹》,《朝鲜寺刹史料》上,1911 年,第 18—19 页。www.nl.go.kr(韩国国立中央图书馆)/2020.10.12。
[②] [韩]崔元硕:《道诜風水의 본질에 관한 몇 가지論究》,《응용지리》17,1994 年,第 73 页,注释 23。

泛滥、通风无滞的地方。土地坚固之地人不会生病,死者也会得到安息。土地一乡一国又各不相同,即土地的丰饶和贫乏都取决于风水原则,这才是上古时代用风水选吉凶的含义。但中古以来因为阴阳师主要论及子孙的祸福,所以此风之弊害持续至今。为什么要为子孙繁荣选地,其必要性到底在哪里?①

在西川如见看来,"风水"指的是地理条件,即从上古时代的风水描述来看,日本对风水的理解包含对地理条件的判断。因此,日本的风水地理并无子孙庇护的概念,而是为了更加完善自然原有的条件。中国风水思想通过百济传到日本以来,日本古文献中鲜少出现"风水"二字,且日本的风水思想与这种风水地理的理解方式有密切的关系。②

日本的风水注重方位,中国的四神的风水宝地思想传到日本后发展成为方位固定的"四神=四禽=山泽道川"的四神相应风水观,并且家相与咒术相结合,体现为方位禁忌。《作庭记》中认为东西南北具有河(川)、道、池、山是最好的风水。京都的平安城普遍被认为是四神相应风水观的体现,即青龙=鸭川、朱雀=巨掠池、白虎=山阴道、玄武=船冈山。但从黄永融、本多昭一的研究来看,从地标上判断,鸭川、巨掠池、山阴道、船冈山处于非对称的状态。③ 而且,作为海拔只有115米的船冈山为何成为主山,其原因尚未明确。从视觉上来说,反而是位于东北方向的比叡山(海拔848米)更加突出。单从海拔来讲,长安城的荆紫山(少祖山)和首尔的北汉山(主山海拔836米)都具有绝对的高度优势,从这一点来说,船冈山成为主山的原因实属令人费解,应该把它理解为理想风水模型的另一种形式。反倒作为日本本土阳宅风水中的一部分的家相,在近世得到了长足的发展。

家相属于阳宅风水中住宅风水的一部分。据横山敬的研究,"家相"一词的使用始于十八世纪初期,初期意指地相,后来渐渐变成包括宅地和住居风水的整体概念。④ 家相与诸多宗教融合在一起,呈现出复杂多样的形式,也是日本民俗文化中不可缺少的一部分,亦是理解日本风水文化的重

---

① [日]渡辺欣雄:《日本风水史》,《ICCS现代中国学ジャーナル》,Vol. 2 (1),2010年,第259页。

② [日]渡辺欣雄:《日本风水史》,《ICCS现代中国学ジャーナル》,Vol. 2 (1),2010年,第254—262页。

③ [日]黄永融、本多昭一:《日本古代宫都の敷地選定と中軸線計画について——風水思想からみた古代宫都計画の研究》,《日本建築学会計画系論文報告集》第474号,1995年,第143页。

④ [日]横山敬:《家相という言葉と江戸時代の家相書について》,《日本建築学会学术講演梗概集(九州)》,1981年。

要窗口。① 日本家相与中国、韩国不同，其差异就在轴线的标准上，即中国和朝鲜半岛的轴线以南北线为基准，而日本的标准是东北（艮·鬼门）到西南（坤·里鬼门·病门）的连线、西北（乾·天门）到东南（坤·地门）的连线，特别是东北—西南的轴线备受重视；东北的方位，最忌将玄关、窗户、厕所、厨房建在此方位。② 在家相中，关于玄关、厨房和厕所等方位非常重要。玄关要面向东北，在这个方位上要用墙来遮蔽阳光和一切空气。厨房和厕所要位于向北的方向，因为向北可以避免阳光直射，适合保存物品以及防止恶臭，这种思想同样体现在风水的水流方向中。

日本山泽道川的风水模式注重遣水。在水流上，呈现水源"东北—东—南—西南"的方向，即东北侧的河流流向南边形成莲花池，再由西南方向流出。中国的观水注重寻找水口，"入山必观水口"。风水学中，下水口宜水道屈曲，阻拦去水以此拦锁生气。而日本则注重水流的方向，因为水的流向代表气的循环，正确方位的水的流向才可以做到盈满生气。

2. 东亚风水文化水意象——以古城风水为例

（1）中国风水文化之"得水"与洛阳城风水

所谓得水，就是风水地前要有水流的存在。在中国风水中，水的重要性不言而喻。水在风水文化中主要包含两个方面，第一，"水"是生气的体现，水以气生，气以水界，故相地先看水。《博山篇》说："凡看山，到山场先问水。有大水龙来长水会江河，有小水龙来短水会溪涧。……水来处是发龙，水尽处龙亦尽。"③即水与龙脉如影随形，《博山篇》又说："水近穴，须梭织。到穴前，须环曲。既过穴，又梭织。若此水，水之吉。"④表明水要弯曲环抱流过穴前，最忌去水直流无所恋。先秦注重"油位"建宅，即在水流内弯曲处凹岸的选择，《堪舆泄秘》说："水抱边可寻地，水反边不可下。"⑤第二，水是财富的象征。《堪舆漫兴》曰："寻龙山水要兼该，山旺人丁水旺财，只见山峰不见水，名为孤单不成胎。"⑥《管氏地理指蒙》曰："水深处民多富，水浅处

① ［日］宫内貴久：《家相観の受容過程に関する民俗学的研究覚書》，《比較民俗研究：for Asian folklore studies》3，1991 年，第 217 页。

② ［日］渡辺欣雄：《風水思想と東アジア》，人文書院，1990 年，第 128—129 页。

③ 选自王玉德编著：《古代风水术注评》，北京：北京师范大学出版社，1992 年，第 93 页。

④ 选自王玉德编著：《古代风水术注评》，北京：北京师范大学出版社，1992 年，第 110 页。

⑤ 选自胡一鸣：《堪舆精论》，北京：华龄出版社，2011 年，第 65 页。

⑥ （明）刘伯温：《堪舆漫兴》，呼和浩特：内蒙古人民出版社，2010 年，第 189 页。

民多贫。"①水在耕种、灌溉、饮用、渔盐等方面的重要作用,直接影响到生存问题,用水的多少衡量贫富的说法也间接证明水旺财的风水思想。为了实现得水,风水实践中常采取引沟开圳、挖塘蓄水、开湖、筑堤坝等方法,聚结生气。②

《地理人子须知》说:"枝龙结穴,多在尽处,则要天然明白为上,多是得水处结穴,故曰:'未看山先看水,有山无水休寻地。'"③在中国风水文化中,水的重要性甚至超出了山,中国历代古城都是傍水而建、临湖(海)而立。中国风水中的"得水法"内容极其丰富,体系复杂,对水的要求严格,包括水源、水质、水性、水量、水形、水势、水向、水口等,尤其是水源、水形、水势,水形和水势是水的近观和远观。

风水学认为水越是源远,风水之生气才越是持久,源源不断,最好能与山顶的天池相通,一气贯之。水质和水量主要考虑饮水的安全和居地的洁净以及城市的发展规模。杭州城区在唐人李泌凿井之前都是咸水,城市发展也是将西湖引入后渐渐好起来的。水形在风水中非常重要。风水学中的观水包括四喜:"一喜环弯,二喜归聚,三喜明净,四喜平和。"④因为"水飞走则生气散,水融注则内气聚",水要"扬扬悠悠,顾我欲流",最忌直去无收,急倾泻、反跳。与明堂和水形来看,孤水要环抱明堂,众水要汇聚水流于明堂前为上。水形有五城之说,其中金城和水城之水形最吉,诀云:"抱身弯曲号金城,圆转浑如绕带形","屈曲之玄号水城,盘桓顾穴似多情","峻急直流号木城,势如冲射最无情","破碎尖斜号火城,或如交剑急流争,更兼湍激声澎湃,不须此处觅佳城","方正圆平号土城,有凶有吉要详明,悠洋深潴知为美,争流响峻祸非轻"。⑤而直流冲射、湍急澎湃的水形都是大忌。水势的判断在选址上非常关键。根据水与砂穴交合形成的形局,大致可分为五个局,即朝水局、横水局、聚水局、顺水局、无水局;⑥如果以水的来去和穴前关系来

① (明)余象斗著,孙正治、梁炜彬点校:《地理统一全书》(中),北京:中医古籍出版社,2012 年,第 53 页。

② 关传友编:《风水景观、风水林的文化解读》,南京:东南大学出版社,2012 年,第 64 页。

③ (明)徐善继、徐善述:《地理人子须知》上,北京:世界知识出版社,2011 年,第 115 页。

④ 北京乾圆国学文化研究院主编:《易学与建筑环境学》上,北京:北京工艺美术出版社,2018 年,第 266 页。

⑤ (明)刘伯温:《堪舆漫兴》,呼和浩特:内蒙古人民出版社,2010 年,第 209—212 页。

⑥ 曾涌哲:《中国风水学初探》,北京:华龄出版社,2010 年,第 70 页。

看可分为朝水局、横水局、聚水局、顺水局、枕水局。①

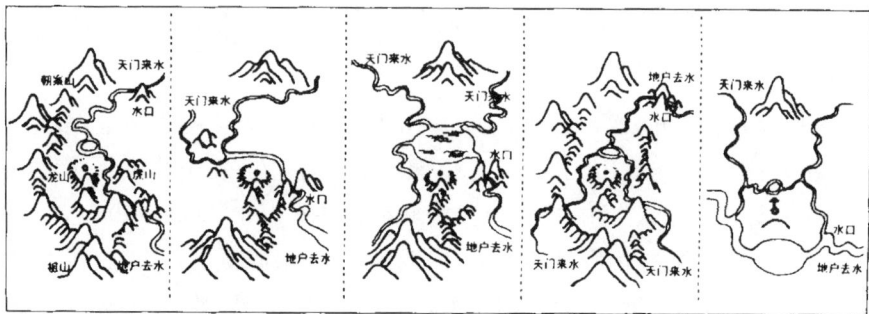

图 1

如上图 1②所示,其中最理想的形局为"聚水局"和"枕水局"。"聚水局"为众水汇集于穴前形成深潭、大湖、大池,该局要注意的是水势要深凝清澈。"枕水局"特指平原地区的形局,以水为枕,周围围绕众多小水,是平原地形中的上佳形局。其例可举洛阳、西安、南京,西安头枕渭水,遥对终南子午谷;南京则头枕玄武湖,前对雨花台。③ 风水中水的作用在于"聚气"或"止气",即如何留住穴前源源不断的"生气",因此天门来水要源远流长,去水要下砂阻挡直流而去,并在穴前看不到去水。由此可推测,"朝水局"要防止朝面而来的水冲垮穴星;"横水局"要下砂拦住去水,并设山砂使来龙缓慢聚于穴前;"顺水局"要注意不能让水直流而去以及"穴底藏聚"。风水术中水向的来去非常重要,五局中水向都不尽相同,但皆与山有关。辨水向首先要用二十四向定山向。郭璞《葬书》曰:"朱雀源于生气,派于未盛,朝于大旺,泽于将衰,流于囚谢,以返不绝。"④山为"生气",水为"止气",因此最好的吉水是水流依山环绕,三弯九曲,这样山中之气就会四季不竭。

洛阳城是中国的六大古都之一,东周、东汉、曹魏、西晋、北魏、隋唐、后梁、后唐和后晋等九个朝代先后在洛阳建都,因此洛阳又以"九朝古都"而闻名,是历史上建都最多的地方之一。《尚书》记载:"成王在丰,欲宅洛邑,使

---

① 杨柳:《从得水到治水——浅析风水水法在古代城市营建中的运用》,《城市规划》,2002 年第 26 卷,第 81 页。

② 杨柳:《从得水到治水——浅析风水水法在古代城市营建中的运用》,《城市规划》,2002 年第 26 卷,第 81 页。

③ 杨柳:《从得水到治水——浅析风水水法在古代城市营建中的运用》,《城市规划》,2002 年第 26 卷,第 81 页。

④ (清)沈镐:《地学歌诀集成》,呼和浩特:内蒙古人民出版社,2010 年,第 3 页。

召公先相宅,作'召诰'。……召公既相宅,周公往营。"①周成王为了营建洛邑,便派太保召公去洛邑巡查建城的地点,周公也到洛邑进行了占卜。结果表明,在洛水之滨营建新邑都卜兆大吉。从有关相地营邑的早期文献记载中,虽然其也流露出古人对鬼神、上天的畏惧,但在实际选择时,却往往偏重于勘察地理资源,并非完全以占卜吉凶而定。②

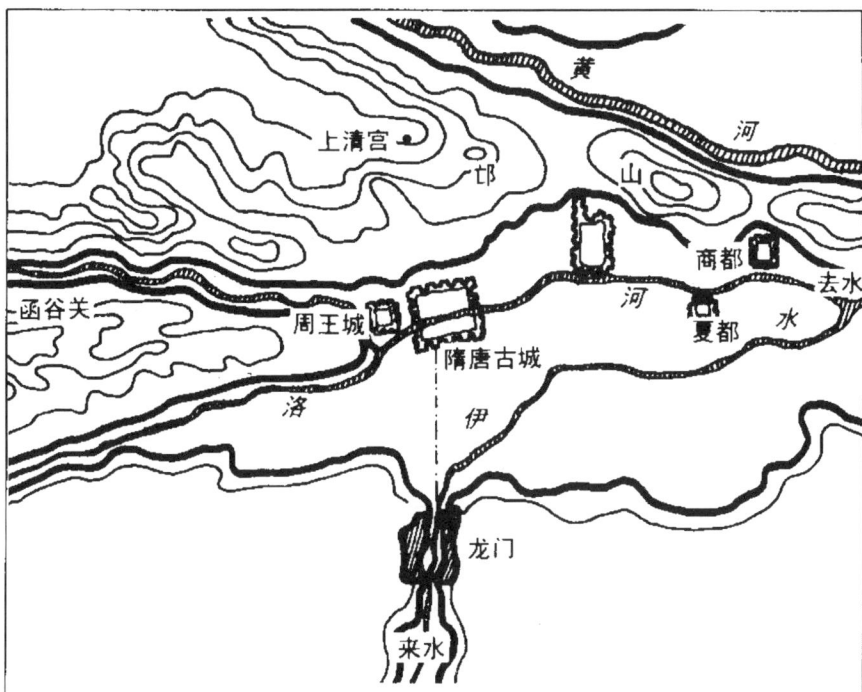

图 2

如图 2③ 所示,隋唐时期洛阳城为"朝水局",洛阳地处中原之豫西山区,西高东低,西依秦岭,北有邙山,东望嵩岳,洛水从西向东横穿全城,涧水从西北与洛水汇于西南;瀍水自南与洛水汇于东南,并向北流入黄河,是三面环水的金城桓局。从自然地理条件来看,洛阳是东南西北水路交通枢纽。多位皇帝选择洛阳作为都城的理由为:第一,洛阳所处地理位置便于控制全国。东汉光武帝认为洛阳是天下之中,距四方的道里大致相同;隋炀帝认为洛阳处于天地之中,天地阴阳交合之处,水陆交通发达,内有江河流通,外有

---

① 郭超主编:《四库全书精华(经部)》第 1 卷,北京:中国文史出版社,1998 年,第 57—58 页。

② 程建军著:《中国古代建筑与周易哲学》,长春:吉林教育出版社,1991 年,第 177 页。

③ 杨柳:《从得水到治水——浅析风水水法在古代城市营建中的运用》,《城市规划》,2002 年第 26 卷,第 81 页。

山关守护,有利于控制局势。第二,洛阳附近水资源丰富,有伊、洛、瀍、涧诸水,能为农业提供充足的水源。第三,洛阳是战略要地,有利于军事上的防守。崤山、函谷关、成皋关、嵩山、黄河等都能成为天然的屏障。东都(洛阳)的设计者是宇文恺,南至洛水口,北为伊邙山,东为瀍水东,西至涧水西,洛水横贯东都,象征天上的河汉。[①] 从地理角度看,东都跨有洛水南北两岸,可以利用伊、洛水道加强运输,而且在营建东都的同时,开凿了永济渠和通济渠,形成南北大运河,给东都洛阳带来繁荣。[②] 秦都咸阳城的规划设计,从地理条件看,咸阳北依高原,南临渭水,渭水和黄河相连,为水上交通提供了便利。

可见在中国都城的设计中,其主要运用法天象地的风水原则,贯穿咸阳城、洛阳城的渭水、洛水在风水中象征为天上的银河、河汉。虽然在古城选址时都有忌惮鬼神之说的占卜之意,但主要还是基于地理环境对人的影响。因此中国风水中的"气"不只是对土地的"相地"地理知识,更是一种对宇宙规律的"天"的象征。

(2)韩国风水文化之"得水"——汉阳城风水、裨补寺塔

韩国风水重形局,"得水"相当于水主雀,"得"是指山水交汇处为龙穴生气的口子,因此要位于正位。接近穴的叫内水或内得水,远的叫外水或外得水。内水从青龙和白虎之间流出,汇于穴的前方,并流向局外与外水合流。[③]

"得水"以明堂为中心,强调从吉方流进,从凶方流出;水要清澈,不可有异味;穴前流水要悠长,不疾不徐,就像虔诚礼拜之人。直向穴的急流是凶相,这时看起来如山水各立就是不吉利,因为根据男女相配、阴阳相辅相成的天理,山水要相生相辅。水是山水相配、阴阳交合的必备要素,从这个意义上说,"得水"很重要。韩国有两个"得水"的例子。一为道诜的"寺塔裨补法",以开城为例。韩国的地形特点为山地和溪谷较多,地势北高南低,东高西低,虽然风景优美,但是从风水学看并不是有利于风水的地形条件。就如开城,周边山势过于密集,北边溪谷处流进的水集中于中央,水势过强。通过在河川容易泛滥的地方和分合地建寺塔,可以抑制河川的头部侵蚀以及侧方侵蚀。僧侣平时可以督河,而河水泛滥时又可作为劳动力用

---

① 邵伟华:《实用风水学》,长春:银声音像出版社,2009 年,第 78 页。
② 邵伟华:《实用风水学》,长春:银声音像出版社,2009 年,第 78 页。
③ [韩]장성준:《풍수지리의 국면이 갖는 건축적 상상력에 관한 고찰》,《建築》22(6),1978年,第 16 页。

于抗洪。裨补风水体现为通过人为的改变使山势和水势达到平衡,因此水在韩国是山水相配和阴阳相辅的必备条件。二为根据首尔地形形成的内外水流逆势。首尔的水流特点是明堂水清溪川向东贯穿都城后,流入汉江。汉江向西流,为外水;清溪川向东流,为内水。因此汉江和清溪川为逆势合流。汉江向北环抱汉阳,并以北西进的方向形成大规模的曲流河川,江南区、铜雀区、永登浦区一带成为汉江的对立面,这样即使洪水泛滥,汉阳城内依然是安全的。

从汉阳都城的风水看,以景福宫为中心的四神砂主要有几点风水缺口:一为玄武内脉不够分明,二为白虎比起青龙山势更险峻,三为青龙过弱,四为明堂水清溪川为季节性河流以及东大门水口过宽。①

关于明堂水清溪川的风水缺陷,从高丽太祖开始就备受关注。高丽太祖三年(920),尹莘达就曾指出位于景福宫的乾方(北东方向)的洗剑亭地势低,因此受西北季节风的影响,水会枯竭。② 高丽太祖四年(921),尹莘达曾就汉阳和母岳的定都问题进行过讨论,其从地理学的角度来论,汉阳前后的石山山势险恶,而且明堂不聚水,因此不能在汉阳定都。刘旱雨对此表示同意,并引用"流水不长,人必绝"③再三强调不能定都于汉阳。总而言之,明堂水清溪川水量不足,不适宜选为都城。

据史料记载,因为这一问题,政府对清溪川也进行了持续的管理。高丽太宗十一年(953)下诏开通河川;高丽世宗十五年(1024)为了修复明堂无水的问题,在宫城的东西方向和内司仆寺的北边掘池挖沟引入永济桥的河水,并在南大门外挖池,以弥补景福宫右侧因山势过低造成的形局缺陷,④即北池是为了裨补明堂内水不足的风水缺陷而人为设置的。而南大门外的南池则是为了弥补仁王山到南山的延脉过于薄弱的风水缺点而人为采取的裨补风水术。

关于东大门水口的空缺,高丽世宗三十年(1039)阴阳学训导全守温上书建议用植树裨补水口过宽的风水问题,大意为:"纵观新罗王业,能持续长时间的统治与其实行的裨补风水策有关,即用造山和种树的方式裨补空缺的部分,州府和群县皆同此法。我国国都罗星空缺,水口宽阔,必须对此裨

---

① [韩]천인호:《국도國都풍수의 한 일 비교연구——한양과 교토[京都]를 중심으로》,《국학연구》25,2014 年,第 555 页、第 535—571 页。

② 《太祖实录》,高丽太祖三年八月十三日。《朝鲜王朝实录》见 http://sillok. history. go. kr/2020. 10. 12。

③ 《太宗实录》,高丽太宗四年十月四日。见 http://sillok. history. go. kr/2020. 10. 12。

④ 《世宗实录》,高丽世宗十五年七月二十一日。见 http://sillok. history. go. kr/2020. 10. 12。

补。然造山补缺不易成功，故用种树裨补可事半功倍。"①据史料记载②，高丽文宗三年(1048)在东大门水口通过造山三座、种植松树来弥补水口过宽，但随着水的冲击，造山变矮，松树枯死。因此后又增加了造山以及种植松树、槐树、柳树等措施，缩小了水口的宽度。

(3)日本风水文化之"遣水"——平安城风水、家相

日本风水注重方位，在日本山川道泽形局中，流水位于东侧，池塘位于南侧。这种山川道泽思想来自中国的阳宅风水。《地理新说》曰："宅欲左有流水，谓之青龙；右又长道，谓之白虎；前有污池，谓之朱雀；后有邱陵，谓之玄武；为最贵地。若无此相，凶。不然，种树；东种桃柳，南种梅枣，西种栀榆，北种杏。"③《阳宅十书》说："凡宅左有流水谓之青龙，右有长道谓之白虎，前有淤池谓之朱雀，后有丘陵谓之元武，为最贵地。"④只不过中国风水书中的四神砂并不强调明确的方位对应，而日本的山川道泽与方位相应。曾我とも子指出与四神相应的吉地选址要符合山河襟带、背山临水、藏风得水以及山川道泽。⑤这种选址标准与中国风水相似，但在韩国风水中山川道泽是几乎不会使用的风水用语。

《作庭记》中注重遣水，即通过人为设置底石、横石等来改变水流方向。根据《作庭记》的记述，位于朱雀的池塘的水门不能向于西北方向；池塘要位于家的南面。关于遣水吉方为东—南—西、东—南西、北—东—南西，而西—东方向不适合住宅风水。在此基础上，《作庭记》根据水流的流路规定了顺流和逆流，即北—东—南—南西—西的流路为"顺流"，"西—南—东"为"逆流"。从山川道泽的方位来看，青龙的河川位于东侧，朱雀的池塘位于南侧，因此这种流向符合四神相应概念。

与风水说的"藏风得水"不同，《作庭记》中的"遣水"更注重相对固定的水流方向，而"得水"更注重聚气的重要性，因此水源、水形、水势、水口都起着关键的作用。中国的《宅经》中也将"顺流"定为东—南—西流向，"逆流"定位西到东，这与《作庭记》中的水流方位一致。而除了水流方向，《作庭记》中的"四神相应"用大道替代白虎，这与山为主的韩国的四神相应形局又有所不同。

---

① 《世宗实录》，高丽世宗三十年三月八日。见 http://sillok. history. go. kr/2020. 10. 12。
② 《文宗实录》，高丽文宗二年三月三日。见 http://sillok. history. go. kr/2020. 10. 12。
③ (宋)曾慥编纂，王汝涛校注：《类说校注》下，福州：福建人民出版社，1996 年，第 1450 页。
④ 王君荣撰，郑同校：《青囊汇刊·阳宅十书》，北京：华龄出版社，2017 年，第 1 页。
⑤ ［日］曽我とも子：《近世の城郭立地に関する風水思想からの考察》，《岡山大学院社会文化科学研究科紀要》3，岡山大学大学院，2012 年，第 83—102 页。

《作庭记》中对遣水方向的规定有其地理依据。平安京的地形略微倾斜，东北高、西南略低，而且在林野中还有涌水、细流、池沼等，贺茂川、高野川、纸屋川呈南北流向，为水利提供了有力的条件。可以说，平安京内的倾斜地形和天然的水利条件为《作庭记》中的"顺流"提供了现实依据。从思想方面来看，这与四神砂的风水论有关。但是根据多多良美春·元、贞喜·白井彦卫的研究，日本现存 13 个平安时期的庭园水空间中符合"顺流"方向的只有嵯峨院和毛越寺两例，并且毛越寺中还有不符合周边地形条件的流路，表明这样的水流方式是为了附和"顺流"而有意为之，而平安京中的水流之所以符合"顺流"，除了符合地形条件，很可能是出于"四神相应"概念的作庭意图。①

池尾之水门，应泄水于未申方。此乃以青龙水泄恶气于白虎道之故。池应常疏浚。

庭上流水，源自东方。穿由屋下，流向西南，以冲涤诸恶气。此即以青龙水泄恶气于白虎道者。人居于此，不受诅咒。不出恶疮，病疫全无。②

上文出自《作庭记》中的"立石禁忌"，其中将水流方位与风水禁忌观念进行了解释。家相宅内遣水也体现方位禁忌，从居住环境考虑，家相遣水主要在于水的利用和排水。因此能够迅速排除不净的污浊之水为吉。遣水方向是未申、丑寅二方为大凶，排水方向为北或南为凶，而辰巳、戌亥则无妨。③池塘泉水如位于未申方位为凶，居家之人容易生病；位于寅丑方位视为大凶，户主妻妾疾病不断，或夭折而死；位于南边会生出半身不遂之人。④

禁忌最本质的核心是避凶趋吉，也是人本性之体现，人恐惧不知何时降临的不幸，向往美好的人生，因此不自觉就会按照禁忌规范约束自我。《作庭记》主张造园时要考虑禁忌的要素，不能仅靠所见之自然山水，还要遵循造园禁忌规范，"禁忌作为一种造园规范，约束造园活动的同时，也为之打上了相应的烙印"⑤。

---

① ［日］多多良美春·元、贞喜·白井彦卫：《伝统的庭園の空間構成に関する研究（Ⅰ）——『作庭記』における流路を中心に》，千叶大园学报第 46 号，1992 年，第 59—66 页。
② 张十庆：《〈作庭记〉译注与研究》，天津大学出版社，2004 年，第 112 页。
③ ［日］春畊隐士：《人相家相周易開運の基礎》，石英堂书房，大正 6 年（1917），第 25 页。
④ ［日］春畊隐士：《人相家相周易開運の基礎》，石英堂书房，大正 6 年（1917），第 27 页。
⑤ 张十庆：《〈作庭记〉译论与研究》，天津：天津大学出版社，2004 年，第 36 页。

3. 小结

东亚中、日、韩三国的风水观在强调人与自然的和谐共生、保护自然环境的生态意识等方面具有共通性，在风水的运用上却有各自的侧重点。风水思想源自中国，在传入日、韩之后根据各国的风土特征和文化传统发展为不同的风水文化。日、韩对中国风水思想的继承主要为风水术方面，体现为对风水思想形式化、范式化的理解，如日、韩对风水形局的积极运用就是充分的例证。日、韩主要继承了中国四神风水思想，但由于不同的地形特点，韩国强调山水相辅、三面环山的四神形局，日本则将四神风水形局发展为山泽道川的四神相应风水观。在得水方面，中国风水思想强调"得"，其内容繁多，要求严苛。"得水"的目的在于聚气，因此强调水要源远流长，最好与山顶的天池相贯通，除此之外对水形、水势、水质都有严格的要求，这些均是为了实现"以水聚气"的目的。韩国得水注重山水关系，"得"与"破"并重，很多时候更注重"破"的重要性，最忌山水各立。日本"得水"重视如何"遣水"，即水流方向的掌控，特别是水流方位的禁忌，根据《作庭记》记载，遣水吉方为东—南—西、东—南西、北—东—南西，凶方为西—东。

从中国的地理条件看，在辽阔的平原地区，山离人的空间距离较远，人的视觉很难整体把握山水，甚至近距离把握山水更加困难。这种地理特点使得人们将源头的想象寄托于遥远的山，认为高耸的山脉是离天最近的圣洁存在。从水与气的关系来看，《葬书》说："气者，水之母，有气斯有水"，那么"气"源于何处？"气"源于"天"。古代都城的设计依托星象，洛阳城的洛水横穿东都象征天上的河汉，咸阳城的渭水横穿都城象征天上的银河，是法天象地风水原则的体现。"天"是宇宙规律的最终解释，"地"是"天"之体现——自然现象的世界。风水中水的功能在于"止气""聚气"，因此得水法注重源头。水源要源远流长，这样才能保证"气"的纯正。再如，风水宝地"穴"的形状，活脱脱就是女阴之象。《老子》曰："谷神不死，是谓玄牝。"[①]母体和谷物对人的生命活动的重要作用体现为水的生命源头意识以及对永恒生命的追求。

从韩国的地形条件看，其山地多，溪水依山而行，山峰多浑圆，山地间河川多易形成盆地。水脉往往是寻找山脉的线索和人居的象征。这样的形局从"得水为上"的风水原理来看并非理想的风水宝地。再加上东高西低的地形特点，以及按季节如期而至的洪枯水，亟待要解决的是弥补地形

---

① （春秋）老子著，李正西评注：《道德经》，合肥：安徽文艺出版社，2003年，第15页。

缺陷，以此防止水灾的侵害。由此，韩国形成了强调山川相辅的风水思想以及弥补地势缺陷的"裨补风水"。首先，"裨补风水"的基础在于土地信仰，即把土地看成生命体，采用了对人体的比喻。《北溪字义》中将人体和天地的外形作比较，《地理新法》中用山比喻人体，用水比喻血脉，因此人体具有穴位，土地自然也具有穴位。其次，人体与土地之"气"可相互感通，人与土地的"气"的感通和辅助是双向的。基于此，"裨补风水"就是人治愈土地，人"气"影响土地气脉的过程。也就是说，完整的生命是生命之形和生命运行(气)的结合，是山(静、阴)和水(动、阳)的结合，是灵肉双全的有机生命体。

日本风水注重方位的禁忌性，体现为"遣水"便是东—南—西的"顺流"和西—东的"逆流"。根据平安京略微倾斜，东北高、西南略低的地形，这种吉地遣水的风水理论的确有其依据，但根据多多良美春·元、贞喜·白井彦卫的研究，日本现存庭园水空间中符合"顺流"方向的只有两处，也就是说，这是妄图符合吉地"四神相应"原则的人为意图。

第三节　东亚阴阳五行文化水意象

1. 中国阴阳五行文化水意象

阴阳五行说作为中国最古老的哲学思想之一，源于氏族时期的古人对自然界具体事物以及自身的观察和感知。在春秋、战国时期，阴阳概念与"道"的概念相结合，对众多思想文化的产生和发展提供了源泉。"道分阴阳，合于五行""道生一、一生二、二生三，三生万物。万物负阴而抱阳，冲气以为和"①，道家的核心思想阐述了道与阴阳五行以及万物之间的关系。战国末年的齐地学者邹衍正式提出阴阳五行说，并用"五德始终"的循环历史观说明王朝更替的原因。古代"天"是最高权威的象征，天地万物的自然发展规律称为"天道"，是阴阳五行说的中心。可见从初始起，中国古代的阴阳五行就与天道结成一体，成为维护新兴王朝权威的工具。关于"五德始终"的内容，《吕氏春秋·应同》中有所记载：凡帝王者之将兴也，天必先见祥乎下民。黄帝之时，天先见大蚓大蝼。黄帝曰："土气胜。"土气胜，故其色尚黄，其事则土。及禹之时，天先见草木秋冬不杀。禹曰："木气胜。"木气

---

① (战国)吕不韦编著：《吕氏春秋》，郑州：中州古籍出版社，2010年，第161页。

胜,故其色尚青,其事则木。及汤之时,天先见金刃生于水。汤曰:"金气胜。"金气胜,故其色尚白,其事则金。及文王之时,天先见火赤乌衔丹书集于周社。文王曰:"火气胜。"火气胜,故其色尚赤,其事则火。代火者必将水,天且先见水气胜。水气胜,故其色尚黑,其事则水。水气至而不知数备,将徙于土。①

　　文中用阴阳五行按照一定的顺序发生以及相生相克的原理,来解释朝代的更替。但不可否认,阴阳五行中的水就此成为了"德"的重要表现。秦始皇还下令:"更命河曰'德水',以冬十月为年首,色上黑,度以六为名,音上大吕,事统上法。"②通过推崇水德的黑色和六之数,加深对"五德"说的崇拜。"奉天承运,皇帝诏曰"中的德运,便是从秦以水德之名开始的。③ 后董仲舒结合了阴阳流转和四时、推论方位和五行的关系,土居中央为五行之主,由此他将五行视为天道之体现,并把这种阳尊阴卑的理论加以运用,从而推出"三纲五常"。④ 政治家也用"天尊地卑,乾坤定矣,卑高以陈,贵贱位矣"来保证"仁政"的实施。因此久而久之在中国人的观念里"阳"作为天道具有正面力量,而"阴"代表死亡、黑暗等消极的一面。《淮南子·天文训》云:"积阴之寒气为水"⑤,阴气主要为水气。以五行言之,方位为北、时令为冬,十二地支中位亥子、五气中的寒,隋代萧吉《五行大义·论体性》:"水曰润下。润下者,水流湿就污下也。北方至阴,宗庙祭祀之象。冬,阳之所始,阴之所终。终始者,纲纪时也。死者魂气上天为神,魄气下降为鬼。精气散在于外而不反,故为之宗庙,以收散也。……夫圣人之德,又何以加于孝乎。故天子亲耕,以供粢盛,王后亲蚕,以供祭饭,敬之至也。敬之至,则鬼神报之以介福。此顺水气。水气顺,则如其性。如其性,则源泉通流,以利民用。若人君废祭祀、漫鬼神、逆天时,则水失其性,水暴出,漂溢没溺,坏城邑,为人之害,故曰'水不润下'也。"⑥这种水气与纯阴之气相联系的意识在清明节、中元节等民俗节日中最为突出。根据"五行三合"说:"水生于申,壮于子,死于辰;三

---

① 转引自冯友兰著,赵复三译:《中国哲学简史(插图修订版)》,北京:北京联合出版公司,2017年,第90页。

② (汉)司马迁:《史记》,北京:中华书局,1959年,第2344页。

③ 朱丽丽、徐凤:《中国阴阳五行学说与日本阴阳寮之浅谈》,《牡丹江大学学报》,2015年第1期,第146页。

④ 王凌皓主编、杨冰编著:《董仲舒、王充教育名著导读》,长春:吉林文史出版社,2013年,第4页。

⑤ (汉)刘安:《淮南子》,开封:河南大学出版社,2010年,第174页。

⑥ (隋)萧吉,(宋)徐子平、徐升著,郑同点校:《子平精粹1:五行大义·渊海子平》,北京:华龄出版社,2010年,第7页。

辰皆水也。火生于寅,壮于午,死于戌;三辰皆火也。木生于亥,壮于子,死于未;三辰皆木也。金生于巳,壮于酉,死于丑;三辰皆金也。土生于午,壮于戌,死于寅;三辰皆木也。"①隋代萧吉《五行大义》卷二《论生死》云:"水受气于巳,胎于午,养于未,生于申,沐浴于酉,冠带于戌,临官于亥,王于子,衰于丑,病于寅,死于卯,葬于辰。"②水气三合说的活动周期为申、子、辰,分别对应于七月、十一月和三月。按照阴气的兴衰周期排列便是中元节(7月)、寒衣节(10月)、清明节(3月)。

表 4.1　三大节日比较③

| 十二支 | 祭祖 | | | 其他 | | |
	地点	坟墓	内容	对象	目的	其他
中元　申	家里	不整修	设供堂中,祭币焚之于庭	路旁河边孤魂野鬼	免小鬼作祟	晚间照明、路边点火、河中放灯、提供鞋子
寒衣　亥	墓地		烧冥衣、宜晚			
清明　辰	墓地	填土整修	墓地焚化冥币或挂于墓地、宜早	敬先祖坟墓的左邻右舍	祈求在阴间左邻右舍与先祖和睦	

中元节水气进入"生"的阶段,子月进入"旺"的阶段,阴气旺盛,因此有些地区会在十一月的冬至祭祖(表 4.1)。从汉代孟喜开始的十二月卦的卦象看,冬至的十一月为复卦,为上坤下震,即地面是裸露的黑土地,万物不生的状态为坤卦;地下百草根蠢蠢欲动,准备孕育新芽,视为震卦。邵雍《冬至吟》说:"冬至子之半,天心无改移。一阳初动处,万物未生时。玄酒味方淡,大音声正希。此言如不信,更请问伏羲。"④这里的"一阳初动处,万物未生时"便是复卦之象,为万物即将复苏的状态。虽然阳气甚是微弱,但无声无息中已经蕴含生命的微弱气息。冬至固然是阴气极盛时期,但物

①　(汉)刘安著,杨有礼注说:《淮南子》,开封:河南大学出版社,2010 年,第 205 页。
②　(隋)萧吉、(宋)徐子平、徐升著,郑同点校:《子平精粹 1:五行大义·渊海子平》,北京:华龄出版社,2010 年,第 25 页。
③　该表参照《中国鬼节与阴阳五行:从清明节和中元节说起》的表格内容基础上完成,见高洪兴:《中国鬼节与阴阳五行:从清明节和中元节说起》,《复旦学报》(社会科学报),2005 年第 4 期,第 136 页。
④　(宋)邵雍著,郭彧、于天宝点校:《邵雍全集 4》,《伊川击壤集》下,上海:上海古籍出版社,2015 年,第 380 页。

极必反,阴气已呈现下降势头,阴气敛藏,一阳上扬。反倒是冬至之前的十月(亥),在五行十二宫中处于水的"临官"阶段,即阴气将进入最旺盛之时,处于太阴正兴起之时,如《白虎通义》卷上《五行》所说:"故太阴见于亥,亥者,仰也,律中应钟;壮于子。子者,孳也,律中黄钟;衰于丑,丑者,纽也,律中大吕。"①亥在十二月卦中配属纯坤卦,阳气完全收敛关闭,处于一种纯阴无阳的状态之下,在五行与十二地支的配属关系中,亥与子一起配属水。②

> 清代顾禄《清嘉录》卷十:"十月朝:月朔,俗称十月朝,官府又祭郡厉坛。游人集山塘,看无祀会。间有墓祭如寒食者。人无贫富,皆祭其先,多烧冥衣之属,谓之烧衣节。或延僧道谓功德,荐拔新亡,至亲亦往拜灵座,谓之新十月朝。"

> 《中国民俗大系·山西民俗》:[送寒衣节]"农历十月初一,也叫'鬼节',它与清明节、中元节并称为'三冥节',但祭奠与清明、中元有所不同,尤其注重用纸剪成衣形为祖先焚烧,因而叫'送寒衣'。送寒衣的起源,本与时令有关。十月初,正值秋末冬初。……大同一带,地处塞外,气候寒冷,在纸衣内还夹些棉花。"③

清代顾铁卿《清嘉录》记载:"……盖土俗,家祭以清明、七月半、十月朔为鬼节。端午、冬至、年夜为人节。……"④水气在民俗中代表阴气,中元节、寒食节、清明节以二十四节气为基础,顺应阴气的活动周期,即通过顺水气,达到阴阳的平衡。端午(午)、冬至(子)、年夜(丑)等则是顺应阳的活动周期,人要"厄除"阴气,水气即阴气成为"克"的对象。如端午就是祛除病瘟、躲避兵鬼、驱邪禳灾的吉祥节日。端午叫作重午、端阳,农历五月正逢雨季,雨水较多,导致疾病滋生。针对这些,端午有采插艾叶、菖蒲,涂饮雄黄酒,调制朱砂酒,采多种草药,张挂钟馗画像或避邪符印等风俗。这些药材具有的药用功能的确是这一民俗延承下来的依据,但其中也包含五

---

① 齐豫生、夏于全主编:《白虎通义·菜根谭》,长春:北方妇女儿童出版社,2006年,第24—25页。

② 高洪兴:《中国鬼节与阴阳五行:从清明节和中元节说起》,《复旦学报》(社会科学报),2005年第4期。

③ 张余、曹振武编著:《中国民俗大系·山西民俗》,兰州:甘肃人民出版社,2003年,第214—215页。

④ 武文主编:《中国民俗学古典文献辑论》,北京:民族出版社,2006年,第381页。

行的相克原理,如饮用雄黄酒。端午阳气至盛,也是阴气最薄弱的时节,雄黄属土,蛇在民俗信仰中象征水,从五行相克理论来看,符合土克水的原理。

中国阴阳五行文化中的水在政治文化中表现为水德,其源头可追溯至秦代的"五德终始论"。在民俗文化中,水气等同于阴气,可以说阴阳文化中的水还是阴阳之气的斗争。

2. 日本阴阳五行文化水意象

阴阳五行说约在公元 6 世纪中叶传入日本,据正史所载,历本最初传入时间为钦明天皇十年(602),之后又由百济僧人观勒传入历本、遁甲方术、天文地理等。阴阳五行在天文学兴盛期的天武朝(673—684)达到顶峰。因阴阳五行而产生的咒术在这一时期极其盛行。阴阳五行思想在日本渗透到国家组织的各个领域,成为以朝廷为中心的祭政、岁时活动、占卜术以及医药、农业等诸多方面的理论基础。到了明治时期,由于西方工业文明的冲击,阴阳五行说作为迷信被取缔,之后以民俗祭祀的方式延续至今。中国的阴阳五行思想传入日本后,日本人在其中混合了道家咒术、密教占术以及日本本土神道文化,发展成了独特的"阴阳道"文化,因此日本民俗文化中的阴阳五行思想主要以咒术的形式保留了下来。在日本祭祀和民俗中最为突出的阴阳五行说则为五行相生相克原理和三合原理。[①] 与水有关的相生相克原理有水生木、金生水、水克火、土克水;根据水气"三合说",水为申生、子旺、辰暮。

根据吉野裕子的研究,日本的迎春风俗包括两个方面,一为克杀金气,二为放逐水气,用的是土克水原理。如交春撒豆的习俗反映的便是金克木和金生水的原理。大豆属金,春属木,交春炒豆,再将豆撒出去的习俗正是用克金,防止金克木的原理。撒豆要击退的是鬼,鬼在《和名抄》中的解释为"隐字之音'於尔'之讹也",即不想显露隐藏的形,"隐"和"阴"相对于"阳"和"显",因此迎接春之阳之前击退阴之鬼是非常合理的解释。另一方面,顺产最必要的是水,根据金生水的原理,大豆又具有顺产护符的作用。12 月 1 日的"渡河饼"是将饼、豆沙糯米团等甜食扔进河中敬水神的民俗,从阴阳五行来看,这个民俗符合土(甜食)克水(十二月)的原理。十二月即丑月是一年的分界之时,日本人把水气的十二月选作过去之年与来临之年

---

① ［日］吉野裕子著,汪平译:《易经与祭祀》,沈阳:辽宁教育出版社,1990 年,第 21 页。

的"界河"，平安渡过"界河"即旧年和新年的界限便是"渡河饼"的内在意义。① 克杀金气和驱逐水气为的是杀掉阴气的冬，阴气既可以是水，也可以是金。春是木气之始，联系迎春风俗，可以联想到克金是为了防止金克木，但是根据水生木的原理，放逐水气的民俗就显得不太合理。那是因为在日本阴阳五行文化中，正月（寅）不仅象征木气，还象征火气。从五行位置来看，寅是木气（春）之始终；从三合原理来看，寅是火气（夏）之始，即阳始。基于金克木、水克火的原理来看，迎春咒术中的克金和克水就变得有据可依。迎春咒术中的五行相克原理体现了双重特质，表面上是对金、水的放逐，其内在动因是金克木、水克火原理的运用，这其中存在金和木、水和火的对立关系。

这种水与火的对立关系表现在日本的民俗祭祀中便是正月和盂兰盆节在十二支寅申轴上的对立。从阴阳五行上看，"寅"和"申"的对立关系如下表 4.2 所示。

表 4.2 "寅""申"对立关系表②

祭祀	十二支	（五行循环）位置的对立	三合的对立	《易》卦的对立	民俗
正月	寅	木气（春）之始，向阳	火气（夏）之始，阳始	地天泰（上地下天）	晨汲若水，供神辟邪（男）
盂兰盆节	申	金气（秋）之始，向阴	水气（冬）之始，阴始	天地否（上天下地）	门前焚火

正月和盂兰盆节是日本最重要的两个民间祭祀。在日本一年中有两次祭祖，初春敬祖先神灵、岁神的祭祀就是正月祭；初秋与盂兰盆结合在一起变成了盂兰盆节③。正月在十二支中处于寅，是木气之始、火气之始、阳气之始；盂兰盆节是金气之始、水气之始、阴气之始，二者的对立无法从相生相克的原理进行说明，这种对立关系其实指向一种转换的契机，即"寅"（春夏）到"申"（秋冬）四季的自然变化。水气和火气的对立在正月和盂兰盆节中表

---

① ［日］吉野裕子著，雷群明等译：《阴阳五行与日本民俗》，上海：学林出版社，1989 年，第 65 页。

② 该图参照［日］吉野裕子《阴阳五行与日本民俗》（上海：学林出版社，1989 年）第 112 页的部分内容。

③ 盂兰盆会是日本的祖灵祭、佛教的盂兰盆会、基于阴阳五行的宗庙祭祀三者的复合，以全面的佛教仪式体现出来。［日］吉野裕子著，雷群明、赵建民译：《阴阳五行与日本民俗》，上海：学林出版社，1989 年，第 117 页。

现为具体化的水火的平衡。在正月(火之始)有用早晨汲来的水供奉岁神的风俗;在盂兰盆节(水之始)即阳历八月十三日的晚上有门前焚火的风俗。因此,"寅"和"申"诸多对立关系中本质的对立其实是阳始和阴始、水与火的对立。对立的本质是平衡,即二者都要得到同等的对待,平衡的目的是达成一年四季顺利的变化。吉野裕子将火水的关系解释为日照和降雨,认为日照和降雨的平衡是"寅"和"申"对立的原因。可见对这种水与火以及阴和阳的对立、平衡关系的理解,是建立在对气象、气候等自然变化要素的观察上。

如果从对立是万物变化的原点这一观点来看,子午轴要比寅申轴存在更加激烈的对立。子的固定位置与北、水、冬相连;从三合原理来看,其处于水旺;从《易》的消息卦来看,其属地雷复,即一阳复苏。午与南、火、夏相连;从三合原理看,其处于火旺;《易》的消息卦为天风姤,即一阴萌生。子之水和午之火在时空上都达到了一致,应该比寅申轴更能促进万物的流转。但事实上,从日本人一年的民间祭祀和仪式集会来看,其更加重视寅申轴。这是因为寅属五行中的木气,是木气之始,同时又是四季中春的开始。对木的重视与日本人的原始信仰有关,在日本人的古代信仰中生命始于森林,森林思想是日本文化的起点,木气之始和生命的开启相一致,因此寅申轴在日本阴阳五行文化中具有更加重要的地位。另外,按照十二干支和季节的分配,春季对应于寅卯辰、木气;夏季对应于巳午未、火气;秋季对应于申酉戌、金气;冬季对应亥子丑、水气。土气是每个季节最后的十八天,即辰、未、戌、丑。根据火生土的原理,火气中的土用水分最少,也就是处于未的十八日是燥土,从"易"的十二消息卦来看,六月又是天山遁,天上山下,山是最大的土气,因此根据土克水的原理,这个月是水气最弱的时候。然而,阴历六月正好是梅雨季节,只不过从五行咒术来看只能是水无月,可见水气与自然现象的关系并不紧密。

日本的阴阳五行文化主要是以民俗祭祀中咒术的形式传承下来,水在日本阴阳五行中主要处于被克的那一方,即土克水的关系当中。民俗中具体化了的土克水形式并非针对自然现象中的水灾,只不过是通过削减水气,来维持与火的力量相当的对立关系。而民俗中具体化了的水与火的结合,也是指向水与火的平衡关系,以及阴与阳的平衡关系。因此,日本阴阳文化中的水其实是需要削弱的对象,以此达到水火、阴阳的平衡,即打破水克火的原理。而这种基于阴阳对立关系的平衡其实是源于对立是万物变化原点这种思维方式,以及重视木气的日本古代森林信仰。可见,日本人对阴阳五行思想的接受并不意味着对日本原有信仰的忽视,而是通过借用其中的哲理，力图使暧昧不清的日本古代信仰理论化。[1]

3.韩国阴阳五行文化水意象

韩国的阴阳五行说作为哲学形式继承于中国，在韩国又得到进一步发展。金义淑、千山认为在朝鲜自然法的阴阳五行同中国一样，早在古代部族社会时期就已产生，只不过尚未形成体系。[2]《天符经》是朝鲜最早解释宇宙万物根源的典籍，以天、地、人三才为世界观，内容包括阴阳、五行、八卦等，檀君神话中的"天符印三才"更是用阴阳五行原理解释天、地、人相生变化关系的指导书籍，这里的"三才"（天、地、人）关系成为古朝鲜时期作为统治法典的"洪范九畴"的基础思想。[3]《天符经》中"天二三，地二三，人二三"，指的是道化三才，两仪阴阳；天之三才，为日月星，地之三才，为水火风，人之三才，为神气精。[4] 即在朝鲜古代思想中，水作为道化万物的自然形态，与风、火同属于地三才。

这种三才阴阳的思维方式在韩国文化中最显著的体现便是阴阳二分法。韩国的太极旗中的太极象征宇宙万物的本源，是阴阳的母体，分为象征阳刚的红色和象征阴柔的青色。再如李朝世宗大王所创的《训民正音》即根据三才——"天（·）"阳、"地"（一）阴、"人"（丨）中的原理创造了初声和终声，可为阳，可为阴。

韩国阴阳思想中的水的传统意识亦体现在《原泉赋》[5]中，《原泉赋》中将水称为"气之沆瀣"，其肯定了水作为物的性质。

惟地中之有水
由天一之生北
本于天者无穷
是以行之不息

---

① ［日］吉野裕子著，赵建民、吴锐编译：《阴阳五行思想与日本的祭祀民俗》，《东南文化》，1987年第 2 期，第 114 页。

② ［韩］金义淑、千山：《朝鲜文化与阴阳五行说》，《延边大学学报》（哲学社会科学版），1994 年第 4 期，第 47 页。

③ ［韩］金义淑、千山：《朝鲜文化与阴阳五行说》，《延边大学学报》（哲学社会科学版），1994 年第 4 期，第 47 页。

④ 金健人主编：《韩国研究》（第八辑），沈阳：辽宁民族出版社，2007 年，第 154 页。

⑤ ［朝鲜］曹植著，［韩］梁基正校注：《南冥集校注》，上海：上海古籍出版社，2014 年，第 137—139 页。

> 征一泉之鬵沸
> 异杯水之坳覆
> 纵初原之涓涓
> 委天地而亦足
> 非有本则不然
> 类人身之运血
> 或一暂之止息
> 天地亦有时而溃裂
> 同不死于谷神
> 实气母之沆瀣
> 故祀典之崇本
> 必先河而后海

　　从万物起源的观点来看，"天一之生水"是"地水"存在的根本原因，即若无来自天之根本的气，就不会有源源不断的地之水，天地之合的水如同从泉眼喷涌而出的地下泉水，可以润湿天地，这与无根之水不可同日而语。而且地之水就如同人的血脉，停止了流动便会摧毁天地。因此"气之沆瀣"，即既有源头（天—阳），又有形（流动—阴）的水，才能称为万物之源。

　　基于以上的水的阴阳论，五行即"木火土金水"中的水也具有无形和有形、形和质两面性，并适用于一切事物。① 由天地构成的阴阳世界是一个大宇宙，而自然之存在——人的世界是一个小宇宙，在韩国文化中阴阳五行的影响是巨大的，其作为韩国哲学、美学、民俗中不可或缺的标志，刻印在韩国人的集体无意识中。五行中的水的品性为"智"；方位为北；季节为冬；五味属咸；人体属肾脏系统；五官指耳；数字相当于 1、6；水为太极，属阴内包阳。由于天一生水，其在五行中最先出现，水的性格为润物、阴柔、向下、渗透。而且它与其他五行要素在相生相克关系中保持均衡和和谐，即便是在相克关系中也是强调互相牵制，达到生命体原有状态的均衡。

---

① ［韩］韓東錫：《宇宙變化의 原理：陰陽五行의원리》，대전：대원출판사，2001 年，第 59 页。

表 4.3 韩国文化中五行相关图分类表①

五行	五季	五方	五色	五味	五情	五常	五声	五音
木	春	东	蓝	酸	喜	仁	牙	角
火	夏	南	红	苦	乐	礼	舌	徵
土	夏末	中央	黄	甜	贪	信	唇	宫
金	秋	西	白	辣	怒	义	齿	商
水	冬	北	黑	咸	悲	智	喉	羽
宇宙元素四柱体质	季节自然动植物国民性情体质药理	方向方位数理数字基准骨架骨骼	自然色彩服饰食材纹样	味觉饮食味道韵味	气情感情感性气质艺术魂	理理性调理修理道理	韩文发声器官	韩文国乐合成音乐

如上表 4.3 所示,阴阳五行文化几乎囊括了韩国人衣食住行的所有方面,并且侧重相生关系,在无限的循环中达到生命体的完满状态。

五色原理广泛适用于宫阙的丹青、假面舞以及五彩韩服(색동저고리)等方面,儿童在节日穿着五彩韩服的颜色必须按照木、火、土、金、水的相生顺序进行排列,具有祈福健康的含义。如果为了美观打乱顺序呈现相克的涵义,就不具备祈愿的含义。

古代朝鲜人起名时亦普遍遵循五行相生顺序,这一习惯始于新罗末期,至李朝中期已相当普遍化。② 如图 3 光山金氏家谱中所示,从 27 代开始始终遵守五行相生顺序,31 代的"镇"字派和 32 代的"源"字派以及 33 代的"相"字派,处于金生水、水生金的相生关系中。

---

① [韩]Kim Huryeon(김후련):《한국문화에 내재된 음양오행 코드 분석—훈민정음 을 중심으로》,《글로벌 문화콘텐츠》第 13 号,2013 年,第 25 页。

② [韩]金义淑、千山:《朝鲜文化与阴阳五行说》,《延边大学学报》(哲学社会科学版),1994 年第 4 期,第 50 页。

代数	24	25	26	27	28	29	30	31	32	33
名字	宗胤——	锡	—殷辉 —	善生 —	才梁 —	益秋 —	万陞			
			—继辉 —	长生	—隐					
					—集 —	益炯 —	万里 —	镇守—	九泽—	相慎
						益炼 —	万成 —	镇南		
								—镇纲 —	恭源	
									大源 —	相仁
									复源 —	相亳
字派		金	浑	生	木	火	万	镇	源	相
五行				土	木	火	土	金	水	木

图 3　光山金氏家谱①

　　《训民正音》是在三才阴阳五行基础上创制的。《训民正音解例·制字解》中道："天地之道，一阴阳五行而已。坤复之间为太极。而动静之后为阴阳，凡有生类在天地自然之间者，舍阴阳而何之。故人之声音，皆有阴阳之理，顾人不察耳。"②也就是说，坤卦和复卦是周易中所说的无极，无极是太极，是万物生长的根源。因此，凡是万物皆有阴阳之理，这便是自然之道，这其中也包括声音，只不过人们没有察觉到而已。将这种声音分成三类便是初声、终生和中声，分别对应天、地和人事。《训民正音例解·制字解》道："以初中终合成之字言之，亦有动静互根阴阳交变之义焉。动者，天也；静者，地也；兼乎动静者，人也。盖五行在天则神之运也；在地则质之成也；在人则仁礼信义智神之运也，肝、心、脾、肺、肾质之成也。"③即天、地、人三声连成一个音，天地一动一静只能发动于事物，万物的辅相要倚靠人类来完成，而五行在人间便是对应"天赐"的"仁礼信义智"等。

　　关于初声（天）的制作原理，《训民正音例解·制字解》有云："喉邃而润，水也，声虚而通，如水之虚明而流通也，于时为冬，于音为羽。牙错而长，木也，声似喉而实，如木之生于水而有形也，于时为春，于音为角。舌锐而动，火也，声转而如火之转展而扬扬也，于时为夏，于音为徵。齿刚而断，金也，

---

　　①　［韩］金义淑、千山：《朝鲜文化与阴阳五行说》，《延边大学学报》（哲学社会科学版），1994 年第 4 期，第 50 页。

　　②　转引自李得春主编：《中韩语言文字关系史研究》上，延吉：延边教育出版社，2006 年，第 168—169 页。

　　③　转引自李得春主编：《中韩语言文字关系史研究》上，延吉：延边教育出版社，2006 年，第 168—169 页。

声屑而满,如金之屑而锻成也,于时为秋,于音为商。唇方而合,土也,声含而广,如土之含荒万物而广大也,于时为季夏,于音为宫。"①即初声(天)中水生木的内在原理为:声虚到喉实,无形到有形,这种变化并非强调水与木的因果关系,而是一种线性的发生。水是虚名而无阻的气,遇到"牙错而长"的阻力,便生出"角",这种线性的发展依次发生于水、木、火、金、土。

中声(母音)的三个基本要素为"•、ー、丨",象征着天、地、人,中声由这三种要素互相组合而成,因此中声具有三才之道。其中"ㅇ舌缩而声深,天开于子也,形之圆,象乎天也",这与初声中的喉音"ㅇ"于象、于时都相通,符合天一生水原理:"ㅗ初生于天,天一生水之位也。ㅏ次之,天三生木之位也。ㅜ初生于地,地二生火之位也。ㅓ次之地四生金之位也。ㅛ再生于天,天七成火之数也。ㅑ次之,天九成金之数也。ㅠ再生于地,地六成水之数也。ㅕ次之,地八成木之数也。水火未离乎气,阴阳交合之初,故阖。木金阴阳之定质,故辟。天五生土之位也。一地十成土之数也。丨独无位数者,盖以人则无极之真,二五之精,妙合而凝,固未可以定位成数论也。是则中声之中,亦自有阴阳五行方位之数也。"②如表 4.4 所示,中声的八声按照水、火、木、金、土的五行顺序进行循环,这与河图的"天一生数,地二生数,天三生数,地四生数,天五生数,地六成数,天七成数,地八成数,天九成数,地十成数各配置为一六水北,七二火南,三八木东,九四金西,五十土中"的数理相符。可见,中声是从发生学的角度,按照阴阳五行三才的和合原理进行循环的,即水与火是还未物化的气的状态,水火的"ㅗ"、"ㅜ"为天地之合,并无人"丨"的参与,故万物的形成必须靠人的参与才能完成,也就是说"气"与"物"的区别在于有无人的参与。因为"丨"代表的人是二五(阴阳)之合,万物真正的灵之所在,根本就没有必要论成数和定位。这种基于三才阴阳的五行循环并不只局限在《训民正音》中。例如,韩国古老的民俗游戏"윷놀이"也体现了这种五行循环理论。这种游戏是根据丢木块看得分的形式进行,4 个小木块的正反面都做上了相关标记,丢到 5 种牌分别得 1、2、3、4、5 分,而分数各对应猪、狗、羊、牛、马五种动物,这些动物恰好对应于五行的水、火、木、金、土。

---

① 转引自李得春主编:《中韩语言文字关系史研究》上,延吉:延边教育出版社,2006 年,第 168—169 页。

② 转引自李得春主编:《中韩语言文字关系史研究》上,延吉:延边教育出版社,2006 年,第 168—169 页。

表 4.4　中声易理分类表①

中声	数	阴阳	五行	方位	天地数
ㅗ	1	阳	水	北	天一
ㅜ	2	阴	火	南	地二
ㅏ	3	阳	木	东	天三
ㅓ	4	阴	金	西	地四
·	5	阳	土	中	天五
ㅠ	6	阴	水	北	地六
ㅛ	7	阳	火	南	天七
ㅕ	8	阴	木	东	地八
ㅑ	9	阳	金	西	天九
ㅡ	10	阴	土	中	地十
ㅣ	无数	中性	无行	无位	无天地数

可见韩国阴阳五行文化中的水始终处于五行循环中：一是发生于具体的韩国五行文化中，它强调在五行相生循环中达到人生命的完满状态。二是发生学角度的三才阴阳五行生成循环，这种循环以易理为基础，因此根据"天一生水"，水始终处于第一的位置。虽然有两种循环，但笔者认为，从水和自然观的关系来看，韩国人原始信仰中的水更加倾向于第二种自然发生论的循环。韩国民俗清水信仰中，在子时到附近井中取一碗月清水回来祈福，表现了韩国人对"天一生水"开启万物新生的虔诚信念。水是新旧交替和希望的开始，代表着天、地、人合后万物形成的自然。

4. 小结

阴阳五行思想源于中国，传入日、韩后得到了长足的发展。韩国基于三才阴阳世界观发展了以相生关系为主的五行文化，日本阴阳文化主要集中于民俗祭祀，注重相克关系。中、韩两国阴阳五行思想的共通点在于注重水与气的循环性；日本注重水与火的平衡性。在继承五行相生相克原理上，韩

---

① 出自［韩］김만태：《훈민정음의 제자원리와역학사상—음양오행론과 삼재 론을 중심으로》，《철학사상》45(0)，2012 年，第 74 页。

国注重相生顺序,日本强调相克性;在韩国阴阳文化中水是相生的开端,而日本阴阳文化中的水是被克的对象。中国的阴阳思想在民俗文化中都以水的三合说即水的生旺死为基础,中国以气为宗。而日本注重水的三合说中的"生",即十二地支中的申——阴始。水的阴始相对于火的阳始,十二地支中的寅,三合说中的"生"。首先,水的申生相对于火的寅生,寅申线上的阴阳、水火对立,其实是源于日本人思维方式中对立是万物变化的起点这一思想。其次,日本古代森林思想重视木气,因此更注重寅(木气之始、火气之始、春天、阳始),于是基于水克火的原理,水就成为需要削弱的对象,以此达到阴阳、水火平衡,即日本阴阳五行思想的根基是古代森林信仰,日本人通过吸收中国的阴阳五行哲理,试图将暧昧不清的古代信仰加以清晰化、理论化。韩国阴阳五行文化中的水处于五行相生循环中,强调循环的次序性,其基础是天地人的相生循环,并且以易理为基础,因此根据"天一生水",水始终处于第一的位置。韩国民俗清水信仰中,在子时到附近井中取一碗月清水回来祈福,意味着韩国人对"天一生水"开启万物新生的虔诚信念。

第五章　东亚文学水意象
——以古典诗歌为例

文学水意象的分类方法大致有两种，一为根据水意象外部特征，即水的形态分类；二为根据水意象的内部特征，即水意象所代表的主题内涵分类。本书侧重于后者的分类，将重点放在水与思维的相关性上，主要考察能够引起原型思维的水意象特征。其原因有两点：一是意象是自我与世界的同一，纯自然的水在意象中已不复存在，水意象是人自我内化的水符号。二是水不仅是文学意象中常见的一个主题，还可以超越文学界限揭示人的存在价值和存在方式，即基于文化特性的普遍的原型思维。因此本章基于上述认识，试图归纳能够激活中、日、韩三国民众普遍想象力的水的原型特征。

第一节　中国古典诗歌中的水意象

中国古典诗歌中的水意象可根据主题分为水与生命感、水与道德、水与时间、水与隐居、水与爱恨情愁等五个部分。①

1. 润物细无声——水与生命感

水意象中对生命的思考是诗人生命哲学思维的反映。儒家的水表现为生命力律动的"活水"，道家的水是憧憬"无为自然"的"静水"和"柔水"。② 老子曰："道冲，而用之或不盈。渊兮，似万物之宗。"③ 管子道："水者，地之血气，如筋脉之通流者也。"④对水的生命之思在充满想象力的诗歌中幻化为"春雨"和"一雨池塘水"，在"润物细无声"中唤起诗人对生命的无限畅想。

《诗经》中收录了大量反映当时各地区生活和文化的诗句，其中"雨"意

---

① 　该分类参考梁德林：《古代诗歌中的水意象》，《广西师范学院学报》（哲学社会科学版），2003年第2期。

② 　"活水""静水""柔水"的说法，请参考程霞：《先秦美学中水之意象分析——基于儒家和道家比较》，《经济研究导刊》，2008年第7期。

③ 　（春秋）老子著，李正西评注：《道德经》，合肥：安徽文艺出版社，2003年，第10页。

④ 　（清）颜昌峣：《管子校释》，长沙：岳麓书社，1996年，第349页。

象在农耕生活题材中尤为突出。《释名·释天》谓:"雨,羽也,如鸟羽动则散也,雨,水从云下也,雨者,辅也,言辅时生养也。"①雨可以滋润万物,对于农业社会的重要性不言而喻。因此在古代雨被称为天水,丰收之雨誉为"甘露"或"甘霖"。《小雅·信南山》中有这样的描写:"上天同云,雨雪雰雰,益之以霡霂。既优既渥,既霑既足,生我百谷。"②写出天时地利和合之美,在冬春两季交替之际,雪盛雨足,一片生机盎然之象。"雨雪"交织、"霡霂"绵柔春象,复合的"雨"意象召唤万物生命的复苏。再如《小雅·甫田》第二章:"以祈甘雨,以介我稷黍,以穀我士女。"③《大雅·云汉》篇:"旱既大甚,蕴隆虫虫。不殄禋祀,自郊徂宫。"④表达了人们通过祭祀祈求天降甘霖,避免干旱,以求丰收的热切心情。

春和雨唤来生命的苏醒,在杜甫的《春夜喜雨》中雨意象体现为不可逆转的生命自然法则。

> 好雨知时节,当春乃发生。
>
> 随风潜入夜,润物细无声。
>
> 野径云俱黑,江船火独明。
>
> 晓看红湿处,花重锦官城。

"好雨"要知时节,并与春同来,暗喻春雨带来万物生命发生之意,亦表生命本身所蕴含的自然规律性。雨和"风""夜"融合,在静态描写中无声地滋润生命,"潜入夜"和"细无声"表示润物而无意讨好的品格,"野径"和"江船"被置于雨的空间中,诗人在明暗交映中感雨。末联的想象之景以鲜活细腻的手法赞美春雨所带来的生命力。除了春雨之外,池塘水在古典诗词中也成为引起诗人生命畅想的媒介。

朱熹的《观书有感》中有:"半亩方塘一鉴开,天光云影共徘徊。问渠那得清如许? 为有源头活水来。"池塘清澈如镜,可以映照出天光和云影,而其清澈原因在于源头的活水,也就是说池塘的"活水"是唤起生命迹象的媒介。"源头活水"表明永不枯竭的生命动力,如同《天行歌》中的"东流水"带给人们生生不息的情感体验。

---

① 转引自陈建初著:《〈释名〉考论》,长沙:湖南师范大学出版社,2007年,第267页。

② 陈节注译:《诗经》,广州:花城出版社,2002年,第324页。

③ 陈节注译:《诗经》,广州:花城出版社,2002年,第327页。

④ 陈节注译:《诗经》,广州:花城出版社,2002年,第448页。

天时泰兮昭以阳，清风起兮景云翔。

仰观兮辰象，日月兮运周。

俯视兮河海，百川兮东流。①

　　晋代傅玄的这首诗用日月的周转、河海流淌不息体现大自然的生命活力。中国地势西高东低，因此对于古人来说，"东流水"是一种亲身的体验，以及对自然必然性的认识。小农经济特点以及在长时间处于同一地方生活的体验造就了中国人柔韧不屈、沉稳坚强的文化精神及性情，"东流水"的深沉坚韧反映了中华民族的特性，促使人们以恬淡平和的心态面对人生境遇，达到生命力的更新。② 因此，滔滔不绝的东流水喻示自然宇宙运行的不停息，赋予人们生命的原动力。

2. 不饮浊泉水——水与道德

　　孔子以水喻君子品德："夫水，遍与诸生而无为也，似德；其流也埤下，裾拘必循其理，似义；其洸洸乎不淈尽，似道。若有决行之，其应佚若声响，其赴百仞之谷不惧，似勇；主量必平，似法；盈不求概似正；淖约微达，似察；以出以入、以就鲜契似善化；其万折也必东，似志。是故君子见大水必观焉。"③"大水"具有的自然特性，引发孔子对君子德行的想象。《老子》第八章："上善若水。水善利万物而不争，处众人之所恶，故几于道。"④其认为水利于万物，又有不争不抢的品格，与人间社会不同。《韩诗外传》曰："问者曰：夫智者何以乐于水也？ 曰：夫水者缘理而行，不遗小间，似有智者。动而下之，似有礼者。蹈深不疑，似有勇者。障防而清，似知命者。历险致远，卒成不毁，似有德者。天地以成，群物以生，国家以宁，品物以正。此智者所以乐于水也。"⑤刘禹锡在《叹水别白二十二》道："水，至清，尽美。从一勺，至千里。利人利物，时行时止。道性净皆然，交情淡如此。"⑥这些都表明水蕴含的道德启示，其中"清浊水""流水"的意象尤为突出，是连接水与道德观念、水与古典审美观念的重要媒介。

---

　　①　逯钦立：《先秦汉魏晋南北朝诗》，北京：中华书局，1983 年，第 575 页。

　　②　杨中正：《先秦汉魏晋南北朝诗歌中的"东流水"意象》，《阜阳师范学院学报》（社会科学版），2015 年 1 月期，第 69 页。

　　③　出自（唐）杨倞注、耿芸标校：《荀子》，上海：上海古籍出版社，2014 年，第 355—356 页。

　　④　（春秋）老子著，李正西评注：《道德经》，合肥：安徽文艺出版社，2003 年，第 18 页。

　　⑤　转引自张松辉、周晓露：《〈论语〉〈孟子〉疑义研究》，长沙：湖南大学出版社，2006 年，第 76 页。

　　⑥　黄勇主编：《唐诗宋词全集》（第 3 册），北京：北京燕山出版社，2007 年，第 1132 页。

（1）"清浊水"意象可以引发对人品行的思考,古人常用水的清浊比喻人的道德之高尚与低下,其缘由是清水与浊水的自然特征。岑参《太白胡僧歌》曰:"心将流水同清净,身与浮云无是非。"用流水之清静喻胡僧洁身自好、与世无争的高尚节操。储光羲《采菱词》曰:"浊水菱叶肥,清水菱叶鲜。义不游浊水,志士多苦言。"①此诗中将浊水形容为为达目的而不择手段的形象,清水比喻不为荣华所动的高贵品行。白居易在《丘中有一士二首》其二曰:"不饮浊泉水,不息曲木阴。所逢苟非义,粪土千黄金。"②"浊泉水"和"曲木阴"象征不慕荣华的"非义"。清水成为众多清高自傲者表达自我的抒情模式,这种模式又来源于水的自然特性。③ 晋孙绰《三月三日兰亭诗序》说:"古人以水喻性,有旨哉斯谈! 非以停之则清,混之则浊耶? 情因所习而迁移,物触所遇而兴感……"④清水和浊水的区别引发诗人对道德品行高下的联想,但在不同的条件下"清浊水"意象同样可以因为"洗涤"功能达到同一,如"沧浪之水清兮,可以濯我缨;沧浪之水浊兮,可以濯我足"⑤。孔子去楚国时曾听到孺子唱过,并告诫弟子们说:"小子听之,清斯濯缨,浊斯濯足矣,自取之也。"⑥这表明不管是清水濯缨还是浊水濯足,人要因时而异,"清浊"在"濯"的自然属性中达到了统一。

（2）"流水"意象可以使人从烦闷的俗世中回到自然的原初状态,找回本心。如杜甫的《江亭》:"坦腹江亭暖,长吟野望时。水流心不竞,云在意俱迟。寂寂春将晚,欣欣物自私。故林归未得,排闷强裁诗。"⑦"水流心不竞,云在意俱迟"为"意同语异",今人周振甫说:"水在流动,跟心在活动相应,但这是'无心与物竞',再为争名争利,正像水流也不是和谁竞争一样。'云在'而不流,和'意俱迟'相应。"⑧"水流"和"云在"是不同的自然外部特征,但是与"心"的自在相通。江水的"流动"和云的"自在"本就是自然而然的原初状态,即老子所说的"道",而"心不竞"便是人观照自然并从中悟道的表征。末句的"故林归未得"表明诗人因国乱无法回归故乡的烦闷心情,并借助"水

---

① 黄勇主编:《唐诗宋词全集》(第1册),北京:北京燕山出版社,2007年,第391页。
② 黄勇主编:《唐诗宋词全集》(第3册),北京:北京燕山出版社,2007年,第1321页。
③ 梁德林:《古代诗歌中的水意象》,《广西师范学院学报》(哲学社会科学版),2003年第2期。
④ 《全上古三秦汉三国六朝文》(第4册),石家庄:河北教育出版社,1997年,第636页。
⑤ 人民文学出版社编辑部编选,周蒙等注释:《先秦诗文精华》,北京:人民文学出版社,2000年,第6页。
⑥ 人民文学出版社编辑部编选,周蒙等注释:《先秦诗文精华》,北京:人民文学出版社,2000年,第6页。
⑦ 傅东华选注:《杜甫诗》,武汉:崇文书局,2014年,第98页。
⑧ 何宝民:《古诗名句荟萃》,郑州:河南人民出版社,1983年,第385页。

流"和"云在"的自然观照从无法归乡的心绪中得到解脱。邵雍《天津感事吟》中的流水,同样具有启迪人性的作用,如"水流任急境常静,花落虽频意自闲。不似世人忙里老,生平未始得开颜"①。诗人借助流水、落花的自然形态,从哲学高度揭示仕与隐、忙与闲、动与静的矛盾与对立。② 水流纵然急遽,但其本性却是清净、平稳的,不像世人表面上虽如流水和繁花般忙碌不已,却从生下来就无喜笑颜开之时。诗人用水的本性唤起对人本性的思考。那么人应该何去何从? 邵雍在《天津感世吟》中回答:"名利从来本任才,行人不用苦相猜。"③即人要从世俗的名利追逐中解脱出来;又说"休叹浮生荣与辱,且听终日水潺潺"④,用流水的永恒性反观浮生荣辱的短暂和可变性,启示人们放下无谓的欲望。

水在诗人笔下体现为反思的对象,这种反思通过否定水的外在物质性来寻求人的道德品质等内在价值。如"流水"意象,水流本身的自然特征为欢腾、急遽,但诗人却能在其中体会出水的"常静";再如"清水"和"浊水"同样可以助菱叶成长,但诗人却通过否认这一外在效应——水对菱叶成长的作用,肯定"清水"的内在价值。这种水意象思维试图从视觉看不到的水的内在性中寻找人的存在价值,而这一过程伴随着对水的外在物质性的排斥。

3. 滔滔江水——水与时间

"流水"意象的象征性最早见于《论语·子罕》:"子在川上曰:逝者如斯夫,不舍昼夜。"水的流动象征永不停歇的时间的流逝。在中国古典诗词中"流水"会激发人们感悟一去不复返的时间和有限的生命,同时反复循环的水流还会唤起人们对遥远历史记忆的重塑。

《离骚》中"汨余若将不及兮,恐年岁之不吾与",通过水的一去不复返思考人的有限性。李白的"君不见黄河之水天上来,奔流到海不复回",孟郊《达士》:"四时如逝水,百川皆东波。青春去不还,白发镊更多",殷尧藩《江行》中:"年光流不尽,东去水声长",以及汪中《白门感旧》中的"十载江湖生白发,华年如水不堪论",都是以水比喻时间的诗词,其中透露着对时间流逝的必然性却无法改变的无力感。因此这种无力感常常伴有岁月无常的感叹以及功名未就、壮志未酬的遗憾。流水在李白的《古风三十九》中象征人生

---

① （宋）邵雍著,陈明点校:《伊川击壤集》,上海:学林出版社,2003 年,第 40 页。
② 王充闾:《向古诗学哲理》,北京:中国青年出版社,2012 年,第 97 页。
③ （宋）邵雍著,陈明点校:《伊川击壤集》,上海:学林出版社,2003 年,第 39—42 页。
④ （宋）邵雍著,陈明点校:《伊川击壤集》,上海:学林出版社,2003 年,第 54 页。

荣华的短暂和世事的无常,"……登高望四海,天地何漫漫。霜被群物秋,风飘大荒寒。"①。诗人"登高望四海",将天地万物置于时间中,"霜"是视觉的时间体验,将"群物"化为秋色;"风"是触觉的时间体验,使"大荒"寒冷。而人生的荣华富贵终究会像"东流水"而不会永久停留,世间万事也如同起伏不定的"波澜"变化无常,因此流水总会唤起对人生的反思。杜甫《哭长孙侍御》有云:"流水生涯尽,浮云世事空。"②用流水感叹长孙侍御已走完的人生。隋朝葛玄《空中歌三首》其一中:"停驾虚无中,人生若流水。"③其直接用"流水"比喻人生的无常。

　　水的流动是永恒并且反复的,因此自然的水流又能唤起对时间的追忆。"郁孤台下清江水,中间多少行人泪。西北望长安,可怜无数山。青山遮不住,毕竟东流去。江晚正愁余,山深闻鹧鸪。"④辛弃疾以山水来表达怀念故土以及壮志难酬的苦闷心绪。诗人低首俯视赣江之水从郁孤台下向北而流,触景生情,追忆起四十年前失去故土时的潦倒,"中间多少行人泪"象征失去故土的人的悲痛,滔滔江水便是眼泪的集合,用泪与江来将悲伤放大。而"东流去"指向未来的时间,表达必然将至的希望,来自青山的视觉阻隔,更加凸显思念故土的强烈情感以及收复"长安""无数山"的意志。刘禹锡《西塞山怀古》:"人世几回伤往事,山形依旧枕寒流。"⑤同样将人的追忆与不变的流水进行比较,体现了人生的巨变沧桑。苏轼《念奴娇·赤壁怀古》:"大江东去,浪淘尽,千古风流人物。故垒西边,人道是,三国周郎赤壁。"⑥将自己和千古风流人物放在历史的时间流中进行观照,"大江东去"象征历史变迁的必然趋势,千古风流人物也无法违背时间的自然规律,由此诗人从眼前有限的世事中超脱出来,从精神上获得自由。

　　由此可见,水的永恒流动和不断循环的物质性唤起人们对当下人生的思考、历史的追忆以及未来的寄望。气势磅礴的"流水"、惊涛骇浪的"波澜"与"青山""浮云"同时出现,形成空间与时间、视觉的有限与视觉的无限之间的对立,并引起人们强烈的情感共鸣,或引人感叹世事无常,或在悲伤中燃起未来的希望。可以说,时间的流水意象是无限的代名词,成为观照人生命活动有限性的参照物。

---

① 郁贤皓选注:《李白选集》,上海:上海古籍出版社,2013年,第221页。
② 黄勇主编:《唐诗宋词全集》(第2册),北京:北京燕山出版社,2007年,第731页。
③ (唐)王梵志著,项楚校注:《王梵志诗校注》,上海:上海古籍出版社,1991年,第699页。
④ (宋)辛弃疾撰,邓广铭笺注:《稼轩编年笺注》,上海:上海古籍出版社,1998年,第41页。
⑤ 李定广:《中国诗词名篇赏析(上)》,上海:东方出版中心,2018年,第245页。
⑥ 黄勇主编:《唐诗宋词全集》(第6册),北京:北京燕山出版社,2007年,第71页。

4. 洞在清溪何处边——水与隐逸

隐逸思想源于道家的《庄子》和和儒家《论语》。《论语·泰伯》曰："笃信好学,守死善道。危邦不入,乱邦不居。天下有道则见,无道则隐。邦有道,贫且贱焉,耻也;邦无道,富且贵焉,耻也。"①《庄子·达生》道："世之人以为养形足以存生,而养形果不足以存生,则世奚足为哉! 虽不足为而不可不为者,其为不免矣。夫欲免为形者,莫如弃世。弃世则无累,无累则正平,正平则与彼更生,更生则几矣。"②儒家的隐逸是由于"邦无道"而不得已为之的短暂的隐逸,而道家的隐逸是实现无为之道的方式,是对自由和逍遥方式的主动追求,二者在目的性上存在区别,但不可否认都是一种人的存在方式。③在中国古典诗歌中隐逸是一种人们对自然和谐生活的憧憬,而闲适的水边景象总能成为激发人们隐逸想象的媒介。

睹溪水思归隐,"溪水"的移动性和未知性将人引向理想中的桃花源,激发归隐的欲望。被钟嵘称为"古今隐逸诗人之宗"的陶渊明在《桃花源记》曰："缘溪行,忘路之远近"④,潺潺溪路幽静而怡然,使人忘却远近,溪水便是连接现实和"桃花源"的想象之路。盛唐时期张旭在《桃花溪》中如此描写溪水："隐隐飞桥隔野烟,石矶西畔问渔船。桃花尽日随流水,洞在清溪何处边?"⑤桥上的世界是现实,而桃花飘落溪中,表明溪水是现实通往世外桃源的道路。清溪的清静和自由以及不知去向的未知激发人们对世外桃源的向往。世外桃源是心灵的归处,而非现实的空间。欲寻却寻不到,寻不到才会更想寻,溪水不知去向的自然特性使人们对世外桃源的憧憬达到最大化。王维的《桃源行》中也以"仙源"的无处可寻,表达了隐居的渴望,"当时只记入山深,青溪几度到云林。春来遍是桃花水,不辨仙源何处寻?"⑥"清溪"和"桃花水"可以到达"云林"和"仙源",表明清溪是到达隐居世界的桥梁。诗人清醒地认识到所谓世外桃源并不存在于现实世界,那么从繁琐的俗世超脱,必要回归自然。

水不仅是世外桃源的通路,还可以是隐居的背景,使人从现世的束缚中得到解脱。陶渊明通过重返田园寻找其心目中的理想世界。他在《归去来

---

① 陈国庆、王翼成注评:《论语》,西安:陕西人民出版社,2006年,第152页。
② (战国)庄周著,胡仲平编译:《庄子》,北京:北京燕山出版社,1995年,第184页。
③ 许晓晴:《中古隐逸诗研究》,复旦大学博士论文,2005年,第22—26页。
④ 马茂元选注:《唐诗选(上)》,上海:上海古籍出版社,2017年,第88页。
⑤ 马茂元选注:《唐诗选(上)》,上海:上海古籍出版社,2017年,第88页。
⑥ (唐)王维著,(清)赵殿成注:《王维诗集》,上海:上海古籍出版社,2017年,第153页。

辞》中说:"归去来兮,田园将芜胡不归。既自以心为形役,奚惆怅而独悲。悟已往之不谏,知来者之可追。识迷途其未远,觉今是而昨非。舟遥遥以轻扬,风飘飘而吹衣。问征夫以前途,恨晨光之熹微。乃瞻衡宇,载欣载奔。"①要摆脱"心为形役",陶渊明主张回归田园生活,"怀良辰以孤往,或植杖而耘籽。登东皋以舒啸,临清流而赋诗"②。戴帅初同样认为日出而作、日落而息的农耕生活才是心灵得到慰藉的最佳方式,"六月苕溪路,人言似若耶。渔罾挂棕树,酒舫出荷花。碧水千塍共,青山一道斜。人间无限事,不厌是桑麻"③。可见"田园"、清澈的"溪水"皆是隐居的背景,林中清澈的"水边"空间远离人类社会,营造出与浑浊的现实世界所不同的纯粹和清澈,促使人们回归心灵的宁静和闲适。孟浩然《宿业师山房待丁大不至》中的"松月生夜凉,风泉满清听"以及王维《山居秋暝》中的"明月松间照,清泉石上流",将泉水和明月作为隐居空间的背景,泉水的清澈与明月融合,唤起人们从俗世的"混浊"回归自然"清澈"状态的憧憬。

5. 抽刀断水水更流——水与爱情、忧愁

水的自然属性在诗人想象力的构建下,可以激发"爱情""忧愁""思念"等情感的发生。

流水不间断的流动特性,使得水成为激发爱情的冲动与寄托相思的媒介。情之所物,无从抑制,愈加阻挠,愈显浓烈。《诗经》中男女追求爱情的诗篇多发生于河畔。如《周南·关雎》:"关关雎鸠,在河之洲;窈窕淑女,君子好逑。参差荇菜,左右流之,窈窕淑女,寤寐求之。求之不得,寤寐思服。悠哉悠哉,辗转反侧。"④诗人将关关鸣叫的水鸟比作窈窕淑女,河中沙洲喻示求而不得的急切心情,河的阻隔激发男子更为浓烈的感情。再如《秦风·蒹葭》:"蒹葭苍苍,白露为霜。所谓伊人,在水一方。溯洄从之,道阻且长;溯游从之,宛在水中央。"⑤这里的水没有具体的自然形态,而只代表一种阻隔意蕴,台湾学者黄永武说:《诗经》中的水,固然有直赋自然景象的;也有兼含比兴象征的,这些比兴象征,大半含有一种共通的意义:水是礼的象征。"⑥在众多中国古代爱情诗歌中,水之所以成为情感障碍的根本原因就在

① 黄勇主编:《唐诗宋词全集》(第 6 册),北京:北京燕山出版社,2007 年,第 3512 页。
② 黄勇主编:《唐诗宋词全集》(第 6 册),北京:北京燕山出版社,2007 年,第 3512 页。
③ 张耀南、吴铭能编著:《水文化》,北京:中国经济出版社,1995 年,第 54 页。
④ 陈节注译:《诗经》,广州:花城出版社,2002 年,第 2 页。
⑤ 陈节注译:《诗经》,广州:花城出版社,2002 年,第 2 页。
⑥ 黄永武:《中国诗学(思想篇)》,北京:新世界出版社,2012 年,第 123—124 页。

于此。

　　首先，流水悠悠无限，水的移动性可以激发人们的绵绵相思之情，将处于不同空间的爱恋男女联系在一起。李之仪的《卜算子·我住长江头》："我住长江头，君住长江尾。日日思君不见君，共饮长江水。此水几时休？此恨何时已？只愿君心似我心，定不负相思意。"①"我"住长江头，"君"住长江尾，空间距离增加了相恋者相思之痛的绵长，住在同一条江边，喝的是同一江水，可是却在江的两头，天天思念却不能相见，同与异对比，形成重叠复杂的语言效果，增强了全词的艺术表现力。② 江水之隔无法改变，但长江无限的流动性可以贯通二者的相思之情。李清照的《一剪梅·红藕香残玉簟秋》灵秀婉丽，表达了与丈夫恋恋不舍、不忍离别的愁绪："花自飘零水自流，一种相思，两处闲愁。此情无计可消除，才下眉头，却上心头。"③花的凋零和水的流动互不干涉，水亦不会因为花自凋零而驻足，诗人表达了对别离无奈又无助的感叹。水的流动不可阻挡，就如时间不会为人停留一样，因此水的阻隔唤起了"一种相思"和"两种闲愁"，一"愁"为别离之忧，二"愁"为如水的时间不会眷顾如花的女人之愁绪，所以流水永不停留的属性激发了相思之苦和离别的忧愁。

　　其次，潺潺流水唤起忧愁，诗人常用水流的长短，水量的大小、深浅等物质属性衬托深刻的愁绪。如李白在与朋友别离之际留下的《金陵酒肆留别》中就表达了依依惜别之情："风吹柳花满店香，吴姬压酒唤客尝。金陵子弟来相送，欲行不行各尽觞。请君试问东流水，别意与之谁短长？"④面对美好的江南风物，至情至义的朋友，离愁别忧不言而喻。但情感再深刻也是抽象的，只能借助江水绵延不断、源远流长的形象，留以想象的空间，言有尽而意无穷，这与《赠汪伦》中"桃花潭水深千尺，不及汪伦送我情"有异曲同工之妙。离愁别绪和深厚友情与水在深度上产生共鸣，水的深度唤起情感的联想。除了别离愁绪之外，现实和理想不可调和而产生的烦闷情绪同样可以通过水的媒介表现出来，《宣州谢朓楼饯别校书叔云（作陪侍御叔华登楼歌）》曰："抽刀断水水更流，举杯消愁愁更愁。人生在世不称意，明朝散发弄扁舟。"⑤谢朓楼前终年长流的宛溪水与无穷的烦忧产生联想，"抽刀断水"表示排遣烦忧的强烈愿望，"水更流"展现出水遇到阻碍后不减反增的现象形

---

① 黄勇主编：《唐诗宋词全集》（第6册），北京：北京燕山出版社，2007年，第2943页。
② 刘青文主编：《中国古代诗歌散文鉴赏》，北京：北京教育出版社，2013年，第143页。
③ 黄勇主编：《唐诗宋词全集》（第6册），北京：北京燕山出版社，2007年，第3108页。
④ 黄勇主编：《唐诗宋词全集》（第2册），北京：北京燕山出版社，2007年，第509页。
⑤ 夏于全集注：《唐诗宋词全集》（第5册），北京：印刷工业出版社，1999年，第64页。

象化地表达苦闷无从纾解的心情，只能"散发弄扁舟"。无独有偶，李煜在《虞美人》中将丧国之悲愁付诸一江春水中："春花秋月何时了？往事知多少。小楼昨夜又东风，故国不堪回首月明中。雕栏玉砌应犹在，只是朱颜改。问君能有几多愁？恰似一江春水向东流。"①诗人用满江春水比喻满腹愁恨，显示愁恨的悠长深远和汹涌翻腾。除此之外，水不眠不休的流动同样可以形容人的怨愁。刘禹锡的《竹枝调》云："花红易衰似郎意，水流无限似侬愁"，其中诗人以女子的口吻形容情郎的心易变，而水流无限，其怨可想而知。秦观《江城子》云："韶华不为少年留，恨悠悠，几时休。飞絮落花时候一登楼。便作春江都是泪，流不尽，许多愁。"②离别的苦恨悠悠不尽，即使江水化作眼泪，愁苦依然流不尽。诗人将江水拟人化，泪水汇成江水，用无限的水量突出怨苦的浓厚。

第二节　日本和歌中的水意象③

日本和歌中的水意象可以分为水与生命本能、水与四季变化、水与爱恋、水与哀伤四个部分。

1. 水底梅——水与生命本能

《古今和歌集》序中开宗明义道和歌"以人心为种"。首先，语言（言叶）是种子开出的叶子，即看得见摸得着的语言是表象世界，其根源与生命的驱动力在于人心，"种"和"叶"的比喻是对自然生命发生论式的理解。其次，这种生命理解始终处于不可逆的时间流中，"叶"发于"种"，最后随着生命的终结又回归到土地。这一"生—死—生"的循环是自然生命不可逆的必然性发展，因此可以说，人心与自然在时间的法则中达到合一。和歌中的"水底"意象与"水面"意象的互动便是对这种生命意识的最佳诠释。

例1：風ふけば落つるもみぢば水きよみちらぬかげさへそこにみ

---

① 黄勇主编：《唐诗宋词全集》（第 6 册），北京：北京燕山出版社，2007 年，第 2802 页。

② 夏于全集注：《唐诗宋词全集》（第 25 册），北京：印刷工业出版社，1999 年，第 381 页

③ 本节和歌原文出自《古今和歌集》《拾遗和歌集》《后撰和歌集》（［日］佐伯梅友校注：《古今和歌集》，东京：岩波书店，2015 年；［日］武田祐吉校订：《拾遗和歌集》，东京：岩波书店，1994 年；［日］片桐洋一校注：《后撰和歌集》，岩波书店，1990 年）。《古今和歌集》译文出自杨烈译：《古今和歌集》，上海：复旦大学出版社，1983 年；《拾遗和歌集》和《后撰和歌集》的译文例 3、例 4、例 7、例 14、例 15、例 16、例 17、例 19、例 20、例 22、例 24、例 27、例 28、例 29，由笔者所译，在此说明。

えつゝ（《古今和歌集》304"秋歌下"　几内河躬恒）

　　译文：红叶风吹落，飘浮水面清，枝头未落影，水底见分明。①

　　这是诗人伫立池塘边观赏红叶飘落时的咏叹，吹落的是红叶，吹不落的是枝头的影子，而影子的真相藏在水底中。"吹落"的日语动词为"散る"，表示枝（根、种）与叶的分离、形的分散以及高贵的死亡。在心风的吹动下，伴着有形世界的崩溃，叶子离开了枝头，枝头与水底之影相对应，漂浮于水面的落叶在水的洗礼下化作生命的真相——枝头的影子。枝头和落叶的分离是和歌自然"发于"人心的过程，而水是照出真相的媒介，一头是有形世界的落叶，一头是无形世界（心）的枝头之影。生命就是在"死—生—死""形—心—形"的无限循环中保持生命的活力。助词"～つつ"表示"继续、反复、感叹"，为生命循环的想象增添了余韵。

　　例2　春ごとに流るゝ河を花とみて折られぬ水に袖やぬれなん
（《古今和歌集》43"春上"　伊势）

　　译文：春来水满川，水底梅花见，欲折水中梅，袖衣将湿遍。②

　　诗人看到江边绽放的梅花有感而发，实则表达的是遗憾的心情。"折不断的水"是这首和歌的妙趣所在。每逢春天江水出现是无法阻挡的必然，就如同"欲折水中梅"的行为一样，人的本能同样不可阻挡，那是对藏在事实背后的人心世界的绝对信赖。梅花可折虽是事实，却也是表象，"江边梅"和"水底梅花"形成对比，"折"是人的欲望的象征，在本能的驱动力下水作为媒介将人从表象拉到深层世界。

　　例3：梅花まだ散らぬども行く水の底にうつれる影ぞ見えける
（《拾遗和歌集》25"春"　贯之）

　　译文：梅花未散落，流水独自游，水底现梅影，影似梅花散。

　　梅花与水底梅影以流水为媒介连接"形"的表象世界和"心"的精神世界，水边的梅花虽未吹落，但心底的梅影已凋谢，以此表示季节和感情的微妙变化。"水面"和"水底"虽然体现为空间媒介，但其空间移动的深层原因

---

① 杨烈译：《古今和歌集》，上海：复旦大学出版社，1983年，第65页。
② 杨烈译：《古今和歌集》，上海：复旦大学出版社，1983年，第15页。

在于时间终将流逝的必然原则。如例1"吹落的红叶"和"枝头的影子"的内在原理为落叶归根的时间必然性;例2中人不可抑制的本能体现为水面到水中的空间移动,这里用时间流逝的必然趋势暗示人本能的自然发生,即水的形态的改变,以及由此产生的空间移动的必然性。例4中时间性特征更加明显。

例4 みなそこに宿る月だに浮かべるをしづむや何のみくづなるらん(《拾遗和歌集》441"杂上" 济时)
译文:水底宿明月,浮水成月影,怎奈吾身重,沉沦无所浮。

和歌的大意为:"宿在水底的月亮尚可浮水成影,为何我要如水屑般沉于水底?""沉沦"是指前世所犯错误的现世报应[1],人的下沉与月亮的上升形成对比,并提出疑问,"我"的沉沦是否源于前世的罪恶——"水屑"? 水底到水面的空间移动,其原因为前世到现世的时间流,因此诗人将"我"的沉沦想象为前世的罪恶(水屑),导致无法向现世移动,即浮出水面。

2. 水镜染芳尘——水与四季变化

从季节分类来看,有关水的四季和歌主要集中于春、秋两季,《古今和歌集》中与水有关的四季和歌春、秋、冬分别为7首、6首、2首;《拾遗和歌集》中分别为春4首、夏1首、秋11首、冬4首;《后撰和歌集》中分别为春3首、夏3首、秋4首、冬2首。四季和歌中的水体现为镜意象,将季节的微妙变化映照在水中,展现出别样的审美意趣。如春天是梅花和樱花,夏天是月亮和松树,秋天是红叶,这些象征季节的自然物倒映在水中,并将水慢慢染成各种颜色,水就像一面镜子倒映四季的变化,并在自身的变化(颜色、深浅)中逐渐染上自然的气息。

春天是四季的开端,因此与水同时出现的除了春季的樱花之外,还会出现朝晖、风、朝霞等景物,以表示万物的开始。春天的水意象包括将水看成镜子的"水镜"意象,将雪看成花的"雪花"意象,以及将水作为媒介唤起体验回忆的"湿袖"意象。

例5 年をへて花の鏡となる水はちりかゝるをやくもるといふ

---

① [日]中川博夫:《竹风和歌抄》注释稿(一),《鹤见大学纪要》第1部,2011年3月,第175页。

らむ①(《古今和歌集》44"春上"　伊势)

　　译文:年年花落水,水镜染芳尘,莫道芳尘好,镜明为失真。②

　　例6　さくらはなちりぬる風のなごりには水なきそらに浪ぞたちける(《古今和歌集》89"春下"　贯之)

　　译文:风起樱花散,余风尚逞威,空中无水住,偏有浪花飞。③

(事子院歌会时作)

　　例7　朝ぼらけ下ゆく水は浅けれど深くぞ花の色はみえける(《后撰集和歌》130"春下"　贯之)

　　译文:朦胧朝阳照,水面映花影,浅水潺潺过,花色却渐浓。

　　例8　花ちれる水のまにまにとめくれば山には春もなくなりにけり(《古今和歌集》129"春下""清原"　深养父)

　　译文:花落随流水,空劳有意人,山中花纵有,山地已无春。④

(三月晦日山行见落花随山溪所流)

　　例5中诗人明确指出每逢春天就将水当成花镜的普遍性特征,并用镜子这一媒介描述花、水之间互动,表现出灵动俏皮之美。例6中同样用樱花散落于水中的情景来描写晚春,这首和歌的妙趣在于将天空看成海,将樱花飘舞在天空中的样子比喻为"在无水的天空中激起的波涛"。例7描写的是朦胧朝阳下倒映在水面上的花影,流水虽浅,花色却深。流水的深浅和花色的浓淡(深浅)同语不同义,深度和浓淡互相交替,花色的深浅实则指的是人心的深度。例8表现出对春天的即将流逝感到惋惜,山中的流水载着花瓣流出山外,表明春天的结束,诗人看到此景感同身受。

　　例9　袖ひちてむすびし水のこほれるを春立つけふの風やとくらん(《古今和歌集》2"春上"　贯之)

　　译文:夏秋湿袖水,秋日已成冰,今日春风起,消融自可能。⑤

---

　　①　"～らむ(～らん)"是推量助动词,可以对并非眼前发生的但正在(其他地点)发生的事态进行推测。

　　②　杨烈译:《古今和歌集》,上海:复旦大学出版社,1983年,第15页。

　　③　杨烈译:《古今和歌集》,上海:复旦大学出版社,1983年,第25页。

　　④　杨烈译:《古今和歌集》,上海:复旦大学出版社,1983年,第32页。

　　⑤　杨烈译:《古今和歌集》,上海:复旦大学出版社,1983年,第8页。

例 10 雪のうちに春はきにけり鴬のこほれる涙いまやとくらん
(《古今和歌集》4"春上" 二条后)

译文:白雪尚飞空,阳春已来崇,莺鸣冰冻泪,此日应消融。①

例 11 春たてば花とや見らむ白雪のかかれる枝にうぐひすの鳴
く(《古今和歌集》6"春上" 素性大师)

译文:立春佳日后,自雪也如花,莫怪黄莺雀,飞来枝上夸。②

例 12 心ざし深くそめてしをりければ消えあへぬ雪の花と見ゆ
らん(《古今和歌集》7"春上" 佚名)

译文:春花何日有,心事浩无涯,枝上留残雪,看来也似花。③

从"～らむ(らん)"的词意可见,例 9 至例 12 并不是对实景的描述,而是想象中的景色。例 9 中"湿袖"是以水为媒介的夏天体验,过去的水已结成秋日的冰,今日的春风慢慢融化寒冰,再化成昔日的水,这是对立春气息的最佳诠释。即在时间的必然流逝下,水作为媒介串起了过去和现在的体验。四季更替的自然法则无可阻挡,就如同水—冰—水的更替,但回忆可以根据人心的动向自由穿梭于过去、现在和未来。"むすびし水"(结合之水)即是人的袖子与自然之水的结合,也就是人与自然的结合,但它指向的是自然对人心的关照。例 10 中"雪"与"冰冻泪"进行交替,"鸟泪融化"后鸟恢复了生机并开始鸣叫,便象征寒冬中立春的气息。例 11、例 12 中将"雪"想象成"春花",这是人心的动向,即人对春天的向往,雪是对春天想象的媒介。如例 11 中存在两种景观,一为鸟在压满白雪的枝头上鸣叫的自然景观,二为黄莺雀在开满春花的枝头上唱歌的心理景象,"雪花意象"便是现在的自然和未来想象的同在。

例 13 もみぢばの流れざりせばたった川水の秋をばたれか知ら
まし(《古今和歌集》302"秋" 坂上是则)

译文:立田川水上,红叶任飘流,叶若不流动,谁知水有秋。④

---

① 杨烈译:《古今和歌集》,上海:复旦大学出版社,1983 年,第 8 页。
② 杨烈译:《古今和歌集》,上海:复旦大学出版社,1983 年,第 9 页。
③ 杨烈译:《古今和歌集》,上海:复旦大学出版社,1983 年,第 9 页。
④ 杨烈译:《古今和歌集》,上海:复旦大学出版社,1983 年,第 65 页。

例 14　竜田河秋にしなれば山近み流る々水も紅葉しにけり(《后撰和歌集》414"秋下"　つらゆき)

译文:龙田河潺潺,流过山脚边,山近秋意浓,流水染红叶。

例 15　もじぢ葉の色をし添へてながむれば浅くもみえず山川の水(《拾遗和歌集》194"秋"　佚名)

译文:红叶落水中,山川染秋意,愈流秋越浓,怎谓流水浅。

如例 13 至例 15 所示,主要以被红叶染红的"流水意象"来描述秋天的季节感。初秋的流水是夏天到秋天的推移,因此初秋的和歌是流水载着红叶从远到近移动的自然景象;晚秋体现为被红叶染红的山和流水,红叶染色的浓度与流水的时间推移重合,表示秋季即将结束。

关于夏天水意象的和歌数量极少,与水一起出现的景物为"银河""河""月亮""松影"等,主要描述夏天赏月的景象,体现为"水中影"意象。如:

例 16　天の河水まさるらし夏の夜は流る月の淀む間もなし(《后撰和歌集》210"夏"　よみ人も)

译文:夏夜月弯弯,银河水渐深,月映银河中,流月无凝滞。

例 17　松かげの岩井の水をむすびあげて夏なき年と思ひけるかな(《拾遗和歌集》131"夏"　惠庆法师)

译文:井中窥松影,掬饮岩井水,一品水寒凉,只道无夏年。

冬天的水体现为冰冻意象,即水到冰再到水的变化,这使水的流动性消失,水不再具有"水镜"功能,由此体现出冬天的季节感。如:

例 18　大空の月のひかしきよければ影みし水ぞまづこほりける(《古今和歌集》316"冬"　佚名)

译文:太空明月照,万里月光寒,影映寒潭水,坚冰早发端。[1]

例 19　流れゆく水こほりぬる冬さへや猶浮き草の跡はどどめぬ(《后撰和歌集》486"冬"　佚名)

---

[1]　杨烈译:《古今和歌集》,上海:复旦大学出版社,1983 年,第 68 页。

译文:昨日清流水,今日结寒冰,浮草不停留,不知归何处。

例 20 池水やこほりとくらむあしがもの夜深く聲のさわぐなる
かな(《拾遗和歌集》231"冬" 橘行赖)

译文:月光映池水,坚冰初消融,夜深天未晓,芦鸭声声鸣。

3. 树隐山阴水——水与爱恋

男女恋情是和歌最重要的主题,大致包括与山有关的水意象、泉水意象以及流水意象。其中与山有关的水意象居多,①以"山下水"为代表意象,象征不为世人所觉察的隐恋或障碍重重的恋情,"山"在此象征爱情的障碍,指世人的眼光或社会身份的差异。泉水意象主要包括"野中清水"(野中の水)、"井泉水"等,根据水的温度和深浅比喻感情的变化。流水意象主要包括"吉野川""行水""水泡"等,"吉野川"唤起的是对初次感情经历的回忆;"行水"(流水)和"水泡"用来比喻求而不得的感情。

(1)"山下水"意象

例 21 あしひきの山下水の木隐れてたぎつ心を堰きぞかねつる
(《古今和歌集》491"恋一" 佚名)

译文:树隐山阴水,无人见急湍,一朝汹涌出,欲阻此心难。②

例 22 奥山のいはがき沼のみごもりに戀ひや渡らむあふよしを
なみ(《拾遗和歌集》661"恋一" 人麿)

译文:深山岩壁中,沼湖隐其中,密恋若此水,世人无知晓。

例 23 逢坂の関にながるる岩清水いはで心におもひこそすれ
(《古今和歌集》537"恋一" 佚名)

译文:逢坂关岩下,流泉清且漪,山岩浑不语,心底却相思。③

---

① ［韩]홍성연:《삼대집(三代集)에 나타난 가어(歌語) '물(水)'의 이미지》,《일본어문학》60(0),2014年,第285—304页。

② 杨烈译:《古今和歌集》,上海:复旦大学出版社,1983年,第106页。

③ 杨烈译:《古今和歌集》,上海:复旦大学出版社,1983年,第111页。

　　例 24　あしひきの山下とよみ行く水の時ぞともなく戀ひわたる
かな（《拾遺和歌集》645“恋四”　善的朝臣）
　　译文：窥探山阴处，流泉淙淙过，行水不停歇，犹此思慕心。

　　例 21 中“山阴水”指流过山脚的流水，因为水中横木的阻碍，水势增大，横木隐藏了激流的动向，似象征表面平静，实则表达隐藏在内心无法阻挡的激烈情感。例 22 中的水意象体现为“奥山の岩垣沼”，即深山中被岩石圈起的沼湖，诗人用挂词①的技法将“身篭り”（藏身、怀孕）挂于“水隐り”（隐藏水中），象征陷入无法公开的或有悖社会普遍价值的隐恋中无法自拔的状态。例 23 中同样用“岩清水”指代不为人察觉的恋情，从岩石缝隙中流出的泉水无声无息，很难让人察觉，以此表达隐藏在内心的爱恋。例 24 中用“行水”的永不停歇象征思慕之情不会因时间的推移而改变。在此“山”“岩石”象征世人的目光，“山阴水”意象表达的是隐藏在内心的情感。除此之外，如例 25 中的“山”还象征爱情路上的巨大障碍。

　　例 25　山高み下ゆく水の下にのみなかれてこひん恋ひは死ぬとも（《古今和歌集》494“恋一”　佚名）
　　译文：流水高山出，一心往下流，寸衷存恋意，也自永悠悠。②

　　“山高み”（高山）意味着阻碍感情的障碍，此和歌的大意为“还是像‘山阴水’一样不要公开恋情，即便随着时间的推移‘你’‘我’二人会因思念对方而难过至死”。“流れて”一般与“泣かれて”（哭泣）放在一起表示悲伤的情绪。除了水的隐藏意象之外，感情的深度还可以通过水的温度、深浅等进行表达。
　　（2）泉水意象

　　例 26　いにひへの野中の清水ぬるけれどもとの心を知る人ぞむ（《古今和歌集》887“杂上”　佚名）
　　译文：野中清洌水，虽已变微温，昔日知心者，来尝照旧吞。③

---

　　①　“挂词（kakekotoba）”是和歌最显著的特点，其定义为：“和歌中利用一个词的同音异义，使其在前后文中表达双重意思的一种修辞技巧，或称双关语。”（刘东主编：《中国学术》第 7 辑，北京：商务印书馆，2001 年，第 76 页）与西方传统对双关语的定义不同，在日本文学传统中，“挂词”作为最重要的“诗化”（poeticizing）要素备受关注。
　　②　杨烈译：《古今和歌集》，上海：复旦大学出版社，1983 年，第 106 页。
　　③　杨烈译：《古今和歌集》，上海：复旦大学出版社，1983 年，第 176 页。

例 27　いにしえの野中の清水みるからにさしぐむ物は涙なりけり（《后撰和歌集》813"恋四"　佚名）

译文：野中清冽水，昔日恋人心，手信未开封，两眼泪两行。

例 28　我が為はたな井の清水ぬるけれどなほかきやらむさては澄むやとかへし（《拾遗和歌集》670"恋一"　藤原实方朝臣）

译文：田井见浅水，浑浊不热烈，搅乱井中水，能否复清澈。

例 29　影だにもみえずなりゆく山の井は浅きより又水や絶えにし（《后撰和歌集》530"恋一"　纪乳母）

译文：试问君知否，山井未落影，浅井无所映，枯水心已死。

例 26、例 27 中将水的温度与时间联系在一起表示对于旧时光的怀念。如例 26 中"いにひへの野中の清水"表示过去的体验，即以前曾见过的平野之水，这一过去体验与"ぬる"（温）这一温度呼应，象征一去不复返的炙热且辉煌的旧时光，表达了被世界遗忘的人面对旧友来访时无比欢喜的心情。① 例 27 表达了对不得已而分开的旧日恋情的怀念。旧恋人在信中曾写道"不管时间怎么流逝，我们一定要再相会"的临别誓言，"いにひへの野中の清水"就是指这份美好的回忆，诗人抑制内心的感动将此和歌赠于昔日恋人。② "野中泉水"的喷涌和"眼泪"是对过去的回忆无法抑制的感动。例 28、例 29 中用井泉水比喻恋人的薄情。例 28 中将对方对"我"的感情比作不够清澈的温水，比喻对方的薄情。"我"通过搅水将水变得清澈，诗人用挂词的技法在"澄む（水变清）"中挂上"住む"（通婚住在女方家）一词。③ 例 29 中"我"向很久失去联络的恋人提出质问，表达了害怕恋人变心的不安心情。"山井未落影"指的是久未露面的恋人；"浅井无所映，枯水心已死"是对薄情恋人的控诉，井水的深浅象征感情的深浅。

（3）流水意象

例 30　吉野川いはなみたかく行く水の早くぞ人を思ひそめてし

（《古今和歌集》471　纪贯之）

---

① ［日］佐伯梅友校注：《古今和歌集》，东京：岩波书店，2015 年，第 208 页。

② ［日］山代水緒：《王朝人の和歌生活——恋愛贈答の種々相》，《語文論叢》25，1998 年，第 17—31 页。

③ 平安时代奉行通婚制度，诗人真正想说的是："虽然你对我的感情还不够深，但是我还是要给你写一封信，说不定你就能接受我，让我住到你家。"

译文：吉野川流水，冲岩白浪驰，岩波高且急，初恋爱人时。①

例 31　吉野川よしや人こそつらからめはやく言ひてしことは忘れじ（《古今和歌集》794"恋歌"　凡河内躬恒）

译文：吉野川流水，如何少吉人，难忘初誓约，记忆永如新。②

例 30 中，"吉野川"的水急而快，以此形容突如其来的情感之激烈。水流速度的"早く"还可以表示时间的"初次"，在此体现为"初恋"，即"吉野川"与初次的时间记忆有关。如例 31 中的"吉野川"就与最初的誓言有关。"はやく"可指时间，还可指速度，表示两种不同的内涵，一为吉野川的急流，二为以前的誓言，即"吉野川"是唤起最初感情记忆的媒介。这是根据吉野川的自然特性而决定的，而诗人对普通的流水所寄托的感情就会有所不同，如：

例 32　行く水にかずかくよりもはかなきは思はぬ人を思ふなりけり（《古今和歌集》522"恋"　佚名）

译文：临流观逝水，空数究何为，思念伊人久，伊人不我思。③

例 33　水のあわの消えでうき身といひながら流れてなほもたのまるるかな（《古今和歌集》792"恋歌"　纪友则）

译文：水沫难消失，浮萍一样身，若随流水去，犹得见伊人。④

例 32 中诗人把单恋的郁闷心情投射在流水上，"行く水に"象征时间的流逝，认为其如同在流水上画数的行为，得不到回应的爱情只是对时间和感情的浪费。例 33 中和歌将人心寄托于"水の泡"漂浮在水面的景象，"うき身"与"憂き身"相挂，流水上的水沫就是有着浮萍之身和忧郁之心的人。"水沫难消失"，如同得不到回应的爱恋和悲伤也无从消失一般。流水不像吉野川的水流突然而激烈，却是对求而不得的感情最恰当的诠释。

---

① 杨烈译：《古今和歌集》，上海：复旦大学出版社，1983 年，第 102 页。
② 杨烈译：《古今和歌集》，上海：复旦大学出版社，1983 年，第 157 页。
③ 杨烈译：《古今和歌集》，上海：复旦大学出版社，1983 年，第 110 页。
④ 杨烈译：《古今和歌集》，上海：复旦大学出版社，1983 年，第 157 页。

4. 水涨三途川——水与哀伤

"哀伤"主要反映的是对已故亲人痛彻心扉的悲伤以及无常人生的叹息,水意象通过水温、水量、水的颜色的变化表达哀伤的感情变化,水意象体现为对时间流逝的阻碍,在和歌的表象世界中水能够断开空间的流动,但却无法阻止时间的流逝,因此在深层的人心世界中,哀伤透露的是无法抗拒的无力感。

例 34 泣く涙雨とふらなんわたりがは水まさりなばかへりくるがに(《古今和歌集》829 小野篁)
译文:泪流如降雨,水涨三途川,水涨河难渡,归来得永年。① (妹亡时作)

这首和歌咏叹的是失去妹妹的哀伤,大意为:"愿哀伤的眼泪能够化作雨水降在三途川上,阻挡妹妹赴黄泉。"眼泪—雨水—三途川,水量的增加比喻失去亲人的深切悲哀。三途川横在生死两界,但生死并不是空间的界限,而是时间的概念。生到死的必然循环以及对此束手无策的人的无力感投射在三途川上,表示再大的悲伤亦无法阻止生到死的必然规律。因此江水的大小在此表示感情的深度以及时间流逝的必然性。

例 35 血の涙おちてぞたぎつ白川は君が世までの名にこそ有りけれ(《古今和歌集》830"哀伤" 素性法师)
译文:血泪流难尽,纷纷入白河. 生前名字义,今日已无多。②

该和歌的大意为:"血泪沸腾了白川,(你死后)原来的白川已不复存在。"冷水到热水的变化象征失去亲人的悲伤,"白川"的变化体现时间的概念,原来的"白川"象征"昨日"和"生",而加入人为因素(血泪)的"白川"是"今日"与"死",人心与水合为一体,"白川"的变化(冷—热)正是人对不可对抗自然(热—冷)的无力感。

例 36 瀬をせけば淵となりてもよどみけり別れをとむる柵ぞな

---

① 杨烈译:《古今和歌集》,上海:复旦大学出版社,1983 年,第 163 页。
② 杨烈译:《古今和歌集》,上海:复旦大学出版社,1983 年,第 163 页。

き(《古今和歌集》836"哀伤"　壬生忠岑)

　　译文:水流因栅断,流水遂成渊,死别难遮断,无栏到九泉。① (姐亡时作)

不论多么湍急的河流,只要筑造堤防就能阻止其流走而形成潭。人为因素的堵截可以阻止自然河流的前行,但是却不能阻止生死离别,由此感叹人生无常。这里存在两个水,一为被阻止的河流,二为无法阻止的时间流。

　　例37　水のおもにしづく花の色さやかにも君がみかげの思ほゆるかも(《古今和歌集》845"哀伤"　小野篁朝臣)

　　译文:水面看花影,鲜花色最明,忽思君面目,惆怅不胜情。② (谅暗之年见池边花开)

水面花影的颜色唤起对已故之人的怀念,"しづく花の色"表明花的颜色暗沉,"しづく"原意为"下沉",在这里意味着从视觉触及的水面世界移动到看不到的水中世界,同时也是现世到黄泉、形的世界到心的世界的移动,由此激发"我"对已故之人的思念。

第三节　韩国古时调中的水意象

韩国古时调中的水意象可以分为水与生命意蕴、水与空间意蕴、水与君子之道,水与空间意蕴又可分为水与爱恋悲痛、水与彼岸。

1. 青山绿水的"合一"与生命意蕴

生命是对永恒的追求,流水永不停歇的本性总能唤起人们对美好感情的向往。《原泉赋》中将水叫作"气的沆瀣"③,体现了阴阳结合生成万物的生命原理。水是无形之气和有形之露的结合,是源头(天)和支流(地水)的结合。"结合"生出万物的生命意识在韩国古时调中体现为相对立的两种自然物之间的合一,协调出一幅明媚和谐的自然画卷。古时调中的水意象作为"和合"的对象,在与青山、落花的对立统一中塑造出和谐唯美的自然生命意识。

---

① 杨烈译:《古今和歌集》,上海:复旦大学出版社,1983年,第164页。
② 杨烈译:《古今和歌集》,上海:复旦大学出版社,1983年,第166页。
③ 具体论述请见本书第四章第三节。

例 1　늙지 안는 청산이요 다치 안는 녹슈로다
　　　청산이 연분 되고 녹슈가 근원 되면
　　　아마도 인간의 이별이란 말리 업서(1010)①

　　该时调意为："青山不老，绿水无限。青山若能结缘，绿水若成根源，也许从此人间再无离别。"李世辅在这首时调中为了表达永恒的爱，首先，用青山四季常青、绿水四季长流的自然属性表示其永恒；其次，二者在颈句的性质发生了变化，"结缘"是偶然性事件，"根源"是必然事件。青山本为静止的自然存在，却要像流水一样流向各处结缘；绿水本为流动的存在，却只有停止流动才能成为根源，最后诗人抒发对人间永恒之爱的期盼，即只有人的作为才能达到期盼的爱的境界。时调看似讲述人间的别离和爱，实则表达的是对生命的哲学思考。三个诗句始终处于自然—人—人事的关系当中，人的爱情和离别均可在自然中找到其存在的根源，但真正的永恒必须是两个对象互为存在的合一。万物生命源自自然，但只有人与自然达到合一，才能产生永恒的爱。因此绿水和青山并不是人进行观照的对象，而是人与自然合一的对象。

例 2　落花는 쯧이 이셔　流水를 쓰루거늘
　　　無情ᄒ 뎌　流水는　落花를 보니거다
　　　落花야 니 언제 너 홀로 니더냐 나도 함꾀 흐르노라
　　　(675)②

　　"落花有意，流水无情，无情流水逐落花。落花呀落花，我怎愿你独自流，不如随你一起流去，一起流去。"金学渊在时调头两句中用拟人化的手法寄情于落花和流水，而在末句直接用人代替自然，无情的流水实则是与落花一同流去的深情。整个时调是落花与流水的分离到落花与流水的合一，而这恰恰是人与自然的分离到合一的过程。流水无情，是诗人在看自然，"我"化作落花；流水有情，是因为诗人代替自然，流水是"我"心。就此，流水是无情驱逐落花的他者，有情的流水是以不变的心伴落花同流的"我"，而有意的

---

　　① ［韩］朴乙洙：《韓國時調大事典》(上、下)，亞細亞文化社，1992 年，第 289 页。括号内数字为时调番号。
　　② ［韩］朴乙洙：《韓國時調大事典》(上、下)，亞細亞文化社，1992 年，第 201 页。

"我"(花)在与流水合一中变成了落花。① 流水和落花、绿水和青山互为存在的根源,二者的合一是永恒生命和爱的源泉,且这种结合必须有人的参与。因此,在韩国古时调中"落花的流水"与"青山的绿水"总能激发人们对永恒感情的眷恋和赞美。

2.《公无渡河歌》——水与空间意蕴

《公无渡河歌》被视为韩国上古时期最古老的诗歌之一,是最具代表性的韩国传统文学作品。水在《公无渡河歌》中象征生死及别离的空间。它四言四句的口传型歌谣,最早见于中国东汉时期蔡邕的《琴操》卷上"箜篌引"。《公无渡河歌》的故事背景为:有一狂夫涉河而渡,妻子追而不及,最后丈夫溺水而亡。妻子鼓箜篌而歌曰:"公无渡河、公竟渡河、公堕河死、当奈公河",曲终,妻子投河而死。② 河是生死的空间,是离别的象征。最后随着妻子的投河,空间消失,水又成为爱情的象征。

诗歌中这种意境极其模糊,并不表示空间的阻隔,而是诱发正反感情冲突的空间临界点,其结果必定是以肯定或否定的方式达到情感的归一。③ 在相逢的空间中,水象征爱情;在别离的空间中,水象征思念,而诗人要运用其想象力将感情的热烈冲突投射在水中。诗中的相逢是对绝对而永恒爱情的追求,诗中的别离是终将见面的强烈渴求以及执念。这便是韩国古时调中的水意象所具有的空间意蕴。

(1)流水与爱恋悲痛

韩国古时调中水的流动特性使水成为离别和思念相冲突的象征,而昼夜不停的流水声拟人化为"水之泣",亦能激起人们思念和离别的悲痛。

> 例 3　내 情은 青山이오 님의 情은 綠水로다
> 　　　　綠水 흘너 간들 青山이야 變홀 손가
> 　　　　綠水 青山 못 니저 밤새도록 우러 녠다(827)④

此时调的译文为:"我情似青山,君心似绿水。青山不变,绿水是否常流? 绿水不忘青山,昼夜鸣泣。"青山不动,具有静的意象;绿水常流体现的

---

① ［韩］조태성:《고시조에 구현된 물[水]의 심상》,《시조학논총》29(0),2008 年,第 114 页。
② ［韩］현승환:《공무도하가 배경설화와 무혼굿》,《韓國民俗學》제52 권,2010 年,第 280 页。
③ ［韩］조태성:《고시조에 구현된 물[水]의 심상》,《시조학논총》29(0),2008 年,第 112 页。
④ ［韩］朴乙洙:《韓國時調大事典》(上、下),亞細亞文化社,1992 年,第 242 页。

是动的意象。针对青山(我)的坚贞不移,反问流水(君)是否常流,绿水昼夜啼哭便象征君对我的思念。青山和绿水动静的冲突是离别和思念的冲突,流水既是我与君离别的境界,又是君思念我的铭证。①

> 例 4　간 밤에 우던 여흘 슬피 우러 지내여라
> 　　　이제야 싱각ㅎ니 님이 우러 보내도다
> 　　　져 믈이 거스리 흐르고져 나도 우러 녜리라(97)②

元观澜的时调同样也是将思念寄情于流水声的作品。这首时调的大意为:"昨夜的急湍,悲伤地、哭泣着奔流,如今忆起溪泣似君声,如若流水可逆上而流,诉之君侧传我心。"水是我与君之间的情感象征和感情通道,溪流的哭泣激发君和我之间的思念。流水的顺流是君对我的思念,逆流则是我对君的渴求,逆流是对流水本性的逆反,强烈的水流和冲突激发无尽的渴望。再如王邦衍的《천만리 머나먼 길에》,同样用水流的哭泣象征离别的痛苦。

> 例 5　千萬里(천만리) 머나먼 길에 고은 님 여희읍고
> 　　　내 ㅁ음 둘 듸 업서 냇フ에 안자이다
> 　　　져 믈도 내 안 ꭍ도다 우러 밤길 녜놋다(3897)③

此时调的译文载于《庄陵志》:"千里远远道,美人离别秋。此心无所著,下马临川流。川流亦如我,呜咽去不休。"14 岁的高丽端宗被叔父夺位,成为权力的牺牲品。王邦衍虽奉命押送端宗至宁越流放,但心中对端宗的遭遇很是同情,这首时调是他押送完端宗后于溪边所作。溪水是离别的象征,将再无相见的悲痛拟人化为溪水的哭声和流水的空间移动("去不休")。在洪瑞凤的《이별하던 날에》(离别之日)中,水同样体现为永远的离别之情。

> 例 6　임 이별하던 날에 피눈물 난지 만지
> 　　　압록강 나린 물이 푸른 빗 전혀 업네
> 　　　배 위에 白髮 沙工 처음 본다(하더라)(3475)④

---

① ［韩］조태성:《고시조에 구현된 물[水]의 심상》,《시조학논총》29(0),2008 年,第 113 页。
② ［韩］朴乙洙:《韓國時調大事典》(上、下),亞細亞文化社,1992 年,第 33 页。
③ ［韩］朴乙洙:《韓國時調大事典》(上、下),亞細亞文化社,1992 年,第 1071 页。
④ ［韩］朴乙洙:《韓國時調大事典》(上、下),亞細亞文化社,1992 年,第 951 页。

以上时调的大意为："与君王离别之日是否流过血泪已无记忆,鸭绿江蜿蜒流淌的江水已无当日生机绿意,船上白发沙工直叹息此情此景头一遭。"这首时调是丙子房乱败北后,诗人看到押送人质的场景,表达了其羞耻、悲痛的心理。哀莫大于心死,悲愤的情绪达到顶点后已感觉不到悲伤,与君王的惜别已无记忆。但触及到鸭绿江时,这种羞耻和凄然被唤起,绿水不再绿,而变成了红色,此正是血泪的记忆。鸭绿江便是无法排解的郁火与悲痛的象征,绿水和血泪在水与火的冲突中象征离国的悲痛。

（2）水与彼岸

韩国古诗歌中对彼岸的描述经常出现在海边或江边,并伴有具体的生活场景。彼岸源自人们脱离苦闷现实的渴求,而非对乐园的想象。古典诗歌《青山别曲》中出现了两种水意象,一为海边的场景,二为水下的飞鸟。收录于《乐章歌词》中的《青山别曲》分为八个部分,其中有两个部分是关于水空间的描述。

> 例 7　살어리 살어리랏다 바ᄅ래 살어리랏다
> ᄂᄆ자기 구조개랑 먹고 바ᄅ래 살어리랏다
> 가던 새 가던 새 본다 믈 아래 가던 새 본다
> 잉 무든 장글란 가지고 믈 아래 가던 새 본다①

例 7 中第一段的大意为:如果可以选择,我愿生活在海边,碱蓬、牡蛎、蛤蜊是最好的食物,我要生活在海边。第二段的译文为:"鸟儿振翅飞去,飞入茫茫雾中。我持锄头伫立良久,茫然若失悲从心生。"②首先,"大海"象征着安逸的生活空间——食物取之自然,无需付出辛苦的劳动。这与当时的现实状况③完全不同,其虽不是世外桃源,但却是流离失所的人们所渴望的空间。这一空间不是为了满足肉体需求,而是渴望精神的慰藉,这一点非常重要。④ 诗人向往的大海是从现实的流离失所和困境中解脱的出口,因此《青

---

① ［韩］고려대학교 민족문화연구원编:《언어·문화사（下）》,《한국문화사대계》,参见 www.krpia.co.kr/2020.10.12.。

② 译文出自李岩、徐健顺:《朝鲜文学通史》（上）,北京:社会科学文献出版社,2010 年,第286—287 页。

③ 《青山别曲》是民谣诗歌形式,是平民文学,其创作时期正处于高丽朝内忧外患之末期,内有武臣的暴力政权,外有蒙古的入侵。百姓放弃农田四处流浪,而文人因无法施展才华而对现实持否定态度。

④ ［韩］이정선:《청산별곡（青山别曲）공간과 구조를 통해 본 현실인식》,《한국언어문화》48,2012 年,第 315 页。

山别曲》中的大海并不是理想乐园，而是人为设置的"脱俗"空间。① 其次，从例 7 中"살다(活)"这一动词的语气助词"～어리랏다"来看，"活下去"属于过去愿望型，②即从脱离现实的迫切愿望出发，对过去的选择感到懊恼和后悔。因此"大海"并不是指向未来，而是对于现实未体验过的东西怀有的美好想象，即大海是彼岸志向型③空间。如果没有痛苦的现实作为前提，彼岸之大海也就不会存在，④也就是说，"大海"的想象来自现实，也没有超越现实。第三联中"믈아래가든새"（"飞向水下的鸟"⑤）同样也是基于现实逃避的彼岸想象。关于对"믈아래"（水的下方）的解释，说法不一，有"水中"（김사엽）、"平原地带"（정병욱）、"比一定水域下位的江"（이인모）、"水的倒影"（김완진）、"溪水的下流"（서재극）等多种。⑥ 但最重要的是人对向水下移动的鸟的观察。鸟的移动自由自在，可以从水上世界（现实）飞向水下世界（彼岸），人通过鸟观照自我，即认识到无法从现实境遇中解脱自我，从而感到绝望和悲伤。由此可见，"大海"和"믈 아래"（水的下方）只不过是基于脱离现实痛苦的热望所产生的现实的代替空间。水空间所具有的现实意识在后世的韩国文学作品中也得到了很好的继承，水边风景是能够激发韩国民众对现实彼岸想象的媒介，如有名的韩国诗人金素月的名作《妈妈呀姐姐呀》⑦中就描述了现实中的彼岸——江边风光。

> 例 8　엄마야 누나야 강변 살자
> 　　　뜰에는 반짝이는 금모래 빛
> 　　　뒷문 밖에는 갈잎의 노래
> 　　　엄마야 누나야 강변 살자

----

① ［韩］최정윤：《「청산별곡」의 의미와 향유 의식》,《한국문학이론과 비평》10 권 4 호 33 집,2006 年,第 137 页、第 139 页。

② ［韩］장윤희：《국어사 지식과 고전문학 교육의 상관성》,《국어교육》第 108 号,2002 年,第 385 页。

③ "彼岸志向型"是指相较于现实体验,认为未体验过的生活更加美好的心理。김대행认为《青山别曲》中的彼岸志向还在金素月的诗《姐姐啊妹妹啊》和叶芝的《茵尼斯弗里湖岛》中出现过,其具有普遍性的心理特征。［韩］김대행：《시와 문학의 탐구》,역락,1999 年,第 222 页。

④ ［韩］이정선：《청산별곡(青山別曲)의 공간과 구조를 통해 본 현실인식》,《한국언어문화》48,2012 年,第 317 页。

⑤ 译文中为"飞入茫茫雾中"是译者对"믈아래"的一种解读,基于本书的研究目的,根据其原意解释其为"水的下方"。

⑥ ［韩］이정선：《청산별곡(青山別曲)의 공간과 구조를 통해 본 현실인식》,《한국언어문화》48,2012 年,第 317 页。

⑦ 김소월：《김소월 시집》,서울：汎友社,1984 年,第 88 页。

> 妈妈呀,姐姐呀,生活在江边吧!
> 眼前是闪亮的金沙滩,
> 耳边是芦苇的歌唱声,
> 妈妈呀,姐姐呀,生活在江边吧!①

　　这首诗创作的现实背景是在日本帝国主义的极度压抑的精神统治之下,"沙滩"和"芦苇"都是触手可得的自然物,"闪灵的金沙滩""芦苇的歌唱声"是对美好生活的憧憬。文德守认为现实的自然是"不完整的自然",江边的自然才是完整的,因为现实的自然缺少"님"(君)的存在。②"님"是寄情和憧憬的对象,日本殖民统治下的现实并不是渴望生活、延续梦想的世界,而江边的和平世界才是诗人所希冀的彼岸。所以诗词中的"海边""江边"是"님"存在的具有希望的现实世界。

3. 观水有术——水与修身

　　韩国古时调的作者主要是文人士大夫,其思想依据是性理学,因此水所具有的恒常性和永不停歇的属性就顺理成章地成为士大夫表达君子之道的媒介。在韩国古时调中,自然山水成为陶冶情操、修身养性的象征,其强调情景交融的美学特征。李滉主张"遇景值兴",他说:"诗于学者最非紧切,然遇景值兴不可无诗矣……诗不误人人自误,兴来情适已难禁。"③即通过作诗修身养性。

> 例9　青山缘何万古常青?
> 　　　流水为何昼夜不停?
> 　　　吾等亦当如此,长此不息,绵亘常青!④
>
> 　　　　　　　　　　　　　　(《陶山十二曲》"言学篇"第11曲)

　　这里以青山流水的形象暗示诗人坚持不懈的治学态度。南极晔在《爱

---

① 译文出自[韩]朴荣顺著,朴顺姬、徐红花译:《文化韩国》,北京:民族出版社,2007年,第114页。

② [韩]文德守:《現代詩의解釋과鑑賞》,二友出版社,1982年,第62—63页。

③ [韩]李滉著:《增補退溪全書》第4册,韩国成均馆大学校大东文化研究院,1978年影印本,第103页。

④ 韩文为:"청산은 어데하야 만고애 푸르르며,유수 난 엇데하야 주야애 긋디 아니난고. 우리도 그치디 마라 만고상청 호리라。"译文引自韦旭升:《韦旭升文集》第一卷,北京:中央编译出版社,2000年,第225页。

景堂十二月歌》中将"观水有术"视为修身的方法："小溪之水，流而大堤。些所贵本源，波澜清且涟涟，些是知乎。圣人之教，观水有术。"①孟子曰："观水有术，必观其澜，日月有明，容光必照焉。流水之为物也，不盈科不行；君子之志于道也，不成章不达。"②显然，在儒家思想中，水便是观照的对象。权燮《十六咏》的《溪》中的水同样是观照的对象，只不过其方法为"听水"。

例 10　골골히 들리는 소리 조흠도 조흘시고
　　　　암계를 다 디내고 구비 구비 도라 가니
　　　　무셔시　미친 일이 잇관딕　열열명을 ᄒᆞᆫ는다(281)

该时调可译为："山涧溪流潺潺，岩溪水流弯弯，声声哀嚎震耳聋。"时调通过听觉和视觉上的水的观照，以此象征君子所应具有的包容气度。不管是潺潺溪流声带来的听觉刺激，还是蜿蜒的溪流的视觉美感，君子应有容天下万象的气度，以及不被表象所惑、参透本质的智慧。从水的有限看到水的本性，这便是观照的意义，因此水是修身的媒介。

例 11　물아 어딕 가ᄂᆞ나 갈ㅅ길 머러셔라
　　　　뉘 누리 다 쳐와 지내노라 여흘 여흘
　　　　蒼海예 몰 밋츤 젼의야 근칠 쥴이 이시랴(1547)③

此时调出自姜翼的《三阕》，大意为："水不问去向和距离。只是一味地流，直到流到苍海，才停止前进的步伐。"诗人通过对水流的观照读出水的坚持不懈，更加坚定了人生的方向。可见，流水永不停歇的流动性能够激发人们对君子高贵品性的想象，从水的有限性观察无限性，从水之形到水之理，这一过程便是提升自我境界的过程，因此水的观照就是一种道德实践。

---

① ［韩］《爱景言行录》（爱景堂遗稿）第五卷。原文转自［韩］이상보：《애경 남극엽의 시가 연구》，《어문학논총 7》No. 0，1988 年，第 5—25 页。
② 何晓明、周春健注说：《孟子》，郑州：河南大学出版社，2008 年，第 233 页。
③ ［韩］朴乙洙：《韓國時調大事典》（上、下），亞細亞文化社，1992 年，第 434 页。

第四节　东亚文学水意象比较①

探讨东亚文学中的水意象,其根本在于讨论"物的自然""美的自然"以及"表现的自然"是以什么样的方式联系在一起的。首先,"物的自然"指水的物质形态特征,对水意象形态的选择具有相对的普遍性,这种选择是由一个群体的相对共通的文化背景、思维方式、审美特性等元素决定。"美的自然"是人对"物的自然"所进行的艺术加工,诚然,其中一定会包括艺术家要表现的自然和读者所感受到的自然,二者的关系并非直线对应,往往是充满矛盾的。但对于具有相同历史背景、自然生活体验的人来说,由此产生的审美观和价值观等会有相对稳定和固定的传承,并内化为一个民族的原型思维,其中也包括想象力。因此,"物的自然"和"美的自然"都是一种人为自然。其次,即使同一形态的水意象,其象征意义也不尽相同,或同样的象征意义所隐含的内在原理也会有差异。而这一内在原理恰恰是决定联系水意象和象征意义的深层原因。

1. 水意象与生命意蕴

从意象形态来看,中、日、韩三国人民都试图通过流水意象表达对生命本源性、永恒性的追求,但在象征意义和内在原理上各有不同。中国人注重生命源头,通过雨、东流水、池塘水等表达对生命的理解。雨象征生命的充盈和富饶,这种想象来自农业社会的人们的生存经历,池塘水是对源头活水的想象;东流水的永恒性是人们基于生活经验(西高东低的地形)的想象,并从中获得了从困难(水灾)、死亡的恐惧中重生的勇气。韩国人注重生命的完整性,即重视现世生存的意义,在时调中体现为"无别离的合一",而人(人类)是这一生命原理的实践者,"青山和绿水的四季常青""落花的有情和流水的无情"表明物的自然是生命存在的根源性条件,但只有二者互为依存才能达到生命的永恒。因此在韩国文学水意象中,"绿水"总是希望与"青山"达到合一,渴望驻足的"绿水"之情和无法停留的"绿水"之身合奏出荡气回肠的永恒之爱。日本的水意象中对生命永恒性的追求来自人的本能。日本水意象中虽然包括流水,但其象征意义和内在原理不同,

---

① 本节表 5.1 基于第五章第一节、第二节、第三节中的古典诗词的具体内容、主题和国别绘制而成,并且将中国、日本、韩国古诗词中的内容分为水意象、象征意义以及水意象与象征意义的内在关联三个部分。

他们认为流水是一种阻力。将手探向水底探究真相的内在驱动力是人的本能和欲望，是不可抑止的内心冲动，即没有外力干涉或外力亦无法阻挡之下，人的本能所排斥的是人的"作为"。"流水"是阻挡本能的"表象"自然，人的本能在"流水"的阻挡下越发迫切地伸向"水底梅"。因此生命的永恒和不变在于不作为的、本能的自然，而我们所看到的可以加以施加外力的自然是表象的、变化的。简言之，中国文学水意象体现生命的源头意识；韩国文学水意象注重生命意义的追问；日本文学水意象重在阐释生命本能的"不可抑制"。

2. 水意象与时空意蕴

时空是存在论的根本，时间和空间是存在的客观表现形式，即时空是存在论的范畴，时间和空间是意识论的范畴。水的时间和空间表明了人对水这一自然物的生命存在的解读方式。诚然，对水的时间和空间的理解是相对的，本书对文学水意象中的时空的分类是以象征意义的时间和空间作为依据的。显然，在水存在的表现形式上，三者具有明显的差异。中国文学中的水意象在时间和空间的表现形式上并重，韩国文学中对水意象的把握主要源于其空间思维，而日本人则倾向对时间性的把握，通过相对空间的转换表达绝对的时间的流逝。中国水意象的时间是绝对性、超越性的存在，其原因有两点：一为意象形态的无形特点。时间水意象主要体现为流水意象，诗词中的流水意象从语言表现层面来看几乎没有情态表情，是无形的流水。如"大江东去"，再如"君不见黄河之水天上来"，对水的流动之美、水流的形态等均无描述。二为时间的内在原理体现为人对水的观照。如水的一去不复返、无限循环等皆为对水的不变性、永恒性特点的展现。日本文学中对水意象的时间把握同样具有绝对性，但却不是超越性的。首先，水意象形态是具体的、有形的、变化的，这与其象征意义——季节的更替相对应，"变化"本身就是对永恒的、绝对的时间的理解。其次，意象形态的变化是通过空间移动的方式来展现时间的流逝和变化。如"桜花散りぬる風のなごりには水なき空に波ぞたちける"这首和歌至少有三个场景转换：风吹过樱花树，樱花随风而散，飘散到空中形成波涛。就像一幅平面画卷，随着场景的发展、故事的进行感受时间的推移，并且其中调动了人的视觉、听觉、嗅觉、触觉等感觉器官，因此水意象是"感觉性"的水，它并没有超越自然。或者说它没有超越的意图，因为对象物具有"目的性"的意图正是"感觉"所排斥的。再次，从意象和象征的内在关联来看，其特征是现实的、具体的、向心的。如"年を経て花の鏡となる水はちりかゝるをやくもるといふらむ"中,水与花镜的对应关系是物和物的替代关系,这种想象力极具个体性,《古今和歌集》的读者阶层主要为日本平安朝的贵族,且女性居多,因此对她们来说,将水想象成花镜是与其个人生活体验有关的。对于不需为生存问题奔波的贵族阶层来说,赏水赏花是对美的鉴赏。在审美空间里,用感觉捕捉瞬间尤为重要,因此和歌中对水的观察是具体、向心的,可以说和歌中的水的思维并没有超越现实——物的世界。这与中国文学中水意象的时间思维的内在关联不同,中国文学中的水意象是从有到无、从物质到精神、从相对时间观照到绝对时间观照的过程,是通过水的实体存在认识到存在根源的过程。

中国、韩国文学水意象都具有空间意蕴,二者都包括对非现实空间的想象,但其根本的空间思维却不同。中国的水意象是通过"视觉"来观察,从相对空间升华到绝对空间,是从"有"到"无"的过程;韩国的水意象是通过"身体的体验",从有距离感的相对空间升华至感情合一的相对空间,是"有"到"有"的过程。中国的水意象空间思维的对象为隐逸空间,从意象形态来看其分为"溪水"和"清澈的泉水","溪水"象征通往理想世界——"桃花源","清澈泉水"象征远离世俗的隐居空间。"桃花源"和隐居空间不同,一个是非现实的理想世界,一个是逃避(现实)世俗的隐蔽空间。"隐隐飞桥隔野烟"勾勒了模糊而梦幻的桃花源;"缘溪行,忘路之远近""洞在清溪河处边","桃花源"是无法达到的神秘空间,只有"桃花尽日随流水"才能到达其彼岸。水是"有"到"无"、现实空间到非现实空间、相对空间到绝对空间的媒介。而陶渊明的"田园"自然和戴帅初的"农耕"生活都象征现实的隐居空间,它是针对心灵的超脱空间,因此隐居空间针对的是相对于"浑浊"的"清澈",而"清澈"是对人内心的观照,通过洗涤灵魂的污浊达到精神的重生。基于这一点,可以说"清澈泉水"的观照同样是从"有"到"无",从相对的现实空间到超越世俗现实的绝对空间。韩国文学水意象的空间思维的特征具有现世性、体验性。首先,从意象形态看,从河、江边、海边、绿水等意象的内在关联来看,其中大部分是人对水的体验。《公无渡河歌》中的"渡河""溺水";例5中的溪边是休憩的场所;例6中有关撑船的船夫也是现实生活的写照;例7中对彼岸的想象也是具体的生活场景,以上案例表明韩国文学中的水意象原初的想象来自水边的生活,因此它具有现实性。即便是例3、例4中的"绿水"和"流水"意象,虽然流动性是其内在原理,但其象征意义仍然是与人的情感生活紧密相连的离别和相逢。而且这种流动性是相对于现世中静止(岸边的青山、被丢下的"我")的存在而言的,并不是指向他界或无形。其次,从象征意义看,水是生与死、离别与相逢的空间。水对寄情的对象物始终处于静止和流动的自然属性中,水的流动性造成了离别,形成了相对的离别空间,而水与对象物渴望合一的情感则通过"哭声"来形成与对象物的绝对空间,即情感的合一是永恒的空间,它作为人的情感的体验始终处于现世中。《公无渡河歌》原是巫俗为安慰溺水而亡的冤魂所作,因此该诗歌具有宗教的咒术性特征,具有镇魂的意义。① 从诗歌的传说背景来看,该诗歌是妻子为了安慰丈夫的冤魂在河边哭泣所唱。镇魂的意义源于韩国文化中灵肉二元论的世界观,灵和肉的分离是死亡,河边象征冤魂对现世的迷恋,河里象征身体的死亡。其中伴有对河不同空间的观察,从现世观察到的河是死亡,从那世看到的河是故乡的回归。这种空间思维也体现在"绿水"意象中:"我情似青山,君心似绿水。青山不变,绿水是否常流?绿水不忘青山,昼夜鸣泣。""我"与"你"、"青山"与"绿水"是对望的两种视线,随着视线的拉伸无法再看到对方,便带来离别,但绿水的永不停歇的流动性只能带来离别,于是不忘"青山"的"绿水",通过视觉距离的破坏——"哭声",达到"青山"和"绿水"的合一,哭声便是"绿水"的思念以及试图与"青山"相逢的渴望。也就是说,韩国文学水意象中的"流水"通过脱离对象物(落花、青山)的视线范围来形成相对空间的离别,又通过"哭声"来达到情感的合一、灵魂的常驻。《公无渡河歌》以及例3、例4、例5、例6中出现的离别的相对空间和渴望相逢的哭声、泪水都可以证明这一点。

3. 水意象与情感意蕴

首先,中国、日本文学中的水意象都用水量、水的深浅、水的阻隔、水势等来表达感情的深浅、强烈。但从水意象的特征和象征意义来看,中国水意象注重水的恒常性,并试图表达深远、悠长、凝重以及在时间上不轻易改变的思念或愁绪。如表5.1所示,中国水意象强调水的流动性,以流水永不停歇的恒常性表达人的感情的浓重与深切。日本水意象重视具象性、变化性,并试图表现具体、冲动、复杂多端的感情变化。"山阴水""野中清水"等都是在与周围具体景物的互动中观察水,即以水在不同环境下的变化为前提,来表达感情的变化。韩国水意象的感情表达主要用"哭声"表达悲伤,而悲伤的程度有"昼夜鸣泣"(例3)、"哭泣奔流的急湍"(例4)、"呜咽去不休"(例5)等,这些均是时间、水势的表达方式。韩国水意象的感情表达的基调为悲伤的宣泄,悲伤的原因来自离别,水的一去不复返的自然特性造就了空间的远离——离别,"眼泪"就是对离别的哭诉和爱恋。中国的水意象从意象特征上分为无形的水和有形的

---

① [韩]현승환:《공무도하가 배경설화와 무혼굿》,《韓國民俗學》제52권,2010年,第281页。

水,即便是有形的水,其内在联系也是关注流水的恒常性(永不停歇、一去不复返),在情感的表达上侧重于感情的深厚、绵长、凝重。日本的水意象中,用水在具体环境中的变化,来表达微妙复杂的感情,这种水意象的特征恰恰与一般的水的自然特性相悖,或是视线不太会捕捉到的瞬间,如"山阴水""浮水上的水沫"等,以此表达不被周围社会环境承认或别人视线触及不到的隐秘的情感。

表 5.1　中国、日本、韩国文学中水意象比较表

国别/主题	中国			韩国			日本		
	水意象	内在关联	象征意义	水意象	内在关联	象征意义	水意象	内在关联	象征意义
水与生命	雨	润物	生命丰饶	流水	对合一的追求	永恒的爱和生命	水底梅	水面到水底的移动	生命本能的追求、时间的变化
	池塘水	源头活水	生命活力						
	东流水	永不停歇	生命力量的恢复						
水与道德	清浊水	功能性(植物生长、洗涤)	不慕荣华	流水	永不停歇	坚持不懈治学态度			
	流水	永恒性	心不竞、不受欲望的诱惑	溪流	人的体验(水形、水声)	容天下万象的胸怀、参透本质的智慧			
水与时空①	流水、霜、波澜	永不停歇一去不复返	人生无常	河	人对水的体验(渡河、溺水)	生死、离别和相逢的空间境界	花落水	水=花镜	春天的到来
							空海	天空=大海	春天的到来
	东流水	不断循环永不停歇	人生无常历史的回忆	水边	流动——非静止的存在形式	离别和思念发生的场所	花流水	空间移动(山中到山外)	春天的结束
水与非(避)现实空间							雪花	雪=花	春天即将来临
	水与隐逸			水与彼岸					
	溪水	空间移动性	非现实空间移动媒介	江边、海边	具体生活场景	逃避现实彼岸	湿袖	湿袖=夏天记忆	立春的气息
	泉水	幽静的隐居空间背景	自然本心回归				流水	借漂浮于水上的红叶	秋天到来

---

① 这个部分旨在说明中国文学中水意象同时具有的时空象征意义,而日本和韩国文学水意象中只有时间或空间的象征意义,暗底色部分是空间水意象。

续表

国别/主题	中国			韩国			日本		
	水意象	内在关联	象征意义	水意象	内在关联	象征意义	水意象	内在关联	象征意义
水与爱情、忧愁	无形之水	空间的阻隔	无法抑制的思慕之情	川流	水声、一去不复返	永久离别的巨大悲伤	山下水	水能冲破阻碍	隐恋不可抑制的情感
	长江	空间的移动	相思	泪水(血泪)	颜色变化、一去不复返	永久离别的巨大悲伤	野中清水	水温低	令人怀念的旧情
	东流水	永不停歇、水流的长短	相思、离愁				井泉水	不清澈、水浅	对方的薄情
	潭水	水的深度	离愁、友情				吉野川	水势急、快	初次感情的激烈
	断水(抽刀断水)	水量增多	无尽的烦忧	鸣泣	水声、永不停歇	强烈的思念	水沫	浮在水面，难以消失	单恋的郁闷心情
	流水	永不停歇	怨愁				三途川	水量的变化	失去亲人的痛苦和无力挽回的遗憾

第六章　东亚水意象
——生命·女性·时空

综合神话水意象、文化水意象、文学水意象之间的比较,可见中国、日本、韩国水原型都具有生命意义、性别意义、时空意义三种意象,但是基于不同的水生命体验,三者在中国、日本、韩国三国文化中的意象内涵和内在联系却体现出差异,构成了相似又相异的东亚水意象。

第一节　"谷神不死,是谓玄牝"——中国水原型意象

中国文化中的水具有生命源头意识,是处在农业文明社会中的人们对自身的生存问题所作的根本性思考。对于封闭的内陆农耕社会来说,水对人以及农作物的生命存续有着致命的关联,特别是在每年洪灾、旱灾的威胁下,对水的控制和渴望更加强烈。换言之,对水极度依赖和极度恐惧的生命体验是形成生命存在源头意识的关键,同时亦是中国水原型的重要内涵。《老子》曰:"谷神不死,是谓玄牝。"[①]将来自谷物的生命意识与孕育生命的生殖器官(女阴)发生联系,它们共同成为天地万物存在的根源。根源是超越性的存在,蕴含一切生命存在的可能性:"当溪谷注满了生命之水,进入了一种永恒境界之时,它就跟万物的生殖器官'玄牝'(原指女阴)合二为一,成了天地的根源,绵然长存,不干不竭。"[②]"谷神不死"意味着谷物生命水源的永生,这样以谷物为食物来源的人们才有了生存的保障。同样,女性生殖崇拜源于人类对生命延续的渴望,即传宗接代的意识。因此在中国文化中,生命意义和女性意义相互结合,形成了中国水原型的基础,它体现了水崇拜的两个涵义:农作物丰收和生殖繁衍,此亦是中国先民水体验的集体无意识。另一方面,对水的极度依赖和恐惧的心理体验,造就了对生命永恒性的追求,在认识论意义上体现为从相对时空到绝对时空

---

① (春秋)老子著,李正西评注:《道德经》,合肥:安徽文艺出版社,2003年,第15页。
② 萧兵、叶舒宪:《老子的文化解读——性与神话学之研究》,武汉:湖北人民出版社,1994年,第553页。

的时空观。

水原型中的源头意识在神话中体现为无限的宇宙生命能量与母体的结合、无形之水与有形之水的结合。盘古神话中的"胞胎水""混沌"等,其虽无形却孕育着生命能量。盘古死后血液化为江河湖海,血之于人,就如同水之于谷物,"混沌"的生命能量与"江河湖海"合为一体,进而传递出永恒的生命动力。水生人神话中,女人作为生育主体在与水的接触中孕育生命,大禹和契的出生是水源头生命能量的体现。大禹治水中从天而来的洪水是灾害,也同时象征强大的宇宙生命力,大禹成功将水引入农耕之用,是对"谷神不死"生命永恒性神话的解读。

风水文化中水原型源头意识体现为气与水的关系。《葬书》曰:"气者,水之母,有气斯有水。"①可知,气源于天。古代都城的设计依托星象,洛阳城的洛水横穿东都,此象征天上的河汉,咸阳城的渭水横穿都城象征天上的银河,意味着"法天象地"的风水原则。"天"是宇宙规律的最终解释,"地"是"天"之体现,是自然现象的世界。风水中"水"的功能在于"止气""聚气",因此得水法注重源头,水要源远流长,水最好为山上的天池之水,以此保证气的纯正。再如,风水吉地讲究"穴"前聚气,从图像来看,"穴"的形状与女阴之象相似,穴(明堂)前得水是"谷神不死"的风水学解读。水的源头来自山,水要源远流长,这种传统思维的形成与其地理特点有关。辽阔的大陆地区,山离人的距离较远,仅靠人的视觉很难把握其整体,近距离把握其山水更加困难,这种地理特点使人们将对源头的想象寄托于远山,其认为高耸的山脉是离天最近的圣洁存在。《根古歌黑暗传》中说:"盘古生在混沌内,无父无母自长成。那时有座昆仑山,天心地胆在中心。一山长成五龙形,五个嘴唇往下伸。五个嘴巴流血水,一齐流到海洋。聚会天精与地灵,结个胞胎水上存。长成盘古一个人。"②神话中称昆仑山蕴藏于天心地胆之中,即宇宙能量源的位置,发于昆仑山上的"血水"通过海洋来传递自然生命能量,其结果是巨人盘古的诞生。水的甲骨文字形为 ,本义为从山岩或峭壁上飞溅而下的山泉。在造字时代,水流的源头叫"水泉";石壁上飞溅的山泉叫"水";由山泉汇成的水叫"涧";山涧在地面汇成的清流叫"溪";众多小溪汇成的水流叫"川";众多川流汇成的大川叫"河",最大的河叫"江",可见"水"的源头在

---

① 选自李定信:《四库全书堪舆类典籍初探》,上海:上海古籍出版社,2007年,第192页。

② 钟健:《创世神话》,北京:中国社会出版社,2008年,第33页。

山。"水不发昆山，不能扬洪流以东渐"①，只有永不枯竭的生命源头，才能保障自然万物生命存在的永恒。基于水对人的整个生命过程的关键作用，水就具有了"德"的内涵。《管子·水地篇》曰："水者何也？万物之本原，诸生之宗室也。……万物莫不以生。"②老子曰："上善若水。水善利万物而不争，处众人之所恶，故几于道。居善地，心善渊，与善仁，言善信，正善治，事善能，动善时。夫为不争，故无尤。"③孔子曰："夫水，遍与诸生而无为也，似德；其流也埤下，裾拘必循其理，似义；其洸洸乎不淈尽，似道。……"④先秦诸子通过观水得出庞大的水哲学系统。其原因在于，水对大陆农耕文明社会的关键作用，以及水作为无形和有形的统一，水是"观察—取象—比类—体道"传统思维的最佳代言。在阴阳文化中，强调祭祀的本意就在于顺应"气"的变化，虽然阴阳思想在政治文化和民俗信仰中有其不同的意义，但基于二十四节气的变化，来谋求人的生命活动周期与自然规律的和谐，在这一点上二者并无二致。隋代萧吉《五行大义·论体性》："北方至阴，宗庙祭祀之象。冬，阳之所始，阴之所终。终始者，纲纪时也。死者魂气上天为神，魄气下降为鬼。精气散在于外而不反。故为之宗庙，以收散也。"⑤因此天子、王后亲自参与劳动以孝敬鬼神，这样举动的目的在于"顺水气"，水气顺的话，鬼神会用"源泉通流"报以水德。《淮南子·三合说》中水的活动周期为申生、子壮、辰死，分别对应民俗节日中元节（7月）、寒衣节（10月）、清明节（3月），即纯阴之鬼一年的活动周期，焚冥币、上坟、修葺墓地这些祭祖行为皆是对这一自然规律的顺应。

在中国文化中，女性被加上"道德"的枷锁。"水性杨花"用来形容女人心性飘忽不定。刘勰《文心雕龙·情采篇》曰："夫水性虚而沦漪结，木体实而花萼振，文附质也。"⑥水性柔和才能生出柔软的涟漪，树木坚实才能开出花朵，此文借助"水"、"木"之喻指出了文与质之间的辩证关系，但同样也隐含着人性与水性在本质上所具有的类比性。水虚柔的自然特性为容易移情

① 出自(晋)葛洪的《抱朴子·钧世》(王书良、李煜主编：《中国文化精华全集12·文学卷3》，北京：中国国际广播出版社，1992年，第54页)原文为"故水不发昆山，则不能扬洪流以东渐；书不出英俊，则不能备致远之弘韵焉"。以水的源流比喻著书必须具有深厚才学，才会具备流传深远的神韵。

② 耿振东译注：《管子译注》，上海：上海三联书店，2014年，第218页。

③ (春秋)老子著，李正西评注：《道德经》，合肥：安徽文艺出版社，2003年，第18页。

④ (唐)杨倞注，耿芸标校：《荀子》，上海：上海古籍出版社，2014年，第355—356页。

⑤ (隋)萧吉，(宋)徐子平、徐升著，郑同点校：《子平精粹1：五行大义·渊海子平》，北京：华龄出版社，2010年，第7页。

⑥ (南朝)刘勰著，李平、桑农注：《〈文心雕龙〉导读》，长沙：安徽师范大学出版社，2018年，第163页。

他人的心性提供了客观基础,正因为水是虚柔的,所以可以顺势而流,缺乏定性,将虚柔之水的水意象投射到女性身上就变成见异思迁、道德败坏的"红颜祸水"。可见这种针对女性的道德评判是男权社会强加于女性的,而非原有之意。按照《辞海》的定义,"红颜祸水"是"祸人败事的女子",它是美貌的"红颜"与致命的"祸害"之融合。中国历史上赫赫有名的倾城美女,在历史兴衰、王朝更替上被赋予了祸害的名声。"红颜祸水"体现了男性对美色的极度依恋以及视美色为"洪水猛兽"的恐惧,它是男权社会对女性的歧视,同样也是先民对水体验文化心理的遗存。

水的审美即水的生命意识在诗词中也有所体现。如《春夜喜雨》中雨的"润物细无声",《观书有感》中"半亩方塘一鉴开,天光云影共徘徊。问渠那得清如许? 为有源头活水来",用池塘水的意象来展现"源头活水"的审美,此是对水孕育生命之美以及生命永恒的赞叹。审美是一种体验活动,在中国文学中,诗人将爱恨情愁寄托于"东流水""溪水""雨水""池塘水"等有形之水,并从中达到超然、永恒的审美之境。水生命源头意识在审美体验中体现为:从有形达到无形之境,它包括对时间和空间的超脱。中国文学中的水意象是从有到无、从物质到精神、从相对时空到绝对时空的过程,是从水的以外的世界中找寻存在根源的过程。时间思维体现于流水意象中,而空间思维的意象形态为"溪水"和"清澈的泉水"等,其对象为隐逸空间。水的流动性还能唤起对时间的追忆,如辛疾弃用"郁孤台下清江水,中间多少行人泪。西北望长安,可怜无数山。青山遮不住,毕竟东流去。江晚正愁余,山深闻鹧鸪"①,来表达怀念故土以及壮志难酬的苦闷心绪;苏轼却能用"大江东去,浪淘尽,千古风流人物。故垒西边,人道是,三国周郎赤壁"②,将自己和千古风流人物放在历史的时间中进行观照,由此从眼前的人事中超脱出来,遁入精神绝对自由的境地。渴望从有形世界中解脱的意识同样体现在对隐逸空间的想象,水是通向神秘之境的空间媒介。陶渊明对"桃花源"的想象之路是"缘溪行,忘路之远近";张旭的"隐隐飞桥隔野烟,石矶西畔问渔船。桃花尽日随流水,洞在清溪河处边?"③,其用清溪的清静和自由以及不知去向的未知,激发人们对世外桃源的向往;王维《桃源行》中"当时只记入山深,青溪几度到云林。春来遍是

---

① (宋)辛弃疾撰,邓广铭笺注:《稼轩编年笺注》,上海:上海古籍出版社,1998 年,第 41 页。
② 黄勇主编:《唐诗宋词全集》(第 3 册),北京:北京燕山出版社,2007 年,第 71 页。
③ 马茂元选注:《唐诗选》(上),上海:上海古籍出版社,2017 年,第 88 页。

桃花水,不辨仙源何处寻"①,其表达了"仙源"的无处可寻以及对隐居的渴望。

第二节 "禊"与"秽"——日本水原型意象

日本文化中的水体现为生命更新意识,象征着重生。通过水的不断洗涤达到灵魂的净化,并且获得生命能量。这种关于生命力更新的水生命意识与日本的自然环境有关。日本水资源丰富,对水的渴望并没有那么迫切。从水流特点来看,日本几乎没有像黄河、长江一样悠远流长的河流,大部分的江河水流湍急、水域狭窄,具有极佳的清洁力,因此古代日本的河川是天然的"公厕"和"垃圾场"。水所具有的快速的清洁力,或者说对有形之物的破坏力,培养了水的生命更新意识。创国神话中,淤能基吕岛是由矛上水滴而形成,海水具有祛除不净的功能,一个新的生命秩序通过净化而诞生。水的生命更新意识不仅在于洗涤不净,更在于能使能量不断变强大。《黄泉国神话》中为寻妻赴黄泉的伊邪那岐命,在看到伊邪那美命的不净后,通过"禊祓"生成多达十四个神,死亡连接的不是原有的重生,而是源源不断的能量。

日本水原型中的女性意义体现为女性禁制(女性结界)。首先,女性因其生理特性而在水信仰中被看作血"秽"的对象,即女性意象源自水的生命更新意识。女性为什么会被看作"秽",这与日本人的自然意识有关。日本传统自然观肯定向内的本能和本性,排斥外力(人为)。肯定人的本能就是肯定女性与生俱来的生理基础,因此"秽"是女性的"自然"。创国神话中,伊邪那美命先开口提出性交,却诞下了水蛭子;黄泉国的伊邪那美命以丑陋的面貌出现,钟爱她的伊邪那岐命见此却掉头就跑。其次,女性禁制在日本文化中又有另一种表情,叫作女性结界,即女性具有灵性的优越地位,可与神相连,担当人神之间的媒介。如水生人神话《瓜子姬》《桃太郎》中,女性不直接参与生殖,只担当迎接"瓜""桃"等神界之物的角色,而河边"洗衣"的情节在民俗信仰中是迎神的一种仪式。狭义的女性禁制是指与信仰相关的惯例,即禁止女性进入寺庙、山岳灵地、道场等场所,拒绝女性的参拜和修行。②这与日本的山岳信仰③有关:"山岳信仰是位于日本民间信仰的底层的基础

---

① (唐)王维著,(清)赵殿成注:《王维诗集》,上海:上海古籍出版社,2017年,第153页。
② [日]铃木正崇:《女人禁制》,东京:吉川弘文馆,2002年,第2页。
③ 关于日本女人禁制的起源,有平雅行的9世纪后半说,也有西口顺子11世纪后半说,在《元亨释书》《富士山记》等神话中也的确出现过山岳供奉女神的内容,其中渊源值得探讨。但这一问题与本书无直接关联,故不作讨论。

文化,在此基础之上创造产生了其他各种各样的宗教信仰形态。"①即山岳是神界,是修道的神圣之所。日本灵山信仰中流传的姥石传说中便有女性结界的内容,讲述的是女性超越结界强行登山就会遭到天谴、化成石头的故事。日本佛教禁止女性踏入寺院的山岳,并在限定区域树立结界石。可见,女性结界是女性禁制的另一种形式,日本水原型的女性意义体现为"生理因素—秽—禁制",是生命更新意识的组成部分。在日本民俗中,祭祀场、相扑场、酿酒地、隧道等均为女性禁地,在正月的早上取若水的仪式中亦禁止女性参与,此也是基于水原型的女性意义。

在日本民俗文化中,生命的更新意识体现为水的循环性。风水文化"得水法"中注重"顺流""逆流"的"遣水"风水术;阴阳五行文化中重视水的生旺暮过程,通过驱逐水气,以达到春之始,即新生命的纯净和重生。日本文化中水带来生命复活、重生的信仰,其基础源自对水稻栽培的经验。对于水资源丰富的日本来说,农耕遇到的问题并不是土地的肥沃程度或水资源的状况,而是要控制水流和水量。由于土地面积的有限,日本农耕用田分为山上的高田和平野的低田。再加上水势湍急,如何根据季节的变化贮存水以及消除水,便是水稻耕作最大的课题,对水的观察无疑也偏重于其变化性。《魏略》曰:"其俗不知正岁四节,但计春耕秋收为年纪。"②换言之,日本人通过春耕秋收的农耕循环规律来认识时间秩序,并将其对应人的生死周期,认为生命是不停循环的复活、再生过程。春耕期大地被注满水,稻子在水中获得力量;秋收期这些稻子又再生为稻米。用稻作的复活、再生思想解释人的生死观,从春耕到秋收的过程象征死者准备再生,而秋收期便进入复活阶段。③ 在日本民俗信仰中,根据春耕秋收的循环规律,水神和祖灵神会从山和海移动到土地上,并与土地神进行相扑,并在秋收期回到他们的山海领地。日本神话中海幸彦、山幸彦兄弟之间的对决就是这一民俗信仰的体现,其展现的是狩猎文化到农耕文化过渡时期的水信仰。民俗信仰中的农耕祭祀也同样基于春耕秋收的复活、再生观念。

---

① ［日］铃木正崇:《山と神と人——山岳信仰と修験道の世界》,淡交社,1991年,第6页。
② （西晋）陈寿:《三国志》,郑州:中州古籍出版社,1996年,第383页。
③ ［日］嶋田義仁:《稲作文化の世界観:「古事記」神代神話の構造分析より》,京都大学博士论文,2000年,第147—148页。

水落し

（風まつり）

成
ナツマツリ
育
過
程

除草
駆除（虫送り）
施水（雨乞い・照乞い）
植付け（田植祭）
種まき（苗代祭）

稲刈り
成
熟
アキマツリ
過
程

秋 夏

稲刈り
脱穀（刈り上げ祭）

収穫（収穫）祭

生育過程
穀霊休息
過程

穀霊誕生
（春祭）

冬 春

増
殖
フユマツリ
過
程

予
祝
ハルマツリ
過
程

正月行事

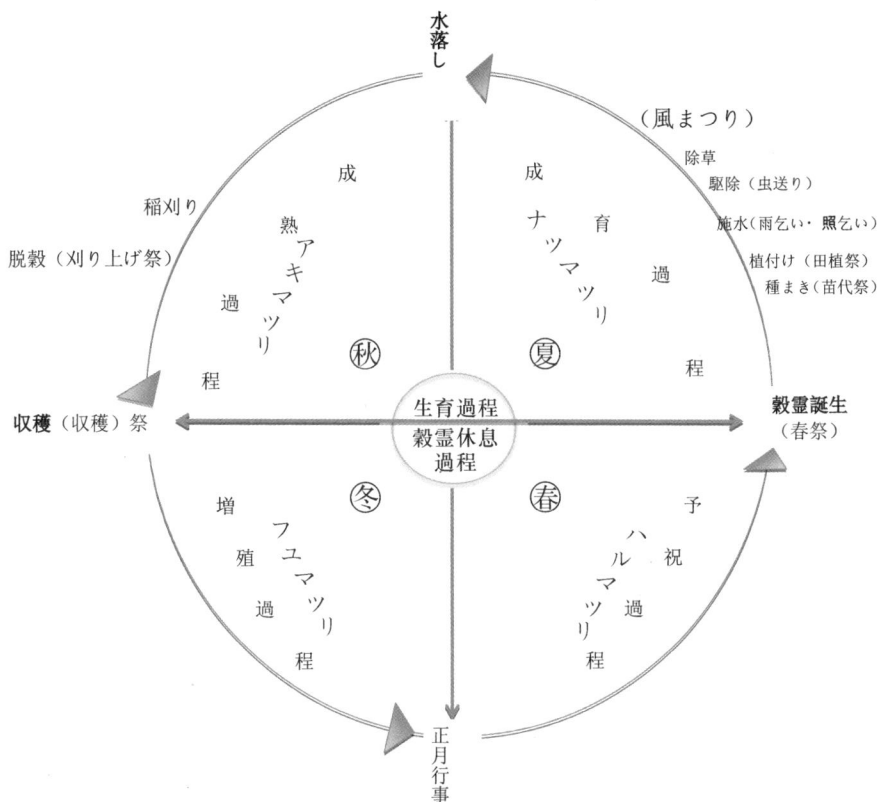

图 4　水稻生产过程图解①

　　根据图 4 水稻生产过程图解,在春耕和秋收期间有一个叫作"水おとし"的祭祀,通过驱逐水气来象征稻子的再生,即秋收的开端,日本阴阳文化中注重十二地支中的"寅申"轴的原因就在于此。申是秋始——水之生阶段,对应秋收;寅是春始——木之始阶段,对应春耕,此还原到民俗节日中便是日本两大祭祖活动——正月和盂兰盆节。因此土克水、水克火等相克原理只是一种表面阴阳术的利用,其重点在于通过驱逐水气达到再生。正如吉野裕子所说,日本人对阴阳五行思想的接受,其目的在于为暧昧的日本古代信仰披上理论的外衣。

　　水生命更新意识源于古代日本人对农耕规律的理解,即从死到生的复活、再生,其思想基础是时间流逝的必然性,就如同吉野川流水的明快、优美,却终将从眼前流走。《古今和歌集》中对时间的变化有深入描绘,但这并

　　① ［日］嶋田義仁:《稲作文化の世界観:「古事記」神代神話の構造分析より》,京都大学博士论文,2000 年,第 152 页。

不等于和歌的表现具有时间性。换言之,《古今和歌集》中的四季歌是将"时间的推移"作为一种主题进行视觉化,将瞬间定格于一个画面,像一幅画卷一样将无数个画面依次展开。①

和歌中的水作为一种媒介,从水面世界移动到水下世界,通过空间的移动来表达四季的更替,水的审美在于其空间媒介性。如"風ふけばおつるもみぢば水きよみちらぬかげさへそこにみえつつ"(红叶风吹落,飘浮水面清,枝头未落影,水底见分明),几内河躬恒观赏红叶飘落时不觉咏叹:吹落的是红叶,吹不落的是枝头的影子。透过水,枝头与落叶恢复到生命一体,水底是诗人对圆满生命力的期盼。又如"春ごとに流る河を花とみて折られぬ水に袖やぬれなん"(春来水满川,水底梅花见,欲折水中梅,袖衣将湿遍),"折不断的水"是这首和歌的妙趣所在。梅花可折虽是事实,却也是表象,"江边梅"和"水底梅花"形成对比,"折"是人的欲望的象征,"水底梅"才是驱动人本能的美好生命力。换言之,水面到水下的空间移动并非超越性的,只不过通过改变视觉体验,将审美想象推向另一个空间,表明水生命意识的根源就在水本身,而非水实体之外。这种水的审美观与日本高湿度的气候有关,朦胧水气改变人的视觉感受,人对自然物的观察更加柔和。最具代表性的绘画作品为长谷川等柏的《松林屏风图》、广重的《おおはしあたけの夕立》,其利用雾、雨的表现手法,描绘了雾里看松、雨中观景的朦胧之美,它们与和歌中的水意象相同,体现了水的空间媒介性。

第三节 "太阳"与"水"之合——韩国水原型意象

韩国文化中水的生命意义遵照两性结合原理,水的生命结合意义、女性意义以及空间移动的表达意义等共同构成了韩国文化中的水原型意象,并以此维持和激活自然有机体生命的存在。这是韩国先民水体验的集体无意识,也是韩国传统自然观思维的体现。栗谷在《天道策》曰:"万化之本,一阴阳而已,是气动则为阳,静则为阴,一动一静者,气也,动之静之者,理也。""人者天地之心也,人之心正则天地之心亦正,人之气顺则天地之气亦顺矣。"②即自然万物的生命根源在于阴阳之合,人是自然的一部分,却与其他万物不同。人是天地之心,能够感受天地、阴阳之气,亦可以对天地自然起

---

① [日]橋本昌代:《古今和歌集四季歌の構成法——「みる」を中心に》,《同士社国文学》6,1980年,第13—24页。

② 《天道策》,《栗谷全书》卷14,《韩国文集丛刊》第44辑,第310页下。

到正面推动作用,但若违背自然原理则会受到灾异的警告。从自然环境来看,韩国山地占国土面积的 70%,溪流较多,山峰多为浑圆状态,易形成盆地。在韩国人的传统思维中,山水是地理学的概念,对自然的观察与对土地的认识相关,在韩国形成了以土地信仰为基础的山川意识。山水相配的地形特点和水的循环性使水成为寻找山脉的标的物,同时又成为连接地域生活文化圈的空间,因此在韩国传统自然意识中,山"体"和"流"水的结合构成了对完整自然生命的认知,同时水又象征着人居文化。

　　水的生命意识在神话中体现为太阳(天)与水(地)的结合,象征神圣生命的诞生。太阳是天的象征,水是地的象征。在创世神话中,"青露"和"黑露"分别代表来自天和土地的灵力,"黑露"是洞穴中的水,是获取太阳之力所必需的土地之灵力,象征母体(女性)。这种母体在《朱蒙神话》《赫居世》神话中体现为具体的女性形象——柳花和阏英,其神话内容都体现着太阳(卵、井)和水的结合。在巫俗信仰中有通过栖身于漆黑洞穴中获得生命的仪礼,这是渴求太阳的自我意识之体现。[①] "洞穴"的黑暗衬托出太阳的明亮之光,换言之,"洞穴"是孕育太阳神圣生命的母体。如《檀君神话》中,熊女栖于洞穴中化熊成人,柳花宿在暗黑的房间里浴日受孕诞下朱蒙,以及民俗信仰中认为饮用或窥看井泉水能够生出非凡子嗣等。古代韩语中泉水写作"승ᅵ"、"슬",意为从圆形中流出,圆形象征太阳,神话中的洞穴意象、露意象、井意象以及韩国民俗信仰中借井水与神明沟通、祈福的传统,都是出于借助水的载体接受天之灵性的思维方式,其背后是太阳崇拜思想。神话中神圣生命的诞生是太阳与水的结合,而神圣身份的显现是通过神界到人界的空间移动,并且指向现世。如朱蒙从扶余逃走,通过渡江的仪式,显现天孙的神圣身份;《赫居世》神话中阏英从鸡龙左肋中诞生,通过洗澡拔掉"鸡嘴"完成神界到人界(现世)的降格以及神圣的显现;Bali 公主为救母亲前往那世(黄泉),经过水的考验取了生命水回到现世,成为巫女,这些都是通过空间的移动和水的通过仪式显现神圣的过程,即强烈的现世指向性。

　　水能够成为孕育生命的母体,此源于水是土地的象征,土地具有生命,水能承载土地的灵力。韩语大海("바다")的词源为"다받다""받아들이다",意为包容,包容的母体为土,土地是包容万物的根源。韩国风水文化是以地母信仰为基础的山水相辅,《北溪字义》中将人体和天地的外形做比较;《地理新法》中用山比喻形体,用水比喻血脉。土地的生命性在于山水相配,这

---

　　① 金河守:《阿尔泰语系诸民族的原始意象"太阳"比较研究——朝鲜、女真、日本的"太阳"关联言和神话为中心》,延边大学博士论文,2014 年,第 280 页。

是人将完整生命的追求即灵肉双全诉诸土地的结果。人体总要面临生老死病,同样土地也有盛衰兴亡,人体的治疗要通过刺激穴位打通生命体的循环,裨补风水就是要对土地的脆弱处进行"针灸",以此保持气脉循环的原理,"人若有病急,即寻血脉,或针或灸,则即病愈,山川之病亦然。今我落点处,或建寺立佛立塔立浮屠,则如人之针灸,名曰裨补也"①。道诜的"寺塔裨补说"中裨补的对象为"血脉"——川,这与韩国的自然环境有关。韩国溪流较多,且地形东高西低,溪流从各个方向流出,又随着地形从东至西流下,不但容易形成水灾,还不符合风水术中对水势以及水形的要求,再加上季节性的洪枯水,如何保持一定量的水循环则至关重要。这种基于有机生命体的生命意识在阴阳文化中体现为序列性,因此在五行相生循环中水位于第一位,并开启有机生命体的循环。根据发生学的角度,《训民正音》中初声和中声按照水"(1)木(2)火(3)金(4)土(5)"的内在顺序生成;韩国古老的民俗游戏"윷놀이"中的 5 种牌分别得 1、2、3、4、5 分,而分数各对应猪、狗、羊、牛、马五种动物,即对应五行中的水、火、木、金、土。

在诗歌中,水的生命结合意识借助"动"与"静"的山水空间来表达对永恒之爱的渴望。渴望结合的青山("我")流水("君")之灵与终将面临的山水离别形成巨大的张力,化为生命的哀叹。古时调中的"流水""溪流"用其"动"之特性象征灵魂与肉体的离别,而"泪水""血泪"是不舍离去的灵魂的回归。

第四节　东亚水意象与"天人合一"的生命意识

本书主要论述中国、日本、韩国文化的差异性,并从神话、文化、文学三个层面阐明了中、日、韩三国水意象各自的特性,以求为东亚"天人合一"的自然观研究提供一个新的视角。至此,笔者必须回答以下两个问题:一是"天人合一"自然观与水意象之间究竟有何内在关联?二是在东亚文化研究领域,以差异性为基础的存异性研究之意义何在?答案应归结为"生命意识"。

在对"天人合一"自然观的探讨中,应对两个重要的社会背景进行考量:一为西方危机,二为全球化背景下中、日、韩三国传统文化所面临的现代转型。对"天人合一"自然观的思考是人对自然、人对文化传统的思考。"天人

---

① 朝鲜总督府:《江原道之部·高丽国师道诜传》,《朝鲜寺刹史料》下,1911 年,第 377—379 页,见 www.nl.go.kr(韩国国立中央图书馆)/2020.10.12。标点符号为笔者所注。

合一"自然观区别于西方机械自然观的最大特点在于它趋向人与自然的"合",追求主客体未分的"浑然一体"之境界。它是植根于东亚文化整体宇宙论基础上的价值观和思维体系,而且更为重要的是,在东亚中、日、韩三国各自的文化土壤中以不同的形态和内涵延续着其强劲的生命力。因此,"天人合一"自然观必须回到其文化的具体语境(神话、宗教、民俗、文学艺术等)中才能对其传统生命意识进行生动且全面的诠释。而自然元素中最具代表性的生命意象便是水,水是生命之源,人的经验世界——生存、生活、审美实践皆离不开水,并且这种实践活动在文化的具体语境中又被赋予了丰富的生命内涵和生命意识。就中、日、韩三国之水意象而言,中国的水意象追求生命源头的永恒性,倾向时间与空间并重;日本的水意象突出生命更新意识,倾向时间性把握;韩国的水意象体现阴阳和合的生命形态完整性,倾向空间性把握。三者互补相生,相辅相成。

可见,求异性文化比较研究有助于我们认识文化的多样性和相对性,增强彼此的互补性和兼容性。从中西比较视域来看,中国文化具有内向性、伦理性、整体思维性、家族本位性的特点,这四个特点不仅是中国,也可以说是东亚文化的共性。很显然,中西比较文化研究无法阐释东亚各国文化的独特内涵以及内在联系,这些问题只有回到东亚文化内部才能得以明晰。但就东亚文化内部研究而言,由于中国文化深远的影响力,以影响关系为主探讨共性的求同性文化研究居多,差异性的探讨还远远不够。而差异性研究的缺失很容易导致对中国文化以及东亚文化范式化的理解倾向,这对于挖掘传统文化的内在生命力是极其不利的。基于以上几点,本书对东亚水意象的差异性比较,其实质是在诠释"天人合一"传统生命意识的丰富性和多样性;另一方面,对"天人合一"自然观的差异性阐释,又为中、日、韩三国之水意象的比较研究提供了可操作的范型。

参考文献

一、古汉文文献

（商）姬昌著，宋祚胤注释：《周易》，长沙：岳麓书社，2000 年。

（春秋）老子著，李正西评注：《道德经》，合肥：安徽文艺出版社，2003 年。

（春秋）李耳著，张兆裕编：《老子》，北京：北京燕山出版社，1995 年。

（战国）庄周著，胡仲平编译：《庄子》，北京：北京燕山出版社，1995 年。

（汉）刘安：《淮南鸿烈解》，北京：中华书局，1985 年。

（汉）刘安：《淮南子》，哈尔滨：北方文艺出版社，2018 年。

（汉）刘安著，杨有礼注说：《淮南子》，开封：河南大学出版社，2010 年。

（汉）刘向著，赵善论疏证：《说苑疏证》，上海：华东师范大学出版社，1985 年。

（汉）司马迁：《史记》（第 2 册），北京：中华书局，1959 年。

（汉）司马迁著，陶新华译：《史记全译》，北京：线装书局，2016 年。

（汉）许慎：《说文解字》，天津：天津古籍出版社，1991 年。

（晋）常璩：《华阳国志》，济南：齐鲁书社，2010 年。

（晋）干宝：《搜神记》，北京：中国画报出版社，2013 年。

（晋）张华著，祝鸿杰注释：《博物志新译》，上海：上海大学出版社，2010 年。

（南朝宋）范晔：《后汉书》，长沙：岳麓书社，2008 年。

（南朝梁）刘勰著，李平、桑农注：《〈文心雕龙〉导读》，芜湖：安徽师范大学出版社，2018 年。

（隋）萧吉，（宋）徐子平、徐升著，郑同点校：《子平精粹 1：五行大义·渊海子平》，北京：华龄出版社，2010 年。

（唐）李冗：《独异志》，北京：中华书局，1985 年。

（唐）王梵志著，项楚校注：《王梵志诗校注》，上海：上海古籍出版社，1991 年。

（唐）姚思廉撰，陈苏镇等标点：《梁书》（1—56），长春：吉林人民出版社，1995 年。

（唐）杨倞注、耿芸标校：《荀子》，上海：上海古籍出版社，2014 年。

（宋）陈淳：《北溪字义》，北京：中华书局，1983 年。

（宋）黎靖德，王星贤点校：《朱子语类》，北京：中华书局，1986 年。

（宋）邵雍著,陈明点校:《康节说易全书 伊川击壤集》附渔樵问对,上海:学林出版社,2003 年。

（宋）辛弃疾撰,邓广铭笺注:《稼轩编年笺注》,上海:上海古籍出版社,1998 年。

（宋）朱熹:《周易本义》,北京:中央编译出版社,2010 年。

（明）刘伯温:《堪舆漫兴》,呼和浩特:内蒙古人民出版社,2010 年。

（明）徐善继、徐善述,金志文译注:《地理人子须知》,北京:世界知识出版社,2011 年。

（清）马骕:《绎史》,济南:齐鲁书社,2001 年。

（清）沈镐著:《地学歌诀集成》,呼和浩特:内蒙古人民出版社,2010 年。

（清）严可均:《全晋文》,北京:商务印书馆,1999 年。

（清）颜昌峣:《管子校释》,长沙:岳麓书社,1996 年。

郭超主编:《四库全书精华 经部》,北京:中国文史出版社,1998 年。

苏凤捷、程梅花注说:《墨子》,开封:河南大学出版社,2008 年。

谢路军主编,郑同点校:《四库全书术数初集》,北京:华龄出版社,2006 年。

（朝鲜）曹植著,（韩）梁基正校注:《南冥集校注》,上海:上海古籍出版社,2014 年。

朝鲜总督府:《朝鲜寺刹史料》（上、下）,1911 年,http://viewer2. nl. go. kr:8080/viewer/viewer.jsp（韩国国立中央图书馆电子资料）,2009-04-02/2020-10.12。

崔珍源:《增補退溪全书》,汉城:韩国成均馆大学校大东文化研究院,1978 年影印本。

教保文库:《训民正音解例本》,首尔:教保文库影印本,2015 年。

李荇等:《新增東國輿地勝覽》,1611 年。http://viewer2. nl. go. kr:8080/viewer/viewer.jsp(韩国国立中央图书馆电子资料),2020-10-12。

申景濬、申宰休编:《旅菴全書》,首尔:新朝鲜社,1940 年。

一然:《三国遗事》（校勘本）,长春:吉林文史出版社,2003 年。

한국고전번역원 편찬:《栗谷全书》卷十、十四、二十,《韓國文集叢刊》,https://www. krpia. co. kr/product/main? highlight＝％e9％9f％93％e5％9c％8b％e6％96％87％e9％9b％86％e5％8f％a2％e5％88％8a&.plctId＝PLCT00005160(韩国电子图书数据库),2013-02-19/2020-10-12。

二、中文现代文献

研究论著

(法)巴什拉著,顾嘉琛译:《水与梦——论物质的想象》,长沙:岳麓书社,2005年。

(法)克洛德·列维·斯特劳斯著,李幼蒸译:《野性的思维》,北京:中国人民大学出版社,2006年。

(韩)金烈圭著,朴春燮、王福栋译:《韩国人的神话:那对面,那里面,那深渊》,成都:四川教育出版社,2013年。

(韩)朴荣顺著,朴顺姬、徐红花译:《文化韩国》,北京:民族出版社,2007年。

秦桂芳主编:《韩国文化概论》,济南:山东大学出版社,2010年。

(罗)米尔恰·伊利亚德著,王建光译:《神圣与世俗》,北京:华夏出版社,2002年。

(罗)孟浪编著:《环境保护事典》,长沙:湖南大学出版社,1999年。

(美)阿兰·邓迪斯著,陈建宪等译:《世界民俗学》,上海:上海文艺出版社,1990年。

(美)艾兰著,张海晏译:《水之道与德之端:中国早期哲学思想的本喻》,北京:商务印书馆,2010年。

(美)包尔丹著,陶飞亚、刘义、钮圣妮译:《宗教的七种理论》,上海:上海古籍出版社,2005年。

(美)米尔恰·伊利亚德著,晏可佳、姚蓓琴译:《神圣的存在:比较宗教的范型》,桂林:广西师范大学出版社,2008年。

(日)安万侣著,邹有恒、吕元明译:《古事记》,北京:人民文学出版社,1963年。

(日)道元著,何燕生译注:《正法眼藏》,北京:宗教文化出版社,2003年。

(日)纪贯之等撰,杨烈译:《古今和歌集》,上海:复旦大学出版社,1983年。

(日)吉野裕子著,雷群明等译:《阴阳五行与日本民俗》,上海:学林出版社,1989年。

(日)吉野裕子著,汪平译:《易经与祭祀》,沈阳:辽宁教育出版社,1990年。

(日)梅原猛著,卞立强、李力译:《森林思想——日本文化的原点》,北京:中国国际广播出版社,1993年。

(日)丸山真男著,王中江译:《日本政治思想史研究》,北京:生活·读书·新知三联书店,2000年。

(英)安东尼·吉登斯著,郭忠华译:《历史唯物主义的当代批判——权力、财产与国家》,上海:上海译文出版社,2010 年。

(英)泰勒著,蔡江浓译:《原始文化》,杭州:浙江人民出版社,1988 年。

北京大学哲学系编:《东方哲学史资料选集·日本哲学(一)古代之部》,北京:商务印书馆,1962 年。

曾涌哲:《中国风水学》,北京:华龄出版社,2010 年。

陈垂成主编:《泉州习俗》,福州:福建人民出版社,2004 年。

陈国庆、王翼成注评:《论语》,西安:陕西人民出版社,2006 年。

陈节注译:《诗经》,广州:花城出版社,2002 年。

程建军:《中国古代建筑与周易哲学》,长春:吉林教育出版社,1991 年。

张耀南、吴铭能编著:《水文化》,北京:中国经济出版社,1995 年。

川田稔著,郭连友等译:《柳田国男描绘的日本:民俗学与社会构想》,北京:外语教学与研究出版社,2008 年。

董增兵主编:《源氏物语》,沈阳:万卷出版公司,2016 年。

高亨:《周易大传今注》,济南:齐鲁书社,2009 年。

耿振东译注:《管子译注》,上海:上海三联书店,2014 年。

古健青、张桂光等编:《中国方术词典》,广州:中山大学出版社,1991 年。

顾永才:《怎样与韩国人做生意》,北京:北京工业大学出版社,1995 年。

关传友编:《风水景观风水林的文化解读》,南京:东南大学出版社,2012 年。

何宝民:《古诗名句荟萃》,郑州:河南人民出版社,1983 年。

何晓明、周春健注说:《孟子》,开封:河南大学出版社,2008 年。

黄心川:《印度哲学史》,北京:商务印书馆,1989 年。

黄永武:《中国诗学(思想篇)》,北京:新世界出版社,2012 年。

黄勇主编:《唐诗宋词全集》,北京:北京燕山出版社,2007 年。

黄芝岗:《中国的水神》,北京:生活·读书·新知三联书店,2012 年。

金健人主编:《韩国研究》(第 8 辑),沈阳:辽宁民族出版社,2007 年。

金文、古实:《大韩民国——中国的新视野》,北京:中国物资出版社,1993 年。

邵伟华:《实用风水学》,长春:银声音像出版社,2009 年。

李得春主编:《中韩语言文字关系史研究》上,延吉:延边教育出版社,2006 年。

李定信:《四库全书堪舆类典籍初探》,上海:上海古籍出版社,2007 年。

李岩、徐健顺:《朝鲜文学通史》,北京:社会科学文献出版社,2010 年。

李子贤编:《云南少数民族神话选·开天辟地》,昆明:云南人民出版社,1990 年。

林炳僖著,叶舒宪主编:《韩国神话历史》,广州:南方日报出版社,2012 年。

林徽因等：《风生水起 风水方家谭》，北京：团结出版社，2007 年。

刘青文主编：《无障碍阅读中国古代诗歌散文鉴赏》，北京：北京教育出版社，2013 年。

刘瑞明编著：《山海经新注新论（上）》，兰州：甘肃文化出版社，2016 年。

逯钦立辑校：《先秦汉魏晋南北朝诗》，北京：中华书局，1983 年。

马光复：《中华神话精粹》，北京：社会科学文献出版社，1995 年。

马茂元选注：《唐诗选》（上、下），上海：上海古籍出版社，2017 年。

马书田：《中国冥界诸神》，北京：团结出版社，1998 年。

茅盾：《茅盾全集》（第 28 卷），北京：人民文学出版社，1993 年。

人民文学出版社编辑部编选，周蒙等注释：《先秦诗文精华》，北京：人民文学出版社，2000 年。

王充闾著：《向古诗学哲理》，北京：中国青年出版社，2012 年。

王凌皓主编，杨冰编著：《董仲舒、王充教育名著导读》，长春：吉林文史出版社，2013 年。

王世达、陶亚舒：《中国当代文化理论的多维建构》，北京：华龄出版社，2007 年。

王玉德编著：《古代风水术注评》，北京：北京师范大学出版社；桂林：广西师范大学出版社，1992 年。

韦旭升：《韦旭升文集朝鲜学—韩国学研究（第 1 卷文学史）》，北京：中央编译出版社，2000 年。

闻一多：《闻一多全集》，北京：生活·读书·新知三联书店，1982 年。

孔党伯、袁謇正主编.《闻一多全集 3》，长沙：湖南人民出版社，1994 年。

武文主编：《中国民俗学古典文献辑论》，北京：民族出版社，2006 年。

夏于全集注：《唐诗宋词全集》，北京：印刷工业出版社，1999 年。

向柏松：《中国水崇拜》，上海：上海三联书店，1999 年。

萧兵、叶舒宪：《老子的文化解读——性与神话学之研究》，武汉：湖北人民出版社，1994 年。

徐复观：《中国人性论史》（先秦篇），上海：上海三联书店，2001 年。

徐庶、叶濒编著：《桐城民俗风情》，合肥：黄山书社，2002 年。

严绍璗、中西进主编：《中日文化交流史大系·文学卷》，杭州：浙江人民出版社，1996 年。

叶大兵主编：《中国民俗大系·浙江民俗》，兰州：甘肃人民出版社，2003 年。

叶舒宪：《原型与跨文化阐释》，广州：暨南大学出版社，2002 年。

叶舒宪：《庄子的文化解析：前古典与后现代的视野融合》，西安：陕西人民出版社,2005 年。

永田广志著,版本图书馆编译室译:《日本哲学思想史》,北京:商务印书馆,1978 年。

郁贤皓选注:《李白选集》,上海:上海古籍出版社,2013 年。

詹石窗总主编:《百年道学精华集成》(第 8 辑),上海:上海科学技术文献出版社,2018 年。

张爱萍:《中日古代文化源流:以神话比较研究为中心》,杭州:浙江大学出版社,2005 年。

张立新、孔繁志主编:《日本概况》,北京:北京大学出版社,2009 年。

张文涛:《邯郸民俗录存》,天津:天津古籍出版社,2003 年。

张余、曹振武编著:《中国民俗大系·山西民俗》,兰州:甘肃人民出版社,2003 年。

张哲俊:《东亚比较文学导论》,北京:北京大学出版社,2004 年。

赵载光:《天人合一的文化智慧:中国古代生态文化与哲学》,北京:文化艺术出版社,2006 年。

郑判龙主编:《朝鲜学-韩国学与中国学》,北京:中国社会科学出版社,1993 年。

中共中央马克思恩格斯列宁斯大林著作编译局编:《马克思恩格斯文集 1》,北京:人民出版社,2009 年。

中华民族凝聚力的形成与发展课题组:《中华民族凝聚力的形成与发展》,南京:江苏人民出版社,2013 年。

钟健:《创世神话》,北京:中国社会出版社,2008 年。

周明初校注:《山海经》,杭州:浙江古籍出版社,2000 年。

研究论文

鲍海定:《隐喻的要素:中西古代哲学的比较分析》,艾兰、汪涛、范毓周主编:《中国古代思维模式与阴阳五行说探源》,南京:江苏古籍出版社,1998 年。

陈忠信撰:《先秦两汉水思维研究——神话、思想与宗教三种视野之综合研究》,台湾彰化师范大学博士论文,2006 年。

程霞:《先秦美学中水之意象分析——基于儒家和道家的比较》,《经济研究导刊》,2008 年第 7 期。

单纯:《自然崇拜在中国人信仰体系中的意义》,《浙江社会科学》,2003 年第 3 期。

方志娟:《浅议日本的桃信仰》,《商业文化》,2011 年第 6 期。

高洪兴:《中国鬼节与阴阳五行:从清明节和中元节说起》,《复旦学报》(社会科学报),2005 年第 4 期。

吉野裕子著,赵建民、吴锐编译:《阴阳五行思想与日本的祭祀民俗》,《东南文化》,1987 年第 2 期。

金戈:《孔子与水》,《海河水利》,2001 年第 1 期。

金戈:《老子与水》,《海河水利》,2001 年第 4 期。

金戈:《孟子与水》,《海河水利》,2001 年第 2 期。

金戈:《墨子与水》,《海河水利》,2001 年第 6 期。

金戈:《中国古代哲学与水》(上),《海河水利》,2003 年第 1 期。

金戈:《中国古代哲学与水》(下),《海河水利》,2003 年第 2 期。

金戈:《庄子与水》,《海河水利》,2001 年第 5 期。

金河守:《阿尔泰语系诸民族的原始意象"太阳"比较研究——朝鲜、女真、日本的"太阳"关联语言和神话为中心》,延边大学博士论文,2014 年。

金义淑撰,千山译:《朝鲜文化与阴阳五行说》,《延边大学学报》(哲学社会科学版),1994 年第 4 期。

李琦珂、曹幸穗:《中日韩三国"风水"文化比较研究》,《东北亚论坛》,2013 年第 1 期。

李云峰:《水的哲学思想——中国古代自然哲学之精华》,《江汉论坛》,2001 年第 3 期。

梁德林:《古代诗歌中的水意象》,《广西师范学院学报》(哲学社会科学版)2003 年第 2 期。

林伟:《理想与欲望的整合——中西哲学自然观的一个比较思考》,《南京社会科学》,1999 年第 12 期。

刘守华:《鄂西古神话的新发现——神农架神话历史叙事山歌"黑暗传"初评》,《江汉论坛》,1984 年第 12 期。

刘雨婷:《水原型的生成及其文化阐释》,《求索》,1997 年第 2 期。

刘玉平:《论"周易"思维形式的特色》,《山东大学学报》(哲学社会科学版),2002 年第 4 期。

刘毓庆:《中国文学之水神话意象的考察》,《文艺研究》,1996 年第 1 期。

王贵祥:《中西文化中自然观比较(上)》,《重庆建筑》,2002 年 1 期。

王贵祥:《中西文化中自然观比较(下)》,《重庆建筑》,2002 年 2 期。

韦兴儒:《论贵州天地神话中的宇宙星云观》,潘定智等编:《贵州神话史诗论文集》,贵阳:贵州民族出版社,1988 年。

吴冬梅、庆跃先:《从孟子到朱子"以水喻性"的嬗变》,《社会科学战线》,2015 年第 6 期。

夏基松:《谈中西哲学的差异性与融通性》,《社会科学战线》,2008 年第 4 期。

向柏松:《中国原生态创世神话类型分析》,《文化遗产》,2013 年第 1 期。

向柏松:《道教与水崇拜》,《中南民族大学学报》(人文社会科学版),1999 年 1 期。

向柏松:《洪水神话的原型与建构》,《中南民族大学学报》(人文社会科学版) 2005 年第 3 期。

向柏松:《水神感生神话的原型与生成背景》,《中南民族大学学报》(人文社会科学版),2007 年第 2 期。

向柏松:《中国水崇拜祈雨求丰年意义的演变》,《中南民族大学学报》(人文社会科学版),1995 年 3 期。

向柏松:《中国水崇拜文化初探》,《中南民族大学学报》(人文社会科学版),1993 年 6 期。

向柏松:《中国水崇拜与古代政治》,《中南民族大学学报》(人文社会科学版),1996 年 4 期。

徐晓力:《从山水观念到山水图式——山水画的文化解释》,复旦大学博士论文,2006 年。

许晓晴:《中古隐逸诗研究》,复旦大学博士论文,2005 年。

晏杰雄、刘又华:《水的原型意义分析》,《南华大学学报》(社会科学版),2005 年第 2 期。

杨昌国、晏杰雄:《水的原型意义勾联》,《中南民族大学学报》(人文社会科学版),2006 年第 1 期。

杨柳:《从得水到治水——浅析风水水法在古代城市营建中的运用》,《城市规划》,2002 年 1 期。

杨中正:《先秦汉魏晋南北朝诗歌中的"东流水"意象》,《阜阳师范学院学报》(社会科学版),2015 年 1 期。

叶舒宪:《水:生命的象征》,《批评家》,1988 年第 4 卷第 5 期。

应霁民:《水与先秦诸子》,《文史杂志》,1996 年第 1 期。

朱丽丽、徐凤:《中国阴阳五行学说与日本阴阳寮之浅谈》,《牡丹江大学学报》,2015 年第 1 期。

诹访春雄:《亚洲的洪水神话——日本、中国、朝鲜、印度的相互比较》,白庚胜、叶舒宪编著:《神话中原:2006 中国神话学际学术研讨会论文集》,郑州:大象出版社,2008 年。

三、韩文现代文献

研究专著

Cooper,J. C,이윤기译:《(그림으로 보는)세계문화상징사전》(*An Illustrated Encyclopaedia of Traditional Symbols*),서울:까치,1994 년。

M.엘리아데著、이은봉 옮김:《성과 속》(韩译版),서울:한길사,2000 년。

고려대학교 민족문화연구원编:《언어·문화사(下)》,《한국문화사대계》,https://www.krpia.co.kr/viewer? plctId＝PLCT00004930&tabNodeId＝NODE03997391&nodeId＝NODE03998439（韩国电子图书数据库),2010-10-20/2020-10-12。

김대행:《시와 문학의 탐구》,서울:역락,1999 년。

김소월:《김소월 시집》,서울:汎友社,1984 년。

김의원:《국토이력서》,서울:북스파워,1997 년。

김추윤:《물의 문화》,당진군:당진문화원,2001 년。

김태곤:《한국의 무속》,서울:대원사,1991 년。

崔昌祚:《韓國의風水思想》,서울:民音社,1984 년。

韓東錫:《宇宙變化의原理:陰陽五行의 원리》,대전:대원출판사,2001 년。

韓國精神文化研究院語文學研究室編:韓國口碑文學大系 8—7:慶尙南道密陽郡篇 1,성남:韓國精神文化研究院,1980 년。

김태곤:《韓國巫俗研究》,서울:集文堂,1985 년。

박을수 편저:《韓國時調大事典》(上、下),亞細亞文化社,1992 년。

文德守:《現代詩의 解釋과 鑑賞》,서울:二友出版社,1982 년。

무라야마 지준著,최길성 옮김:《朝鮮의 風水》,서울:民音社,1990 년。

장덕순、조동일、서대석、조희웅공저:《口碑文學概說:口碑傳承의韓國文學的考察》,서울:一潮阁,1989 년。

손진태:《韓國民族説話의 研究:民族説話의文化史的研究》,서울:乙酉文化社,1982 년。

윤내현:《고조선연구》,서울:一志社,1995 년。

정수일:《고대문명교류사》,서울:사계절출판사,2001 년。

조규태:《(번역하고 풀이한)훈민정음》,서울:서울:한국문화사,2010 년。

최창조:《한국의 자생풍수 1:한국의 명당을 찾아서》,서울:민음사,1997 년。

한국구비문학회 편:《구비문학과 여성》,서울:박이정,2000 년。

현용준:《巫俗神話와 文獻神話》,서울:집문당,1992 년。

研究论文

고춘심:《한국신화에 나타난 물의 상징적 의미》,全南大学硕士论文,2004 年。

朝鲜总督府:《大正元年度土木事业概要》,《朝鲜总督府月报》第三期第 6 号。

김만태:《훈민정음의 제자원리와 역학사상——음양오행론과 삼재론을 중심으로》,《철학사상》45(0),2012 년。

김재용:《동북아홍수신앙에서 신과 인간의 문제》,《한국문학이론과 비평학회》第 6 辑,1999 년。

김추윤:《물의 과학이야기 5:물의 어원과 특성》,《한국하천협회지》6(4),2010 년。

김태곤:《샤머니즘:한국무속의 내세관》,《한국종교사 연구》1(0),1972 년。

김태자:《〈물〉의 어원적 의미 관계의 분석》,《한글》第 248 卷 247 号,2000 년。

김태훈:《한국 종교문화 속 물의 상징성에 대한 고찰:불교적》,《원불교사상과 종교문화》第 58 辑,2013 년。

김형철,최종덕:《한국인의 자연이해:총론》,《한국인의 자연관》(韩国研究财团成果物),韩国延世大学研究资料,2001 년。

김후련:《한국문화에 내재된 음양오행 코드 분석—훈민정음을 중심으로》,《글로벌문화콘텐츠》第 13 号,2013 년。

나경수:《남매혼설화의 신화론적 검토》,《한국언어문학》第 26 辑,1988 년。

리기용:《동아사아의 자연관과 한국인의 자연이해》,《동양고전연구》第 9 辑,1997 년。

《新增东国舆地胜览》卷 15,www. nl. go. kr(韩国国立中央图书馆)/2020. 10. 12。

최창조:《풍수비판에 대하여》,《녹색평론》5,6 월호,1994 年。

朴正世:《한국홍수설화의 유형과 특성》,《신학논단》23,1995 년。

邊泰又:《創世·始祖神話考:물의 이미지를 중심으로》,《白鹿語文》(创刊号),1986 年 1 月。

尹弘基:《風水地理說의 本質과 起源 및 그自然觀》,《韓國史市民講座》14,1994 年。

박계옥:《한국 홍수설화의 신화적 성격과 홍수 모티프의 서사적 계승 연구》,조선대학교博士论文,2005 년。

杨普景:《조선시대의 자연 인식 체계》,《韓國史市民講座》14,1994 년。

신규탁:《고대 한국인의 자연관:재이론을 중심으로》,《東洋古典研究》Vol. 9 No. 1,1997 년。

연병길:《한국의 물의 상징성에 관한 소고:치료적 기능을 중심으로》,《心性研

究》8(1),1990 년。

윤천근:《水之思想,水之文化》,《동서철학연구》第 59 号,韩国东西哲学会论文集,2011 년。

이상보:《애경 남극엽의 시가 연구》,《어문학논총 7》No. 0,1988 년。

이정선:《청산별곡(靑山別曲)의 공간과 구조를 통해 본 현실인식》,《한국언어문화》48,2012 년。

임재해:《 환웅시대 태양시조 사상의 홍익인간과 재세이화 전통 》,《 고조선단군학》第 29 号,2013 년。

장윤희:《환웅시대 태양시조 사상의 홍익인간과 재세이화 전통》,《국어교육》第 108 号,2002 년。

천인호:《국도國都풍수의 한 일 비교연구——한양과 교토[京都]를 중심으로》,《국학연구》25,2014 年。

조태성:《고시조에 구현된 물(水)의 심상》,《시조학논총》29(0),2008 年。

조현설:《 동아시아 인신혼형 홍수신화의 구조적 탐색——머서족 홍수신화를 중심으로》,《口碑文学研究》제 12 집,2001 년。

천인호:《국도國都 풍수의 한 일 비교연구——한양과 교토(京都)를 중심으로》,《국학연구》25,2014 년。

천혜숙:《홍수설화의 신화학적 조명》,《민속학연구》第 1 辑,1989 년。

千惠淑:《여성신화연구》1,《民俗研究》,Vol. 0,No. 1,1991 년。

崔元碩:《道詵風水의 본질에 관한 몇 가지論究》,《응용지리》17,1994 년。

최정윤:《「청산별곡」의 의미와 향유 의식》,《한국문학이론과 비평》10 권 4 호제 33 집,2006 년。

최창조:《풍수비판에 대하여》,《녹색평론》5,6 월호,1994 년。

최형록:《중국고전시가에 나타난 물(水)과 사유의 상관성 연구》,《中國學研究》제 48 집,2009 년。

현승환:《공무도하가 배경설화와 무혼굿》,《韓國民俗學》52 卷,2010 년。

현용준:《제주도 설화와 開闢神話 1》,《제주도》52,1971 년。

홍성연:《삼대집(三代集)에 나타난 가어(歌語)'물(水)'의 이미지》,《일본어문학》60(0),2014 년。

四、日文现代文献

研究专著

春畊隐士:《人相家相周易開運の基礎》,東京:石英堂書房,大正六年(1917)。

春日井真英:《水のコスモロジー》,東京:近代文芸社,1995 年。

大林太良:《神話の系譜——日本神話の源流をさぐる》,東京:青土社,1986 年。

稲田浩二、小澤俊夫编:《日本昔話通観》,東京:同朋舎,1982 年。

吉川幸次郎校注:《荻生徂徠》,《日本思想大系 36》,東京:岩波書店,1973 年。

渡邊欣雄:《風水思想と東アジア》,京都:人文書院,1990 年。

広松渉编:《岩波哲学・思想事典》,東京:岩波書店,1998 年。

横井時冬:《日本庭園発達史》,東京:創元社,1940 年。

鈴木正崇:《女人禁制》,東京:吉川弘文館,2002 年。

鈴木正崇:《山と神と人——山岳信仰と修験道の世界》,京都:淡交社,1991 年。

柳田国男:《桃太郎的誕生》,《定本柳田國男集第八巻》,東京:築摩書房,1969 年。

片桐洋一校注:《後撰和歌集》,《新日本古典文学大系 6》,東京:岩波書店,1990 年。

柳田國男監修:《民俗学辞典》,東京:東京堂出版社,1994 年。

三枝博音编:《科學思想篇 7》,《日本科學古典全書；第 1 巻第 1 部》,東京:朝日新聞社,1941 年。

山鹿素行:《聖教要録》(中),東京:岩波書店,1979 年。

山田宗睦:《日本書紀史注(巻第一)》,東京:風人社,1997 年。

石田一良:《日本文化史—日本の心と形》,東京:東海大学出版会,1991 年。

太安万侶著,武田祐吉注釈校訂:《古事記 02(校註古事記)》,東京:角川文庫,1965 年。https://www.aozora.gr.jp/cards/001518/card51731.html(青空文庫)/2021.5.15。

樋口清之:《日本人と水の発想——梅干し博士の日本再発見講座 2》,東京:ごま書房,1997 年。

樋口清之:《日本人はなぜ水に流したがるのか》,東京:PHP 文庫,2015 年。

武田祐吉校订:《拾遺和歌集》,東京:岩波書店,1990 年。

小町谷照彦校注:《拾遺和歌集》,《新日本古典文学大系》,東京:岩波書店,1990 年。

相良亨等编:《講座日本思想 1 自然》,東京:東京大学出版会,1983 年。

伊藤俊太郎编:《日本人の自然観 縄文から現代科学まで》,東京:河出書房新社,1995 年。

桜井徳太郎:《共同討議ハレ・ケ・ケガレ》,東京:青土社,1984 年。

折口信夫:《水の女》,《古代研究(民俗学篇 1)》,東京:大岡山書店,1929 年。

竹西寛子:《古今集の世界へ:空に立つ波》,東京:朝日新聞社,1996 年。

佐伯梅友校注:《古今和歌集》,東京:岩波書店,2015 年。

研究论文

本田和子:《『洗う女』考》,《現代思想》11—10,1983 年。

曽我とも子:《近世の城郭立地に関する風水思想からの考察》,《岡山大学院社会文化科学研究科紀要》33,2012 年。

嶋田義仁:《稲作文化の世界観:「古事記」神代神話の構造分析より》,京都大学博士論文,2000 年。

渡辺欣雄:《日本風水史》,《ICCS 現代中国学ジャーナル》Vol. 2 (1),2010 年。

多多良美春・元、貞喜・白井彦衛:《伝統的庭園の空間構成に関する研究(Ⅰ)—『作庭記』における流路を中心に》,《千葉大園学報》第 46 号,1992 年。

高井節子:《宗教における水のデザイン》,大阪芸術大学博士論文,1998 年。

宮内貴久:《家相観の受容過程に関する民俗学的研究覚書》,《比較民俗研究:for Asian folklore studies》3,1991 年。

広部重紀:《日本の霊水信仰に対する一考察Ⅰ——禊の信仰》,《福井工業大学研究紀要》第 20 号,1990 年。

広部重紀:《日本の霊水信仰に対する一考察Ⅱ——井泉水の信仰》,《福井工業大学研究紀要》第 21 号,1991 年。

広部重紀:《日本の霊水信仰に対する一考察Ⅲ——酒の信仰》,《福井工業大学研究紀要》第 22 号,1992 年;

広部重紀:《日本の霊水信仰に対する一考察Ⅳ——温泉の信仰》,《福井工業大学研究紀要》第 23 号,1993 年。

横山敬:《家相という言葉と江戸時代の家相書について》,《日本建築学会学術講演梗概集(九州)》,1981 年。

黄永融、本多昭一:《日本古代宮都の敷地選定と中軸線計画について——風水思想からみた古代宮都計画の研究》,《日本建築学会計画系論文報告集》60 巻第 474 号,1995 年。

金鳳齢:《東アジアにおける水の呪力と水の女:「洗濯する女」の文学史》,大東文化大学博士論文,2014 年。

井上厚史:《日中韓における洋學の伝來と「天」観念の変容》,《日本思想史学》41 号,2009 年。

久保田將之：《日本の民衆・民族宗教における湯─溫泉の宗教的シンボリズム》，《日本語言文化》(第 6 辑)，2005 年。

林和治：《「土の思想家」安藤昌益の思想を問い直す(下)──矯正教育への新たな視点を求めて》，《日本大学大学院総合社会情報研究科紀要》第 3 期，2002 年。

橋本昌代：《古今和歌集四季歌の構成法──「みる」を中心に》，《同士社国文学》6，1980 年。

山代水緒：《王朝人の和歌生活──戀愛贈答の種々相》，《語文論業》25，1998 年。

寺田寅彦：《日本人の自然観》，小宮豊隆編：《寺田寅彦随筆集》(第 5 巻)，東京：岩波書店，1963 年。

丸山真男：《歴史意識の「古層」》，《丸山真男集》第 10 巻，東京：岩波文庫，1996 年。

折口博士記念會編：《民族史観における他界観念》，《折口信夫全集》第 16 巻(民俗学篇第 2)，東京：中央公論社，1956 年。

折口信夫：《産霊の信仰》，《折口信夫全集》第 20 巻，東京：中央公論社，1956 年。

正木晴彦：《日本人の自然観と環境倫理》，《長崎大学教養部紀要》(人文科学篇) 第 37 巻 第 2 号，1996 年。

中川博夫：《竹風和歌抄》注释稿(一)，《鶴見大学纪要》第 1 部，2011 年 3 月。

五、英文文献

H-k. Yoon, The Image of Nature in Geomancy, *GeoJournal : An International Journal on Human Geography and Environmental Sciences* , 1980, (4).

Sarah Allan, *The Way of Water and Sprouts of Virtue* , State University of New York Press, 1997.